DEKANAT INGOLSTADT

Evangelisch mitten in Bayern

Das Evang.-Luth. Dekanat Ingolstadt dankt
Herrn Dr. Wilhelm Reissmüller,
Herausgeber des „Donau Kurier",
und der Sparkasse Ingolstadt
für großzügige Unterstützung
bei der Herstellung dieses Buches.

Kirchen des Dekanats (Grafik auf den vorangehenden Seiten)

1 St. Matthäus Ingolstadt   2 St. Markus Ingolstadt   3 St. Lukas Ingolstadt   4 St. Johannes Ingolstadt   5 St. Jakobus Wettstetten   6 St. Paulus Ingolstadt   7 Martinskirche Brunnenreuth   8 Dreieinigkeitskirche Ebenhausen   9 Thomaskirche Friedrichshofen   10 Friedenskirche Gaimersheim   11 Friedenskirche Manching   12 Christuskirche Manching   13 Vohburg   14 Münchsmünster   15 Geisenfeld   16 Christuskirche Neuburg   17 Apostelkirche Neuburg   18 Untermaxfeld   19 Ludwigsmoos   20 Karlshuld   21 Schrobenhausen   22 Kemmoden   23 Lanzenried   24 Pfaffenhofen   25 Wolnzach   26 Erlöserkirche Mainburg   27 Christuskirche Au   28 Christuskirche Riedenburg

Dekanat Ingolstadt

Evangelisch mitten in Bayern

Herausgegeben von
Heinz Gruhn und Friedrich Kraft

Verlag der Ev.-Luth. Mission Erlangen

Bildnachweise

Umschlag vorne: St. Matthäus Ingolstadt, bescheiden, aber unübersehbar, neben dem berühmten spätgotischen Liebfrauenmünster (Foto: Friedrich Mader, Nürnberg).
Umschlag hinten: Die von Olaf A. Gulbransson erbaute Friedenskirche Manching, eine der architektonisch interessantesten neuzeitlichen Kirchenbauten in der bayerischen Landeskirche (Foto: Joachim Grüner).
Zeichnungen auf den Seiten 2, 3, 148 und 149: Helmut Münch, Ebrantshausen.
Fotos: Archiv Donau Kurier (Seite 18, 78, 99, 166); Heinz Pfaff, Kissing (19); Friedrich Kaeß, Neuburg (23, 24, 27, 29, 32, 81); Hist. Verein Neuburg (26); Bayer. Verwaltung der staatl. Schlösser, Gärten u. Seen (34); Stadtarchiv Ingolstadt (37, 38, 39, 42, 43, 45, 46, 47, 51, 52, 54, 62, 63, 66, 71); Heinz Wolf, Ingolstadt (97, 165); Franz Meixner, Ingolstadt (100); Krakowitzer, Vohburg (109, 111); Hans-Joachim Pittius, Schrobenhausen (132, 133, 135); Irmtraud Göpner, Petershausen (137, 142); A. Kettner, Riedenburg (152); Johnmüller, Ingolstadt (162); Gebhardt, Ingolstadt (168); Anni Hochstatter, Ingolstadt (173). Alle anderen Abbildungen: Archive der Pfarrämter.

In der Reihe Porträts bayerischer Dekanatsbezirke sind bisher folgende Bände erschienen: Bad Neustadt an der Saale, Coburg, Erlangen, Fürth, Hof, Lohr am Main, Markt Einersheim, Memmingen, Münchberg, Neumarkt/Oberpfalz, Neustadt an der Aisch, Passau, Ries (Donauwörth, Oettingen, Nördlingen), Weiden, Weißenburg, Windsbach.

© 1989 Verlag der Ev.-Luth. Mission Erlangen
ISBN 3-87214-236-4
Gesamtherstellung: Courier Druckhaus Ingolstadt

Inhalt

Zum Geleit

Mitten in Bayern leben evangelische Christen in und um Ingolstadt. Kirchenrat und Dekan Meinzolt nannte 1952 das diesem vorausgehende Buch „Unser Evangelisch-Lutherisches Dekanat Ingolstadt".

Zu zwölf selbständigen Pfarrstellen, die von dreizehn Pfarrern betreut wurden, gehörten etwa 27 000 evangelische Christen. Heute leben annähernd 50 000 in diesem Bereich.

Die einzelnen Gemeinden sind zum Teil räumlich weit voneinander entfernt. Der vorliegende Band soll mit dazu beitragen, daß sich die Gemeinden besser kennenlernen, verstehen und ein Gespür für das Miteinander bekommen. Wie sie entstanden, wie sie jetzt leben, wie sich ökumenisches Miteinander in einer säkularen Welt entfaltet – das Voneinander-Wissen verbindet und hilft, sich über Grenzen hinweg an dem einen Herrn zu orientieren, der uns gemeinsam in seine Nachfolge ruft.

Im September 1989   *Heinz Gruhn, Dekan*

Diaspora im Wandel

Der erste evangelische Dekanatskirchentag brachte Besucher aus dem gesamten Dekanatsbezirk nach Ingolstadt. Am Samstag, dem 21. Juni 1986, waren Gäste aus Kirche und öffentlichem Leben dabei. Eleonore von Rotenhan, die damalige Präsidentin des Deutschen Evangelischen Kirchentages, der Präsident der Landessynode, Professor Dr. Karl Heinz Schwab, und Oberbürgermeister Peter Schnell richteten Grußworte an die zunächst noch kleine Besucherschar. Im Laufe des Vormittages wurden es mehr und mehr. In verschiedenen Arbeitsgruppen fanden sich Gemeindeglieder aus Ingolstadt und dem ganzen Dekanatsbezirk, um die angebotenen Themen zu verfolgen und als Gesprächspartner mitzuwirken.

Bibelarbeiten, Podiumsgespräche, eine Dichterlesung von Rudolf Langer, ein Kinderkirchentag und ein Markt der Möglichkeiten – überall fanden sich Besucher und nahmen bei schönstem Sommerwetter Anteil an dem, was angeboten wurde und zum Mitmachen einlud. Die Berufsschule am Brückenkopf und der Sportplatz zeigten ein nicht alltägliches Bild.

Der Abschlußgottesdienst im Turm Baur am Sonntag führte noch einmal evangelische Christen aus Ingolstadt und Umgebung zusammen. Der Rektor der Rummelsberger Anstalten, Dr. Helmut Millauer, war als Festprediger gekommen. Es waren zwei Tage, die zeigten, wie ein Dekanatsbezirk einmal deutlich machen kann, daß evangelische Christen in einem weitverzweigten Raum zusammengehören. Dies bewußt zu machen war ein wesentliches Anliegen des Dekanatskirchentages. Oft ist dieses Bewußtsein nur hintergründig erkennbar. Zu weit auseinander liegen die einzelnen evangelischen Gemeinden und noch verstreuter die evangelischen

Friedrich Ringler, Dekan von 1915 bis 1932

Christen in den Dörfern mit überwiegend katholischen Christen.

Das Dekanat Ingolstadt ist ein Diasporadekanat. Die politischen Gemeinden sind verschiedenen Landkreisen zugeordnet. Die Regierungsbezirke Oberbayern, Oberpfalz, Niederbayern und Schwaben sind für Gemeinden des Dekanatsbezirkes zuständig. Katholische Christen aus den Diözesen

Augsburg, Eichstätt, München und Regensburg sind Nachbarn evangelischer Gemeindeglieder. Etwa 47 000 evangelisch-lutherische Christen leben in größeren und kleineren Gemeinden im Ingolstädter Dekanatsbezirk. In Städten wie Ingolstadt, Neuburg, Pfaffenhofen, Schrobenhausen, Petershausen, Mainburg, Riedenburg und Vohburg sind evangelische Christen in größeren bis großen Gemeinden beieinander.

Zu diesen Städten gehören Markt- und Dorfgemeinden, die nur kleinere Zahlen evangelischer Christen aufweisen. Wenige Familien in einer Ortschaft, das ist nicht selten. Evangelische Christen in vorwiegend katholischen Gemeinden, so hat es begonnen. Das macht schon der Name am Anfang des Ingolstädter Dekanats deutlich. Es hieß vom 1. Januar 1915 bis zum 26. Oktober 1935 Dekanat München II.

Matthias Simon schreibt im „Historischen Atlas von Bayern – Die Evangelische Kirche" (München 1960, S. 454): „Das Dekanat München II führte seit 1. Januar 1915 einen Teil des bisherigen Dekanats München weiter, und zwar die Pfarreien Brunnenreuth, Feldkirchen, Freising, Großkarolinenfeld, Ingolstadt, Kemmoden, Oberallershausen, Pasing, Perlach, Bad Reichenhall, Rosenheim, Starnberg und Weilheim. Dazu kamen (aus dem Raum des Dekanats München I) bei ihrer Errichtung am 29. September 1915 Traunstein, am 1. Juli 1919 Landsberg am Lech, 1922 Bad Tölz, Fürstenfeldbruck und Wolfratshausen. Außerdem kamen dazu nach ihrer Errichtung 1922 Bad Aibling, Burghausen, Berchtesgaden, 1928 Erding, Miesbach, Murnau, Penzberg und Planegg und 1929 Freilassing und Gießen-Utting. Abgetrennt wurden am 1. November 1925 Perlach und am 30. November 1932 Feldkirchen (nach München I) und für das neuerrichtete Dekanat Rosenheim am 30. November 1932 Miesbach, Mühldorf am Inn, Bad Reichenhall, Rosenheim, Bad Tölz und Traunstein und 1933 Erding. Sitz des Dekanats war stets Ingolstadt. Es wurde am 26. Oktober 1935 umbenannt in Dekanat Ingolstadt."

Fast der ganze oberbayerische Raum außer München bildete also das Dekanat Ingolstadt. Für jetzige Verhältnisse ist die Ausdehnung für einen Dekanatsbezirk in dieser Größe fast unbegreiflich.

Zum ersten Dekan wurde Friedrich Ringler – er war seit 1901 Pfarrer in Ingolstadt – berufen. Wie er mit der Eisenbahn und Kutsche, die ihn jeweils von der Bahnstation zu den Gemeinden brachte, die weitläufigen Gemeinden betreuen konnte, ist heute schwer vorstellbar. Dabei machte er Ingolstadt auch über die Grenzen hinaus bekannt. Zwei Schriften von ihm werben für die Stadt. „Lohnt sich in Ingolstadt das Wandern?" sollte auch den Ingolstädter Bürgern vor Augen stellen, was ihre Stadt und Umgebung an Schönheiten bergen. Der andere Titel heißt „Das Wissenswerteste und Sehenswerteste von Ingolstadt". Auf seinen Wegen durch das weitverzweigte Dekanat konnte er davon manche Einzelheit seiner geliebten Stadt so nebenbei weitergeben. So berichteten es Gemeindeglieder, die noch direkte oder indirekte Eindrücke von Dekan Ringler im Gedächtnis aufbewahrten.

Von den heutigen Kirchen des Dekanatsbezirks wurde 1926 die Kirche in Pfaffenhofen gebaut, zwei Jahre später erhielt Dekan Ringler Unterstützung: Eine zweite Hilfsgeistlichenstelle wurde errichtet, und damit konnten weitere Predigt- und Unterrichtsstationen betreut werden.

Als Kirchenrat Friedrich Ringler in den Ruhestand trat, gab es ein Extrablatt. Da hieß es unter anderem: „In den Annalen der evangelischen Gemeinde ebenso wohl wie in denen der Stadt Ingolstadt wird der 23. Oktober 1932 immer ein denkwürdiger Tag bleiben. Die Anteilnahme weitester Kreise der Bevölkerung an dem Scheiden des Herrn Kirchenrats Ringler aus 31jähriger Wirksamkeit als Stadtpfarrer und Dekan bewies zu Recht, welches hohe Maß an Ansehen und Wertschätzung der aus dem Amt Scheidende genießt."

In dem Pfarrer und späteren Dekan Ringler hatten Gemeinde und Dekanatsbezirk einen Geistlichen, der auf eine vielgestaltige und reich gesegnete Arbeitszeit zurückblicken konnte. Der Abschiedsabend im Schäffbräukeller zeigte, wie ein angesehener Bürger und Geistlicher, der ganz Kind seiner Zeit war, gesehen wurde. Eine Reichswehrkapelle spielte ihm zur Ehre, und die Bevölkerung nahm „ohne Unterschied" teil. Am 1. Januar 1933 verlor das Dekanat München II die oberbayerischen Gemeinden rechts der Isar mit der Stadt Rosenheim. Es blieben aber noch die Gemeinden rechts der Isar beim Dekanat München II in Ingolstadt.

Pfarrer Gottfried Meinzolt wurde in diesem politisch entscheidenden Jahr Dekan. Seinen Einzug schildert er selbst: „Am 30. Oktober 1932 traf ich mit meinen beiden Eltern und einer älteren Hausgehilfin (ich selbst bin ledig) mit der Bahn aus dem Wichernhaus in Altdorf bei Nürnberg am Stadtbahnhof in Ingolstadt ein. Der Kirchner Otto Wirth holte mich in einem Mietauto vom Bahnhof ab. Ich selbst war damals 47 Jahre." Kritisch im Blick auf das Neue in Kirche und Staat, weigerte er sich nach vier Wochen im Amt, am 30. Januar die Kirchenglocken läuten zu lassen. Durch Mitglieder des Kirchenvorstandes und die Mesnerseheleute wurden sie trotzdem geläutet. Dekan Meinzolt mußte sich noch öfters Kritik anhören, weil er zu wenig Verständnis für den neuen Staat aufbrachte. Als er zum Beispiel in einer Predigt gegen die Deutschen Christen sprach, wurde er vom Kirchenvorstand gerügt. Bekenntnis-Charakter trugen seine Neuerungen im Zusammenhang mit dem Friedhof. Bei Beerdigungen ließ er die ganze Gemeinde das Glaubensbekenntnis und das Vaterunser im Sinne eines öffentliches Bekenntnisses mitsprechen. Als einen weiteren Schritt an die Öffentlichkeit hielt er am Ostermorgen die erste evangelische Auferstehungsfeier auf dem städtischen Friedhof. Er begründete damit eine Tradition, die bis heute reicht.

Im Bereich des heutigen Dekanatsbezirkes entstanden bis zum Kriegsende neue Kirchen und Gottesdiensträume. Am 23. September 1934 wurde die evangelische Kirche in Schrobenhausen eingeweiht. In Geisenfeld und Riedenburg entstanden Predigtstationen, in Münchsmünster ein Betsaal und noch vor dem Zweiten Weltkrieg eine kleine Kirche in Mainburg. Nach 1945 beginnt die Zeit des Wiederaufbaus – auch in der Kirche. Durch Flüchtlinge und Heimatvertriebene kommen evangelische Christen in beträchtlicher Zahl in den Dekanatsbezirk. Allein im Pfarrbezirk Ingolstadt werden sieben Barackenkirchen eingeweiht: Ingol-

Gottfried Meinzolt, Dekan von 1932 bis 1953

stadt-Nord, Ingolstadt-Süd, Ebenhausen, Geisenfeld, Friedrichshofen, Manching, Riedenburg. Auch wird das 1945 zerstörte Pfarrhaus wieder aufgebaut. Aufgrund der zahlreich gewordenen evangelischen Christen im oberbayrischen Raum wird ab dem 1. Januar 1949 die Angliederung des Dekanats Weilheim mit den Pfarreien südlich von München vollzogen. Gleichzeitig wird das Dekanat Ingolstadt neu geordnet. Dazu gehören jetzt Ingolstadt, Brunnenreuth, Kemmoden, die vom Dekanat Augsburg abgetrennten Pfarreien Neuburg an der Donau, Untermaxfeld, Ludwigsmoos und Karlshuld sowie die neugeschaffenen Pfarreien Mainburg, Pfaffenhofen und Schrobenhausen.

Ein Jahr später erhält Ingolstadt eine zweite Pfarrstelle, und das zweite Stadtvikariat wird in eine dritte Pfarrstelle umgewandelt. 1951 wird Riedenburg ständiges Pfarrvikariat.

In Ingolstadt selbst ist die Matthäus-Kirche zu klein für die wesentlich größer gewordenen evangelischen Gemeinden. Am 26. September 1953 kann Dekan Meinzolt noch den Grundstein zur zweiten Ingolstädter Pfarrkirche legen. Sie wird später nach dem Evangelisten Lukas benannt.

Das Jahr 1953 ist für Dekan Meinzolt zugleich sein Abschiedsjahr von Ingolstadt. Während seines Wirkens von 21 Jahren vollzogen sich in Staat und Kirche Wandlungen großen Ausmaßes. In ihnen wirkte Dekan Meinzolt als ein segensreicher Pfarrer und Dekan. In seiner schlichten, an der Botschaft des Evangeliums orientierten Sprache und seiner gütigen Art, den Menschen zu begegnen, hinterließ er viele gute Erinnerungen bei evangelischen wie katholischen Christen.

Er selbst schildert seinen Abschied von Ingolstadt in einfachen und bewegten Worten: „Am Dienstag, 29. September 1953, früh 7 Uhr, stand mein alter Opel Kadett fahrbereit vor dem Pfarrhaus. Die Diakonissen und die Kirchnerfamilie Wirth umstanden den Wagen, als meine Schwester und ich darin Platz nahmen. Diakonisse Schwester Margot Bruchty, die mich Jahre hindurch mit diesem Wagen zu Gottesdiensten und Amtshandlungen in die Ingolstädter Diaspora hinausgefahren hatte, fuhr mich jetzt von Ingolstadt/Donau nach Schloß Schwarzenberg bei Scheinfeld in Mittelfranken, wo ich im dortigen evangelischen Landschulheim (Realgymnasium für Mädchen) als Latein- und Religionslehrer sowie als Hausgeistlicher des Landschulheims meinen Ruhestand verbringen will. Als sich vor dem Pfarrhaus in Ingolstadt das Auto in Bewegung setzte, fing, von mir völlig unerwartet, die große Glocke im Turm zu läuten an. Das war mir ein besonders lieber Abschiedsgruß."

Mit Dekan Christoph Simon, dem Nachfolger von Dekan Meinzolt, geht die Bauzeit weiter. Es entstehen neue Gemeinden und für sie auch neue Kirchen. Neben der St.-Matthäus-Kirche in der Altstadt prägen nun vier neue evangelische Kirchen das Bild der Ingolstädter Stadtrandgebiete mit. St. Lukas im Nordwesten, St. Markus im Süden, St. Johannes in Richtung des Audi-Werkgeländes in der Ettinger Straße und St. Paulus im Norden. Inzwischen ist in Ingolstadt ein verwaltungsmäßiger Zusammenschluß der Pfarreien zu einer Gesamtkirchengemeinde entstanden. Neben den Ingolstädter Pfarreien gehören dazu Gaimersheim, Friedrichshofen, Manching, Ebenhausen, Wolnzach, Lenting, Geisenfeld und Vohburg. Auch in diesen Gemeinden entstehen Gotteshäuser, zum Teil sehr bescheiden, als sogenannte Montagekirchen.

Im Dekanatsbezirk werden ebenfalls neue Kirchen gebaut. Die evangelischen Christen können aus Baracken, Schulen oder sonstigen notdürftig hergerichteten Räumen in neue Gotteshäuser ziehen. In Manching entsteht eine Gulbransson-Kirche. Es ist mehr als erstaunlich, daß in so knapper Zeit ein Kirchenbau nach dem anderen vollendet wird. Dazu kommen noch fünf Kindergärten innerhalb der Gesamtkirchengemeinde Ingolstadt und das Gemeindehaus in der Schrannenstraße, schließlich

Christoph Simon, Dekan von 1953 bis 1967

die Umgestaltung der St.-Matthäus-Kirche in ihrem Innenraum.

Dekan Simon hat die Herausforderung seiner Ingolstädter Jahre, für neuzugezogene evangelische Gemeindeglieder Gotteshäuser zu bauen, angenommen. Wie bei der Einweihung der St.-Matthäus-Kirche im Jahre 1849 der Predigttext hieß „Der Vogel hat ein Haus gefunden", klang es noch manchmal bei den verschiedenen Einweihungen neuer Kirchen. Dekan Simon lag aber ebenso an der Er-Bauung seiner Gemeinde im Dekanatsbezirk. Theologische Arbeit im Pfarrkapitel, theologische Wochen in Ingolstadt, das sind nur einzelne, aber wichtige Punkte seiner Dienstjahre. In seinen theologischen Einsichten, gewonnen in der Zeit des Kirchenkampfes und reflektiert in der Schule Karl Barths, war dem Lutheraner das Bekenntnis zu Jesus Christus Hauptanliegen. Dazu wollte er die Gemeinde ermutigen. Er hat es getan. Noch auf seinem Sterbebett. Mit über 50 Jahren mußte er gehen – ein Zeuge des Evangeliums.

In einer Andacht schrieb er für die Gemeinde und für sich selbst: „Eines Tages ist es soweit. Da wird mir die Arbeit, die geliebte, aus der Hand genommen. Der über mein Leben verfügt, spricht: Aufhören. Es beginnen vielleicht Tage bedrohlicher Krankheit. Nächte dunkel und voller Ängste und Zweifel, Mühsal und Anfechtung. Wer überwindet . . . Das ist keine Durchhalteparole, die uns hier zugerufen wird, kein Aufruf, alle Kräfte des inneren und äußeren Widerstandes mobil zu machen, um ja nicht aufzugeben. Wer überwindet, das gilt gerade dem, der am Ende ist. Eben darin erfährt: Da, mitten in der Niederlage, ist der Sieg, sein Sieg, Gottes Sieg. Mitten in der dunkelsten Anfechtung steht mit einem Male seine alles überwindende Verheißung. Wo ich am Ende bin, ist er A und O, wo ich am Verzweifeln bin, da reicht er Wasser des Lebens umsonst."

Auf Dekan Simon folgt der bisherige Pfarrer an der Christuskirche in Hof als erster Pfarrer von St. Matthäus und Dekan für den Dekanatsbezirk Ingolstadt, Karl Heun. Oberkirchenrat Hans Schmidt führte ihn am 20. August 1967 ein. Im Martin-Luther-Saal begrüßten ihn Oberbürgermeister Dr. Stinglwagner, der katholische Stadtdekan Philipp Dirsch, der Senior Johannes Zwanzger und Dekan Otmar Dimling aus Nördlingen.

Im Hotel Bienengarten trafen sich dann die geladenen Gäste zu einem Installationsessen. Dekan Heun schreibt später darüber: „Niemand ahnte zu

Karl Heun, Dekan von 1967 bis 1972

Karlfried Munzer, Dekan von 1972 bis 1977

diesem Zeitpunkt, daß dieses Hotel wenige Zeit später von dem neuen Dekan im Auftrag des Diakonischen Werkes Ingolstadt als Altenheim für die evangelische Gemeinde angekauft wurde."

Trotz wirtschaftlicher Schwierigkeiten wurde weiter gebaut und renoviert. An neuen Gemeinden entstanden Manching und Friedrichshofen-Gaimersheim. Dadurch wurde die älteste Gemeinde Ingolstadts kleiner. Von 7800 Gemeindegliedern ging sie auf 4400 zurück. Dekan Heun sprach von einer City-Situation. Er beschreibt das mit diesen Worten: „Die Innenstadt weist immer weniger Bevölkerung auf. Sie hatte ohnehin nie viele evangelische Gemeindeglieder, weil hier der alte katholische Stamm wohnt. Die neuhinzugezogenen evangelischen Gemeindeglieder siedelten sich im wesentlichen am Stadtrand im Westen und im Norden der Stadt an. Demnach sind die jungen Familien, wenn sie überhaupt vorhanden sind, im wesentlichen sehr weit vom Zentrum der Kirche entfernt.

Dazu kommt, daß eine sehr starke Fluktuation ein Heimischwerden der Neuzugezogenen fast verhindert. Die durch die Industrie beruflich herangeführten Menschen bleiben selten länger als drei oder vier Jahre und suchen demnach gar keinen großen Kontakt. Sie finden ihn auch sehr schwer, weil sich die Menschen, die so weit auseinander wohnen, auch in den öffentlichen Kontaktzentren kaum sehen. Das wirkt sich natürlich auf ein Gemeindeleben in der üblichen Form entsprechend aus."

Am 2. November 1971 wird das 125jährige Kirchweihjubiläum der St.-Matthäus-Kirche gefeiert. Der Tag beginnt mit einem Festgottesdienst und wird mit einer Aufführung des Requiems von Wolfgang Amadeus Mozart durch die Kantorei abgeschlossen. Dekan Heun hält fest: „Erfreulich und dankbar zugleich konnte aus diesen Tagen festgestellt werden, daß das Evangelium gelaufen und gewachsen ist und ein Pessimismus über eine untergehende Kirche nicht zu herrschen braucht, solange Menschen bereit sind, aus den Kräften einer guten Tradition heraus die lebendige Stimme der Botschaft Christi in unserer Zeit wirksam werden zu lassen. Mögen dieser Gemeinde immer solche Menschen geschenkt sein, die bereit sind, mit Liebe und Hingabe, mit Fähigkeit und Freude den Aufbau eines evangelischen Christseins in dieser Stadt zu fördern."

Nach knapp fünf Jahren wurde Dekan Heun als Oberkirchenrat in das Landeskirchenamt berufen. Sein Nachfolger wurde Pfarrer Karlfried Munzer. Er kam aus dem Landeskirchenamt, wo er zehn Jahre als theologischer Referent tätig war. Als er im Martin-Luther-Saal durch Oberkirchenrat Hermann Bürckstümmer empfangen wurde, begrüßten ihn Bürgermeister Egermann, Stadtdekan Regnet, Oberschulrat Weber und Senior Zwanzger.

„Gegenüber der Pfarrbeschreibung des Amtsvorgängers haben sich die Verhältnisse in Gemeinwesen und Kirchengemeinde nicht wesentlich geän-

dert. Die Entvölkerung der überalterten Innenstadt hielt an. Die Fluktuation, besonders im zweiten Sprengel, nahm zu. Kein Wunder, hat doch die Stadt Ingolstadt in dem Zeitraum von 1966 bis 1976 fast ebenso viele Weg- und Zugänge gehabt wie Einwohner vor der Gebietsreform (1. 7. 1972), nämlich 74 000 bei leichtem Überwiegen der Zuzüge. Dabei war von besonderer Bedeutung die sogenannte zweite wirtschaftliche Rezession im Jahre 1974, welche die Audi AG zu Betriebskonzentrationen veranlaßte, was vor allem in den überwiegend evangelisch besetzten oberen Rängen viele Versetzungen zur Folge hatte. Die Arbeitslosigkeit ist bis jetzt nur wenig gebessert, obschon die Autoindustrie (aber nur sie) wieder bzw. noch Hochkonjunktur hat. Nimmt man hinzu, daß die in der Ölindustrie Tätigen ohnehin im Stil amerikanischen Managements dauernd versetzt werden (ein leitender Herr z. B. dreimal in fünf Jahren) und sich zum Einleben erst gar nicht verstehen, so ist deutlich, warum es auch nur sehr teilweise und nur unter bestimmten sozialen Schichten zu einem Zusammenleben kommt." Mit diesem Resümee setzt Dekan Munzer fort, was bei Dekan Heun bereits angeklungen war.

Im Mai 1973 besuchte Oberkirchenrat Bürckstümmer im Rahmen einer Visitation Ingolstadt. Ihm folgte kurz darauf der Landesbischof Hermann Dietzfelbinger. Nach Begegnungen mit der Gemeinde und dem Pfarrkapitel hielt er am Abend einen Vortrag zur Lage der Kirche.

Eine weitere Gemeinde, bislang von St. Matthäus aus betreut, entstand in Vohburg. Am 31. Oktober 1973 wurde das in einem festlichen Gottesdienst in der katholischen Kirche in Geisenfeld gefeiert.

In St. Matthäus wurde seit dem August 1972 vierzehntäglich ein Sakramentsgottesdienst gefeiert. Die in den 70er Jahren aktuell werdende Erwachsenenbildung fand auch in der Kirche ihren Niederschlag. Am 8. Oktober 1975 eröffnete Oberbürgermeister Peter Schnell mit einem Festvortrag über

Landesbischof Hanselmann beim 2. Dekanatskirchentag 1988 in Karlshuld.

„Mehr Mitmenschlichkeit in unserer Stadt" den Reigen dieser sich bis heute fortziehenden Bildungsveranstaltungen.

Der neue Landesbischof, Johannes Hanselmann, kam bereits 1976 am 19. Januar nach Ingolstadt und sprach, nachdem er das Pfarrkapitel besucht hatte, zum Thema „Volkskirche heute". Im Mai desselben Jahres beging der Posaunenchor St. Matthäus sein 25jähriges Jubiläum. Vorausgegangen war ein Bläserfest im Turm Baur, damit verbunden ein Treffen der Kirchenchöre.

Als Ausblick hält Dekan Munzer für Ingolstadt fest: „Die gemeindliche Situation ist weitgehend volkskirchlich-bürgerlich bestimmt und bedarf manchen Neuanfangs. Dies ist angesichts der immer umfangreicher werdenden Verwaltungsvorschriften der Landeskirche, die uns in Atem hält und einschränkt, nicht ganz einfach. Weil dadurch verhärtete Dinge noch konserviert werden. Aber dem Evangelium und seiner Verkündigung ist, wenn es nur noch lebendiger und vielfältiger unter

die Menschen kommt, alles zuzutrauen. Es wird die Herzen bewegen, die Gemeinde Jesu zum Leben rufen und Barrieren beseitigen. Dies tut der ganzen Kirche und besonders der Jugend not. Was die äußere Situation anlangt, so stehen bauliche Maßnahmen im Vordergrund. Die Jugend braucht endlich ein ordentliches Heim. Das jetzige Kirchengemeindeamt bietet sich dafür an. Dieses kann dann die Dekanswohnung benutzen, die ohnehin durch die Einführung der Fußgängerzone Ludwigstraße 1972/73 und das nachfolgende Verkehrssystem so lärmumtost ist, daß sie nur schwer bewohnbar ist. Schließlich muß die Mesnerei von Grund auf erneuert werden, was durch den soeben erfolgten Erwerb des Nachbargrundstücks Proviantstr. 2 möglich ist. Der erste Pfarrer und Dekan kann dann in der Zipfelgasse 2 ein Pfarrhaus erhalten. Für den Vikar, der im Bereich von St. Markus wohnt, muß eine Wohnung im Sprengel gesucht werden. Eines Tages wird wohl der zweite Pfarrer sein Domizil in der Richard-Wagner-Straße auf-

Der frühere katholische Dekan Ingolstadts, Domkapitular Michael Thiermeyer (gest. 1988), mit Dekan Heinz Gruhn bei einer Einweihung.

schlagen, inmitten des seelsorgerlich besonders wichtigen Hochhausgebietes seines Sprengels."
Die äußere Situation, wie sie Dekan Munzer beschrieb, führte zu vielen Überlegungen. In sie einbezogen waren der Kirchenvorstand von St. Matthäus, die Gesamtkirchenverwaltung und das Landeskirchenamt. Nach einer örtlichen Besichtigung kennzeichnete Oberkirchenrat Dr. Werner Hofmann die renovierungsbedürftigen Gebäude als einen „Verhau". Es kam dann zu einer größeren Lösung als der von Dekan Munzer angedachten. Um die St.-Matthäus-Kirche entstand zunächst ein großer Schuttplatz. Abgerissen wurden das ehemalige Mesnerhaus und das ehemalige Schülerheim. Neu errichtet wurde ein Gebäude, das in sich Gesamtkirchenverwaltung, Pfarramt und Dekanat sowie die Dekanswohnung aufnimmt.

Heinz Gruhn

Kirche im Dialog

Am Anfang waren „Pläne, Pläne, Pläne". Als Heinz Gruhn 1978 Dekan in Ingolstadt wurde, standen umfängliche Bauarbeiten im Dekanat und Pfarramt St. Matthäus an, mußte als Dienstwohnung ein Ausweichquartier in der Münzbergstraße bezogen werden. Die Rolle als Bauherr war ungewohnt für den Theologen, der vorher mit Leib und Seele dreizehn Jahre lang als Schulmann am evangelischen Stetten-Institut in Augsburg gearbeitet hatte. Dort wurde er von den Schülerinnen immer wieder zum Vertrauenslehrer gewählt – Ausweis seines pädagogischen Engagements.
Daß er mit Menschen umgehen, auf sie zugehen, Kontakte knüpfen, halten und vertiefen kann, das ahnte man schon bei der Amtseinführung des neuen Dekans im Februar 78, zu der nicht nur in großer Zahl der Kollegen- und Freundeskreis aus Augsburg angereist war, sondern auch eine im Bus angereiste, vom Bürgermeister geführte Schar von Gemeindemitgliedern der fränkischen Kirchengemeinde Krautostheim-Ingolstadt, die sichtlich stolz darauf waren, daß es ihr Pfarrer aus den Jahren 1958 bis 1965 nun zu einem kirchenleitenden Amt gebracht hatte. Mit von diesem Besuch übrigens mag es herrühren, daß heute im großen Ingolstadt gerne der Frankenwein aus dem kleinen Ingolstadt getrunken wird.
Dekan hatte der 1925 in Probsthain (Schlesien) geborene Heinz Gruhn, früher schon einmal deswegen angefragt, eigentlich nicht werden wollen. Er fühlte sich in der Schule wohler. Eines Tages, als er mit seinem Hund über die Felder streifte, ging ihm auf, daß sich, so gern er unterrichtete, grundsätzlich die Probleme mit Kindern und Eltern immer wieder gleichblieben; daß es reizvoll wäre, noch einmal eine andere Aufgabe anzupacken. Da gera-

de kam die Anfrage des damaligen Personalreferenten des Landeskirchenrats, Oberkirchenrat Hugo Maser, wegen Ingolstadt. Die Zusage hat Heinz Gruhn, sagt er zwölf Jahre später, wenige Monate, bevor er Anfang 1990 in den Ruhestand geht, „keinen Tag bedauert".

Im hierarchischen Gefüge der evangelischen Landeskirche ist ein Dekan Gemeindepfarrer, „Pastor pastorum", also Pfarrer für seine Pfarrer, aber vor allem auch oberster Dienstherr eines nicht gerade kleinen Verwaltungsapparats und Vorsitzender verschiedenster Gremien, deren Termine den Kalender füllen. Darum sei ein Dekan, so Gruhns Empfindung, wohl meist ein „schlechter Pfarrer", weil er zu wenig Zeit für die Einzelseelsorge habe. Als „totaler Verwaltungsneuling" kam sich Dekan Gruhn anfangs vor wie einer, der auf einen alten Donaukahn gesetzt wird und nicht steuern, sondern allenfalls reagieren kann. Dankbar für Hilfe ist er dem Münchner Landeskirchenamt und den „guten Mitarbeitern" in der Verwaltung vor Ort. Dabei mag er die Sitzungen, beispielsweise der Gesamtkirchenverwaltung, durchaus; freilich interessieren ihn da mehr die Menschen, weniger die Zahlen. Das Kapitel Verwaltung in seinem Rückblick beschließt Heinz Gruhn, der Literaturkenner, ironisch mit einem Zitat aus dem Schluß von Brechts „Dreigroschenoper": „Und so kommt zum guten Ende / alles unter einen Hut. / Ist das nötige Geld vorhanden, / ist das Ende meistens gut."

Ein Vorbild bei der Amtsführung, vor allem im Umgang mit den Pfarrern, ist für Gruhn der frühere Augsburger Dekan Dr. Lindenmeyer – mit der Devise „lange Leine"; durchaus in dem Bewußtsein, daß wohl mancher Amtsbruder mehr Betreuung wünschte, die freilich dann auch schnell in die Nähe der Bevormundung kommt. Die zu den regelmäßigen Dienstaufgaben des Dekans gehörenden Beurteilungsgespräche mit den Pfarrerinnen und Pfarrern haben ihm bestätigt, daß die zurückhaltende Wahrnehmung einer unter Pfarrern ohnedies

fragwürdigen Vorgesetztenfunktion der für ihn angemessene Weg ist.

Im Bemühen um den Zusammenhalt im weitverzweigten Dekanat liegt Heinz Gruhn vor allem immer wieder daran, den Pfarrern Anregungen zu vermitteln für den Blick über den eigenen Kirchturm hinaus. Das geschah bei den zahlreichen Visitationen, die in den ersten Jahren auch dem Kennenlernen der Gemeinden und ihrer Mitarbeiter dienten, dann vor allem aber in sorgfältig vorbereiteten Konferenzen und Konventen des Pfarrkapitels. Dazu lud er auch durchaus ungewohnte Gesprächspartner außerhalb des üblichen kirchlichen Horizonts, einen Maler beispielsweise oder einen Schriftsteller. Denn gerade in der Literatur des abendländischen Kulturkreises sieht Heinz Gruhn allenthalben Spuren einer Verlängerung der Bibelauslegung. Es mag typisch für ihn sein, daß er, auf den ersten Blick widersprüchlich, ein Spezialist ist sowohl für das Werk des als Unterhaltungsschriftsteller abgestempelten Ludwig Ganghofer wie für das schwierige Œuvre des James Joyce.

Besucher im Ingolstädter Dekanat werden in den vergangenen Jahren oft genug gestaunt haben, was da an den Wänden hing: keine sanfte, biedere Andachtsmalerei, sondern zeitgenössische Kunst, surrealistisch und ziemlich provokativ. Von seinem Augsburger Freund, dem renommierten Maler Wolfgang Lettl, hat sich Gruhn immer wieder die eine oder andere der religiös hintergründigen Arbeiten als Leihgabe geholt. Diese Bilder haben, so der Dekan, mehr theologische Gespräche ausgelöst als manche Predigt.

Nicht, daß der 1. Pfarrer an St. Matthäus die Kanzel vernachlässigen würde. Er wird als Prediger geschätzt und als profilierter Redner bei öffentlichen Anlässen, auch, wie seine Vorgänger, in Kreisen außerhalb der evangelischen Gemeinde. Aber wohler fühlt sich der langjährige Pädagoge nach eigenem Bekunden im Gespräch, im Dialog. Dies ist eine der erstaunlichen Fähigkeiten von Heinz Gruhn: vorurteilslos in Kontakt zu kommen mit Menschen aller gesellschaftlichen Schichten, natürlich mit den Hilfesuchenden, den Habenichtsen, die nach dem Evangelium in einer christlichen Gemeinde zu den Vornehmsten zu rechnen sind, weil sich der Herr der Kirche ihnen gleichstellt; aber eben auch mit führenden Persönlichkeiten beispielsweise aus dem Wirtschaftsleben, die heute allzu leicht kirchlicherseits vernachlässigt werden, mit Soldaten, Arbeitnehmern, Kulturschaffenden, dem Intendanten des Stadttheaters. Kein Zufall,

daß in der Amtszeit von Dekan Gruhn, dem häufig die Vermittlerrolle zuwuchs, auch über kirchliche Angelegenheiten hinaus, regelmäßige Theatertagungen der Evangelischen Akademie Tutzing in Ingolstadt zur Tradition wurden. Und dankbar natürlich ist er besonders für das gute Einverständnis mit den katholischen Kollegen, das sich öffentlich widerspiegelt am beispielhaft harmonischen Zusammenwirken bei gemeinsamen Amtshandlungen.

Heinz Gruhn mutmaßt, er werde nach seinem Abschied den Ingolstädtern bald nur noch in der Erinnerung bleiben als der Dekan mit „den merkwürdigen Bildern und den komischen Hunden" (auf den jahrelangen vierbeinigen Begleiter Blacki, den schwarzgefleckten grauhaarigen Mischling, den sein Herrchen als „walisischen Bergspitz" auszugeben pflegte, folgte Tussi, die schwarze französische Bulldogge im Miniformat). So sympathisch die Einschätzung für Kunst- und Tierfreunde sein mag, sie erscheint doch zu bescheiden. Gewiß wird die Amtszeit des sechsten Ingolstädter Dekans sowohl als Phase der innerkirchlichen Konsolidierung wie des verstärkten Dialogs im ökumenischen und gesellschaftlichen Leben im Gedächtnis bleiben, als Jahre, in denen die evangelischen Impulse für das Gespräch unter Unterschiedlichen und, zumal in Ingolstadt, für ein urbanes Kulturklima unübersehbar waren.

Friedrich Kraft

„Psalm 22" von Wolfgang Lettl (1976), zeitweise Leihgabe für das Dekanat Ingolstadt.

Einst evangelische Hochburg

Keilförmig von Westen her ragt in die Mittelzone des heutigen Dekanatsbezirks Ingolstadt ein Gebiet, das früher geschichtlich zum Fürstentum Neuburg (Junge Pfalz, Pfalz-Neuburg, 1505–1808) gehört hatte. Hier finden wir die frühesten Zeugnisse evangelischen Lebens im jetzigen Dekanat, hat doch in dem kleinen wittelsbachischen Duodezfürstentum fast 70 Jahre lang die evangelische Lehre als Staatsreligion gegolten nach dem bekannten Grundsatz „Cuius regio, eius et religio".

Der erste Herrscher des Fürstentums war der bekannte Pfalzgraf bei Rhein, Ottheinrich (1502 bis 1559), für den und dessen Bruder Philipp (1503 bis 1548) dieses Fürstentum mit der Residenzstadt Neuburg a. d. Donau nach dem Ende des Landshuter Erbfolgekrieges im Jahre 1505 geschaffen worden war; es setzte sich aus unzusammenhängenden Gebietsteilen zusammen, die quer durch das heutige nördliche Bayern von der schwäbischen oberen Donau im Westen bis zur heutigen oberpfälzisch-böhmischen Grenze im Osten reicht. Als einem echten Renaissancefürsten, einem Mäzen und Liebhaber der schönen Künste wie auch einem bedeutenden Bauherrn im Stil der damaligen Moderne, der deutschen Renaissance, stellte sich Ottheinrich im Reformationsjahrhundert auch zwangsläufig die Religionsfrage.

Bald nach dem Regierungsantritt (1522) entschied er sich noch gegen die neue Lehre (1524, 1526) und auch gegen die Wiedertäufer (1528).

1539 aber bemühte sich Ottheinrich schon bei Philipp Melanchthon um den bedeutenden Reformator Georg Karg, wenn auch ohne Erfolg. Der Durchbruch des Gedankens, sich der Reformation anzuschließen, erfolgte beim Regensburger Religionsgespräch (Frühjahr 1541) oder im Anschluß

daran, zumal Ottheinrich seit 1541 alleiniger Herrscher im Fürstentum war.

Im Mai 1542 wandte sich Ottheinrich an die benachbarten führenden Hauptorte der beiden evangelischen Richtungen, an Nürnberg und Augsburg. Nürnberg entsandte Andreas Osiander, Augsburg Wolfgang Meußlin gen. Musculus, als Neutralen zog Ottheinrich Michael Diller aus Speyer hinzu. Ottheinrich entschied sich für Osiander, der auch das am 22. Juni 1542 veröffentliche Neuburger Reformationsmandat verfaßte.

Osiander machte sich alsbald an die Abfassung der pfalz-neuburgischen Kirchenordnung, die zwar der kurbrandenburgischen Ordnung von 1540 (und damit der älteren brandenburgisch-nürnbergischen Ordnung) folgt, die aber doch auch völlig eigenständige Passagen enthält. In Neuburg gab es damals noch keine Druckerei. Da Ottheinrich auf einen schönen Druck großen Wert legte, gab er diese Neuburger Kirchenordnung dem Nürnberger Drucker Johann Petreius in Auftrag, der sowohl eine Folio- wie eine handliche Oktavausgabe herstellte, beide ausgestattet mit Holzschnitten des Nürnberger Virgil Solis wie des Lauingers Mathis Gerung. Diese Ordnung wurde am 25. April 1543 eingeführt, also nur wenige Tage nach dem Tode der katholisch gestorbenen und in der Münchner Frauenkirche beigesetzten Pfalzgräfin Susanne, der Frau Ottheinrichs, einer Tochter des großen Gewinners des Landshuter Erbfolgekrieges, des Herzogs Albrecht IV. von Bayern.

Osiander mag damals auch die Anregung dazu gegeben haben, die im Jahre 1541 vollendete Schloßkapelle in Neuburg – einen hohen, schachtartigen Raum mit auf drei Seiten in halber Höhe umlaufender Empore – mit Fresken auszumalen. Sicher geht auf Osiander das Programm dieses mehrteiligen Freskenzyklus zurück, dessen Ausführung am 6. Juli 1543 dem Salzburger, damals in Landshut beschäftigten Maler Hans Bocksberger d. Ä. übertragen wurde. Mit diesem stark in den Allegorien der

Schloßkapelle Neuburg

auf den Auftraggeber seit 1957 wieder an Ort und Stelle steht.

Die Ausmalung der Schloßkapelle setzte gleichzeitig den Schlußpunkt unter die rege Bautätigkeit Ottheinrichs in Neuburg und Grünau, ein Jahr später mußte er sein Fürstentum wegen Überschuldung an die Landschaft abtreten. Im Jahre 1544 war das Fürstentum voll reformiert, Streitpunkte gab es nur bei Pfarreien, deren Patronatsrechte „ausländischen" Klöstern wie auch ausländischen geistlichen Fürsten, etwa dem Fürstbischof von Augsburg, gehörten. Wie sich die erste Reformation auf die pfalz-neuburgischen Klöster ausgewirkt hat, ist im einzelnen noch zu wenig erforscht.

Im Zuge der Einführung der Reformation entstand in Neuburg im Jahre 1544 eine eigene Druckerei unter Leitung des fürstlichen Rentschreibers Hans Kilian, der sich vor allem dem Druck reformatorischer Schriften widmete und auch kostbare Drucke herstellte. Durch die Bemühungen Ottheinrichs um die Aufnahme in den Schmalkaldischen Bund der evangelischen Reichsstände wurde auch das Fürstentum Pfalz-Neuburg in die Wirren des Schmalkaldischen Krieges hineingezogen: Neuburg wurde am 18. September 1546 von den Truppen Kaiser Karls V. eingenommen. Ottheinrich floh ins Exil, ins Kurfürstentum seines früheren Vormunds und Onkels, des Kurfürsten Friedrich II. von der Pfalz; während dieser Zeit lebte er hauptsächlich in Heidelberg und Weinheim. Das Fürstentum Pfalz-Neuburg kam unter kaiserliche Verwaltung, der kaiserliche Statthalter Jörg v. Buelach ging sofort an die Rückführung des Fürstentums zur alten Lehre. Kurz nach dem Erlaß des Augsburger Interims (30. Juni 1548) gebot er am 6. Januar 1549 namens des Kaisers die Abschaffung der neuen Lehre und die Wiederaufrichtung des katholischen Glaubens. Ein erneuter Umschwung setzte mit dem Ausbruch der Fürstenrevolution von 1552 ein. Anfang April dieses Jahres agierte noch der kaiserliche Statthalter in Neuburg, man ließ Meßgewänder nach Augs-

„Biblia pauperum" und des „Speculum humanae vitae" wurzelnden Zyklus, einer Bildpredigt über die zum Sündenfall führende menschliche Schwachheit und über die göttliche Erlösung durch die Gnade, besonders durch Taufe und Abendmahl als den evangelischen Sakramenten, stellt die Neuburger Schloßkapelle einen der frühesten evangelischen Sakralräume überhaupt dar. Er hat sich – dank der Übermalung der Fresken in der Zeit nach 1614 (Gegenreformation) und nach ihrer Freilegung (1934/51) – fast unverändert erhalten, zumal auch der ursprüngliche, von Ottheinrich 1540 beim Eichstätter Bildhauer Martin Hering in Auftrag gegebene Altar mit seinem sehr deutlichen Hinweis

burg zur Weihe im Dom schicken; Mitte des Monats April war aber Ottheinrich wieder im Besitz des Fürstentums Pfalz-Neuburg, dem er nach längerer Abwesenheit Mitte Mai 1552 einen ersten Besuch abstattete. Galt zwar seine erste Sorge dem Zustand der von ihm errichteten Bauten, so vergaß er darüber nicht die Religionsfrage und führte sofort wieder die volle Reformation durch. Ende Mai schickte er Beauftragte aus, welche die Pfarrer auf die Kirchenordnung von 1543 verpflichten oder andernfalls absetzen sollten. Die alte Kirchenordnung wurde wieder voll in Kraft gesetzt. Dies ist um so mehr von Bedeutung, als man die Rückführung des Fürstentums Pfalz-Neuburg zur Reformation bislang immer erst als Ergebnis des Passauer Vertrags (15. August 1552) sah.

Bereits im Folgejahr ging Ottheinrich an die Neufassung der pfalz-neuburgischen Kirchenordnung, wobei er sich stets auf die Bestimmungen des Passauer Vertrags stützte und sich so rückversicherte. Ein Erstentwurf von Johann Ehinger und dem Hofprediger M. Michael Diller bezog bereits die Mecklenburgische wie die Württembergische Kirchenordnung mit ein, die auf Melanchthon bzw. Johann Brenz zurückgingen und kurz zuvor erschienen waren. Der Neuburger Entwurf wurde in der ersten Augusthälfte 1553 von dem württembergischen Reformator Johann Brenz anläßlich eines Aufenthalts in Neuburg überarbeitet. Daraus erklärt sich, daß die neue pfalz-neuburgische Kirchenordnung – von wenigen Passagen und Bestimmungen abgesehen – der württembergischen Kirchenordnung gleicht; mit ihr verbunden wurde als Lehrteil das aus der Mecklenburger Ordnung übernommene, von Melanchthon verfaßte Examen ordinandorum. In dieser Form bedeutete die Neuburger Kirchenordnung eine eindeutige Abwendung von der sächsisch-fränkischen Form, der

noch die Kirchenordnung von 1543 gefolgt war, unter gleichzeitiger Hinwendung zur schweizerisch-schwäbischen Richtung der Reformation.

Gleichzeitig mit der Kirchenordnung wurden eine Eheordnung sowie eine Schulordnung für die lateinischen Schulen bearbeitet, letztere offenbar unter Beratung des bekannten Straßburger Humanisten und Rektors des dortigen Gymnasiums, Johann Sturm.

Für alle drei Ordnungen suchte Ottheinrich als Liebhaber des schönen Buches einen guten Drucker. Die Neuburger Offizin des Hans Kilian war 1546 zerstört worden. So wurde, wie schon 1543, der Druck auch dieser Kirchenordnung einer Neuburger Druckerei, der von Johann vom Berg und Ulrich Neuber, übertragen. Die Ordnung erschien im Frühjahr 1554.

Diese zweite pfalz-neuburgische Kirchenordnung löste im Jahre 1555 eine Bewegung aus, die man mit Bildersturm bezeichnet, offenbar verursacht durch den vollen Wortlaut des ersten der Zehn Gebote, die in der Kirchenordnung als Bestandteil des Katechismus abgedruckt sind. Die Bewegung ging anscheinend vom pfalz-neuburgischen Oberland mit Schwerpunkt Lauingen aus, ein Befehl zur Niederlegung der „unnotwendigen capellen" und zum Abbruch der Altäre bis auf jeweils einen war hier auf unmittelbare Anweisung von Ottheinrich hin schon vor dem 6. August 1555 ergangen.

Bei der Diskussion wurde darauf hingewiesen, daß in Sachsen die „bilder" noch seien, daß sie aber vielerorts eine „raizung zur abgötterey" seien. Man plädierte – „ungeachtet, das es ain groß geschray bring" – dafür, „das man die bilder in still weg that und die althär bleiben ließ"; es wurden also zunächst nur die Altaraufbauten der Flügelaltäre mit Gemälden und Bildhauerarbeiten entfernt, während man die Mensen beließ. Man begann mit der Entfernung dieser „bilder und tafl" am 9. August 1555 in den beiden Hauptkirchen der Residenzstadt Neuburg. Eine verschärfte Anordnung erging

„Christi Himmelfahrt" von Hans Bocksberger d. Ä., Schloßkapelle Neuburg

am 1. Dezember 1555 dahingehend, „das man die abgeräumten tafl und bilder verpren und die altähr gar [= vollständig] ausbrech". Die zunächst vorsichtige Haltung vom August 1555 war jetzt aufgegeben worden. Dies läßt verstehen, daß sich im Bereich des Fürstentums Pfalz-Neuburg Zeugnisse gotischer Altarbaukunst so gut wie nicht erhalten haben.

Daneben wurde auch manche Feldkapelle abgebrochen; eine Ausnahme bildeten hier nur jene Feldkapellen, die man als Friedhofskapellen weiterverwendete. Gerade im 16. Jahrhundert kann man besonders in evangelischen, aber auch in katholischen Orten beobachten, daß man die um die Pfarrkirchen gelegenen Friedhöfe der dichter bebauten Städte und Märkte aufließ und sie vor die Mauern und Tore verlegte. (Die pfalz-neuburgischen Generalartikel von 1576 ordneten diese Verlegungen ausdrücklich an.)

Ein Nachdruck der Kirchenordnung von 1554 erschien im Jahre 1556 in der zwischenzeitlich wiederhergestellten Offizin des Hans Kilian in Neuburg; sie sollte nicht nur im Fürstentum Pfalz-Neuburg gelten, sondern auch in der Kurpfalz (mit Oberpfalz). Ottheinrich hatte nämlich nach dem Tode seines seit 1544 regierenden Onkels, Kurfürst

Ottheinrich Pfaltz durch Gottes gnade
Von des Bapsts greuln erledigt hat
Der Kirchen ruhe Des reichs Wolfart
Zu fürdern er kein fleiß nit spart.

Susanna von haus Bayern geborn
Margraff Casimir zu vor erkorn
Folgens bei Pfaltzgraf Ottheinrich
Ir leben beschloß seliglich.

Pfalzgraf Ottheinrich und Susanne von Bayern, Kupferstich von J. G. Wiesger, 1772/73.

Friedrichs II. († 26. Februar 1556), die längst ersehnte Regierung in der Kurpfalz angetreten, war dadurch Kurfürst geworden und hatte gleichzeitig dort, wie auch in der pfälzischen Oberpfalz, die Reformation eingeführt.

Ottheinrich hatte aus seiner Ehe mit Susanne von Bayern keine Kinder, weshalb er am 3. April 1555 das Fürstentum Pfalz-Neuburg seinem Vetter und Hauptgläubiger, Pfalzgraf Wolfgang von Pfalz-Zweibrücken, überließ. Wolfgang führte keine Änderungen ein, solange Kurfürst Ottheinrich noch am Leben war, doch ließ er im Jahre 1557 für sein Fürstentum Pfalz-Zweibrücken eine eigene Kirchenordnung bearbeiten, die einerseits auf der pfalz-neuburgischen von 1554 (und über sie auf der württembergischen von 1553), andererseits auch auf der Mecklenburger Ordnung Philipp Melanchthons von 1552 aufbaut.

Trotz einer gemeinsamen Grundlage unterschied sich die viel ausführlichere Zweibrücker Ordnung in dem einen oder anderen Punkt von der Neuburger; herausgegriffen sei davon nur ein einziger, nämlich die Verwendung von Kirchengut für kirchlich-karitativ-schulische Zwecke. Hier fußte die Zweibrücker Ordnung auf Melanchthons Mecklenburger Ordnung, die besagte: „So viel kirchengüter unter uns sind, klöster, prebenden, wollen wir dieselbigen nicht zerreißen lassen, sondern dazu erhalten, das nach gelegenheit der stedte und dörfer daraus der universitet und den kirchen mit guten rat zulag verordnet werden. Denn dieses ist christlich und geschriebenen rechten gemeß, das diese gaben, die vor zeiten zu erhaltung christlicher lere, kirchen, schulen und hospitaln angewand werden." Aus diesem Melanchthonischen Geist heraus gründete Pfalzgraf Wolfgang für sein Fürstentum eine Landesschule in der kleinen Stadt Hornbach. Nach dem Tode von Kurfürst Ottheinrich († 12. Februar 1559) übernahm Pfalzgraf Wolfgang endgültig das Fürstentum Pfalz-Neuburg. 1560 führte er jetzt auch hier die Zweibrücker Kirchenordnung

Neuburger Kirchenordnung

ein, die damit die zweite pfalz-neuburgische Kirchenordnung von 1554 ablöste, obgleich diese der Zweibrücker „nicht ungleich oder zuwider war". Pfalzgraf Wolfgang fand aber „doch im werk und in der erfarung, das derselbigen [= Neuburger] bis anher nicht durchaus gelebt oder nachgesetzt worden". Auch war seiner Meinung nach die Zweibrücker Ordnung „etwas ausfürlicher in vielen puncten gestelt und derhalb unsers verhoffens den einfeltigen kirchendienern und zuhöreren, desto mer anleitung, erklerung und erleuterung geben wird". Er wollte auch in beiden Fürstentümern „ein form der kirchenordnung bestendiglich bis auf eine gemeine [=gemeinsame] christliche reformation behalten".

Aus dem bereits genannten Melanchthonischen Geist der Zweibrücker, zugleich auch pfalz-neuburgischen Kirchenordnung heraus ging Pfalzgraf Wolfgang sofort an die Errichtung einer Landesschule auch für sein Fürstentum Pfalz-Neuburg. Wie im Fürstentum Zweibrücken, so wurde auch hier die Schule nicht in der Residenzstadt gegründet, sondern im wirtschaftlich führenden Zentrum im Oberland, in Lauingen. Die Landesschule wurde wohl 1562 in einem einstigen Frauenkloster eröffnet. Wie die Hornbacher, so sollte auch die Lauinger Fürstliche Schule zur Heranbildung des eigenen Theologen-, Schulmeister-, Juristen- und höheren Beamtennachwuchses dienen. Hand in Hand mit der Errichtung der Landesschule ging die Gründung einer fürstlichen Druckerei, die zugleich den Rang einer Landesdruckerei besaß, da es sonst keine weitere Druckerei im gesamten Fürstentum gab.

Im Zusammenhang mit den Vorgängen um die Errichtung einer Landesschule in Lauingen muß auch auf die Stellung der protestantischen Fürsten von Pfalz-Neuburg zu den pfalz-neuburgischen Klöstern eingegangen werden, deren Zahl ohnehin nicht groß war.

Nach der Einführung der Reformation im Jahre 1542 wurde das Vermögen der landsässigen Klöster unter die Verwaltung weltlicher Pröpste als landesherrliche Beamte gestellt, mitunter wurden evangelische Prädikanten in die Klöster gesetzt; die Klosterinsassen selbst konnten unter gewissen Voraussetzungen und mit Beschränkungen bleiben, oder aber sie wanderten in benachbarte Klöster des gleichen oder eines anderen Ordens in anderen Territorien ab, so etwa Nonnen von Bergen in das Augustinerchorfrauenstift Marienstein bei Eichstätt.

Die Besetzung des Fürstentums Pfalz-Neuburg durch Kaiser Karl V. im Herbst des Jahres 1546 gab den Klöstern die Möglichkeit, ihr Klosterleben wieder im vollen Umfang aufzunehmen, ausgewichene Klosterinsassen konnten in ihren alten Konvent zurückkehren. Die Rückkehr von Pfalzgraf Ottheinrich und die Rückführung zur Reformation stellten die Verhältnisse von 1542/46 wieder her, die Klöster kamen 1552 erneut unter die weltliche Verwaltung von Pröpsten.

Weiterbestehende, jetzt ausschließlich nur mehr Frauenklöster, wurden auf den Stand von Aussterbeklöstern gesetzt; sie durften keine Novizen mehr aufnehmen, standen aber weiterhin unter der inneren Leitung einer Priorin, nach deren Tod jeweils eine neue aus dem noch bestehenden alten Konvent gewählt wurde. Ihren Unterhalt bekamen die Nonnen vom jeweiligen Propst, der sich auch voll um den Bauunterhalt kümmern mußte. So konnte das Benediktinerinnenkloster in der Residenzstadt Neuburg bis 1584 weiterbestehen, während das Kloster zu Bergen des gleichen Ordens schon 1552 endgültig aufgelöst wurde.

Ein grundlegender Gesinnungswandel trat unter Pfalzgraf Wolfgang ein, besonders nachdem er im Jahre 1559 das Fürstentum Pfalz-Neuburg voll übernommen hatte. Er gab unumwunden zu, „das [...] die clöstergüeter und andere gaistliche güter, gefell und einkommen [...] biß anhero zum schuldenlast gezogen worden waren". Er wünschte, ganz im Sinne seiner Kirchenordnung und damit im Geiste Melanchthons, daß diese „widerumb zur kirchen, seelsorgen, consistorien, schulen, hospitalen, underhaltung der armen und andern milten sachen und gebreuchen" verwendet werden sollten. Ganz deutlich kommt dieser Wandel im Testament Pfalzgraf Wolfgangs von 1568 zum Ausdruck, in dem er sehr ausführlich auf die „stiftung der eingezogenen und ferne einzuziehenden clöster- und kirchengüter zum besten der evangelischen kirche und der neuen landschule zu Laugingen" eingeht. Im 5. von 35 Abschnitten bestimmte Wolfgang, daß die Einkünfte der Klöster Neuburg, Maria Medingen, Obermedlingen, Echenbrunn, Bergen, Pielenhofen und Pettendorf für den Unterhalt der Landesschule zu Laugingen zu verwenden seien, Überschüsse aber Spitälern gegeben oder zum Unterhalt der Armen und zur Besserung der Kirchen des Fürstentums Pfalz-Neuburg mit herangezogen werden sollten, auch sollten Stipendiaten zur Studienförderung an Universitäten dadurch gefördert werden.

Die Regierung von Pfalzgraf Wolfgang brachte also eine Konsolidierung der Verhältnisse. Dies zeigt sich sehr deutlich an der kirchlichen Organisation des Fürstentums, die schon seit der zweiten Einführung der Reformation im Jahre 1552 – ähnlich wie zuvor in der Zeit 1542/46 – ziemlich straff war. Das ganze Land war in zunächst vier Superintendenturen eingeteilt, deren Bezirke sich mit landesherrlich-pfalz-neuburgischen Ämtern deckte. Die ältesten vier Superintendenten (auch -attendenten) hatten ihren Sitz zu Laugingen, zu Monheim, zu Neuburg (für den Bereich des Landgerichts/Landvogtamts Neuburg und Pflegamts Reichtshofen) und zu Burglengenfeld. Die Superintendenten hatten darauf zu achten, daß die Kirchenordnung eingehalten wurde. Sie hatten die – vom Landesherrn in Abstimmung mit dem Kollegium des Kirchenrats zu Neuburg als oberster kirchlicher Instanz im Fürstentum – für eine Pfarrei bestimmten Pfarrer zu präsentieren und sie in die Pfarrei einzusetzen und einzuführen. Die Superintendenten mußten auch darauf achten, daß durch die Pfarrer „Gottes wort verstendiglich und clar zu besserung der gemainden gepredigt und das volk zum gebet und nachvolgung Christi vermanet werde". Aufgefallene und nicht abstellbare Mängel hatten die Superintendenten dem Kirchenrat zu Neuburg zu melden.

Ein besonders wichtiges Instrument zur Durchführung dieser Vorschriften war die nach Möglichkeit jährlich vom Superintendenten vorzunehmende Visitation der Pfarreien seines Bezirks. Vorgeschrieben war diese Kirchenvisitation in den das Verhältnis Pfarrer – Superintendenten regelnden Verordnungen von 1556 und 1562, im einzelnen geregelt durch Visitationsordnungen.

Bei der Visitation wurde nicht nur der jeweilige Pfarrer befragt, sondern auch die Gemeindevertretung (Bürgermeister und Rat in Städten und Märkten, Vierer in den Dörfern) sowie die Heiligenverwalter und Kirchenpröpste. Die Protokolle geben genaue Angaben zur Person eines Geistlichen (Herkunft, Studium, Pfarrdienst, Familienstand), sie enthalten auch eine ebenso genaue Beschreibung der Pfarrei- wie der Gemeindeverhältnisse, der Schulen und ihrer Lehrer, überhaupt des religiösen

Das „Hasenkonzert", eine evangelische Persiflage auf den Papst, der auf einem Hund reitet. Die Malerei im Treppenaufgang des Neuburger Schlosses dokumentiert die deftige Bildersprache des 16. Jahrhunderts.

Gemeindelebens. (So sind beispielsweise für die volkskundliche Forschung die Aussagen über besondere Bräuche bei früheren Wallfahrtskirchen, über Zauberei und Hexerei, über Tänze, Spiele, Wetterläuten usw. von besonderer Bedeutung.)

Bei den Kirchenvisitationen wurde auch auf die Kirchenregister gesehen. Die Anlage dieser Kirchenbücher („zu einschreibung der getauften kind, neuen eheleut und der abgestorbenen") geschah im Fürstentum Pfalz-Neuburg erst mit der Einführung der Reformation, sie wurden dann vielfach in der Zeit der Gegenreformation als katholische Kirchenbücher weitergeführt, sind aber mitunter in der Zeit des Dreißigjährigen Krieges verlorengegangen.

Pfalzgraf Wolfgang war ein entschiedener Anhänger der lutherischen Richtung, so wie sie durch die Confessio Augustana festgelegt war. Dies zeigt sich nicht nur in seiner Kirchenordnung von 1557/1560, sondern auch in einem Mandat von 1564 gegen die Kalvinisten, Schwenckfeldianer und andere Sektierer. Es war offenbar veranlaßt durch den Übertritt des Nachfolgers von Ottheinrich als Kurfürst von der Pfalz, des Pfalzgrafen Friedrich III. (1559–1576), zum Kalvinismus im Jahre 1561 und die dadurch heraufbeschworene Gefahr der Ausdehnung dieser reformierten Glaubensrichtung auch auf die kuroberpfälzischen Lande und damit auf die Nachbarschaft des pfalz-neuburgischen Nordgaues.

Welch bedeutsame Rolle die Religionsfrage im Leben von Pfalzgraf Wolfgang insgesamt gespielt hat, zeigt nicht zuletzt auch sein Testament von 1568. Es beginnt mit einem ausführlichen, überzeugten Glaubensbekenntnis und fährt dann mit der Verpflichtung seiner Gemahlin, seiner Söhne und Töchter, seiner nächsten Verwandten wie seiner Landsassen und Untertanen in beiden Fürstentümern fort, an der evangelischen Lehre festzuhalten und christliche Eintracht zu üben. Pfalzgraf Wolfgang starb ein Jahr später (11. Juni 1569) auf einem Hilfszug zu den wegen ihrer Religion bedrängten Hugenotten in Frankreich.

Pfalzgraf Wolfgang hinterließ fünf Söhne. Zwei davon waren bereits volljährig. Der erstgeborene, Philipp Ludwig (1547–1614), bekam das Fürstentum Pfalz-Neuburg, der zweitgeborene, Johann I. (1550–1604), das Fürstentum Zweibrücken, die minderjährigen Söhne erhielten Anteile unter Oberhoheit ihrer älteren Brüder. Im Zeichen der Gemeinsamkeit gaben Philipp Ludwig und Johann I. für ihre beiden Fürstentümer kurz nach dem Tode ihres Vaters einen Neudruck der gemeinsamen Kirchenordnung von 1557/1560 in Auftrag.

Unter Pfalzgraf Philipp Ludwig konsolidierten sich die bereits sehr stabilen Religionsverhältnisse im Fürstentum Pfalz-Neuburg noch weiter. Sehr bedeutsam ist dabei das Jahr 1576. Zunächst wurden am 20. Februar die sogenannten Generalartikel publiziert, eine Zusammenfassung des neuburgischen evangelischen Kirchenrechts in 76 Artikeln – bald größeren Ordnungen, bald kleineren Einzelvorschriften –, die das gesamte Äußere des Kirchenwesens regelten (Auszug 1579 gedruckt). Wenig später erschienen eine Neufassung der Visitationsordnung für die Pfarreien und eine Verordnung über den Ausbau des Kirchenrats zum Konsistorium. Abgeschlossen wurden diese Novellierungen durch eine neue Eheordnung vom 2. Januar 1577. Nach diesen Reformen stellte sich das evangelische Kirchenwesen von Pfalz-Neuburg als völlig in sich gefestigt dar, wozu auch Landesschule und Landesdruckerei in Lauingen das ihre beitrugen. Das Fürstentum konnte gleichsam als evangelisches Musterland gelten.

Die streng lutherische Haltung von Pfalzgraf Philipp Ludwig fand auch nach außen hin ihren beredten Ausdruck in seinem steten Bemühen, die evangelischen Reichsstände Augsburger Konfession unter Ausschluß der Kalvinisten zu einen.

In die späte Regierungszeit von Philipp Ludwig fällt der Ausbau seiner Residenzstadt Neuburg a. d.

Donau mit einer Neugestaltung des Stadtzentrums. Mit dem Neubau der Pfarrkirche U. L. Frau (1607–1615) entstand dabei ein zweiter evangelischer Kirchenbau, wesentlich bedeutsamer noch als seinerzeit die Schloßkapelle Ottheinrichs – stand diese Kapelle am Anfang der Reformation in Neuburg, so sollte der Kirchenneubau U. L. Frau gleichsam einen Schlußpunkt setzen, ja durch eine architektonisch geschickte Überformung ab 1616 und die andere Nutzung auch zugleich zur Gegenreformation hinüberleiten.

In der Ursprungsplanung selbst waren verschiedene Ideen zusammengeflossen. Den architektonischen Rahmen nach der modernen italienischen Manier des Barock vermittelte der kaiserliche Malerarchitekt Joseph Heintz; in der Gestaltung als Hallenkirche klingt als Vorbild die Pfarrkirche St. Martin in Lauingen an, damals die modernste, wenn auch eine spätestgotische Kirche im Fürstentum und zugleich Grablege des Hauses Pfalz-Neuburg; schließlich kamen noch die liturgischen Anforderungen in der Gestaltung als evangelische Predigtkirche mit nur einem einzigen Altar hinzu, am deutlichsten erkennbar an den eingezogenen Seitenemporen, was im Stil der Zeit lag, aber auch vielleicht durch das Vorbild der Neuburger Schloßkapelle verstärkt worden war.

Daß sich der Kirchenbau so lange hinzog, hängt mit anderen Faktoren zusammen, die aber die Religionsfrage im Fürstentum Pfalz-Neuburg stark beeinflussen sollten.

Durch die Heirat mit Anna von Jülich-Kleve-Berg im Jahre 1574 hatte sich Pfalzgraf Philipp Ludwig Ansprüche seines Hauses auf die Lande der reichen Herzöge am Niederrhein ausgerechnet – falls es dort zu einem Erbfall kommen sollte. Ein solcher trat dann tatsächlich im Jahre 1609 beim kinderlosen Tod seines Schwagers, des Herzogs Johann Wilhelm, ein. Hauptansprüche an das Erbe stellten Brandenburg und Pfalz-Neuburg. Beide besetzten die Lande am Niederrhein. Durch ein Heiratspro-jekt versuchte der Erbprinz von Neuburg, Pfalzgraf Wolfgang Wilhelm, auch die brandenburgischen Ansprüche an sich zu bringen, hatte dabei aber keinen Erfolg. Um ihre Ansprüche durchzusetzen, sahen sich die beiden Haupterbberechtigten nach Verbündeten um, was in beiden Fällen zu einem Konfessionswechsel führte: Der Brandenburger wurde Kalvinist, der Neuburger Katholik, beides im Jahres 1613.

Der Übertritt von Wolfgang Wilhelm geschah streng geheim am 19. Juli 1613 in München, unmittelbar darauf hielt er um die Hand von Magdalena, der Schwester Herzog Maximilians I. von Bayern, an; die Hochzeit fand – ohne daß Philipp Ludwig etwas von der Konversion seines Sohnes wußte – am 10. November 1613 statt. Durch diese Heirat fand Wolfgang Wilhelm vollen Rückhalt bei der katholischen Liga. Er kehrte nach Düsseldorf als Residenzstadt des Herzogtums Berg zurück, unterrichtete von dort aus erst im April 1614 seinen Vater vom Konfessionswechsel und verkündete diesen Schritt offiziell am 25. Mai 1614 in Düsseldorf.

Durch den Übertritt Wolfgang Wilhelms war seine Jülicher Position gestärkt. Der Vertrag von Xanten (12. November 1614) bestätigte die Teilung der niederrheinischen Lande zwischen Brandenburg (Kleve, Mark, Ravenstein, Ravensberg) und Pfalz-Neuburg (Jülich, Berg).

In Neuburg war zwischenzeitlich Pfalzgraf Philipp Ludwig am 12. August 1614 gestorben, den – als überzeugten Lutheraner – der Konfessionswechsel seines ältesten Sohnes Wolfgang Wilhelm schwer getroffen hat. Wolfgang Wilhelm war aber nicht allein aus machtpolitischen Gründen zum Katholizismus übergewechselt, sondern hatte sich schon länger mit der katholischen Glaubenslehre befaßt. Philipp Ludwig muß von diesen Glaubenszweifeln Wolfgang Wilhelms gewußt haben, denn sonst hätte er z. B. nicht an die Spitze der „Sonderbaren Freyheiten und Immuniteten" vom 25. August 1609 für die damals geplante gewaltige Erweiterung der

Residenzstadt Neuburg die Glaubensfrage gesetzt mit Feststellung des Glaubensbekenntnisses Augsburger Konfession, „darbey ihre Fürstl. Gn. biß an dero seeliges Ende/vermittelst Göttlicher Gnaden beständig zu verharren entschlossen/und alle mügliche Vorsehung zu thun gedencken/damit solche Christliche Glaubens Bekanntnus in disem Fürstenthumb auff die Posteritet gebracht/und fortgepflantzt werde".

An den Beisetzungsfeierlichkeiten für seinen Vater Philipp Ludwig nahm Pfalzgraf Wolfgang Wilhelm nicht teil, obwohl zwischen Tod und Beisetzung mehr als ein Monat Zeit verstrich; offenbar war Wolfgang Wilhelm durch die sich zuspitzende Lage zu sehr in den Jülichschen Landen gebunden.

Eine erste Maßnahme im Zuge der zu erwartenden Gegenreformation war dann die Abschaffung des von Philipp Ludwig noch Mitte Juli 1614 angeordneten wöchentlichen Gebets „um Erhaltung reiner allein seligmachender Lehr/und Abwendung verfürerischer Religion" (Mitte November 1614). Wolfgang Wilhelm kehrte erst am 21. Februar 1615 – bezeichnenderweise führte ihn sein Weg über München – nach Neuburg zurück. Hier verbot er alsbald den evangelischen Gottesdienst in der Hofkirche (= Schloßkapelle), führte Jesuiten ein, die die Aufgabe der Gegenreformation übernehmen sollten, und trug sich sofort mit dem Gedanken der Errichtung eines Jesuitenkollegs in Neuburg.

Am 24. Juni 1615 wurde in Neuburg ein Streitgespräch zwischen lutherischen Geistlichen und Jesuiten abgehalten, zwar ohne Ergebnis, von Wolfgang Wilhelm aber staats- und religionspolitisch zu seinen Gunsten genutzt.

Am 24. Dezember 1615 erließ Wolfgang Wilhelm ein erstes Mandat für den Katholizismus. Es beinhaltet kurz folgende Punkte:

1. Das Bekenntnis zum katholischen Glauben soll unverwehrt und frei sein, ebenso zur katholischen Schule und zur Ausübung katholischen Brauchtums;
2. Konvertiten zum katholischen Glauben sollen nicht für „Mamelucken und untüchtige Menschen" gehalten werden;
3. Verbot der Behinderung der katholischen Gebräuche und der Annahme des katholischen Glaubens;
4. Einführung des neuen Kalenders und zukünftige Feier von Fest- und Feiertagen nur nach diesem;
5. Anordnung des Glockenläutens morgens, mittags und abends nach katholischem Gebrauch;
6. lutherische Prediger und Untertanen sollen sich der „hitzigen Invectiven" gegen Katholiken enthalten;
7. bei Verehelichungen soll man sich nicht mehr auf Dispensationen verlassen;
8. an Freitagen, Sonnabenden und katholischen Abstinenztagen soll bei öffentlichen Gastungen sowie in den Wirts- und Gästehäusern Fisch statt Fleisch gespeist werden.

Mit der Einführung des neuen Kalenders und damit dem Anschluß des Fürstentums Pfalz-Neuburg an die von Papst Gregor III. im Jahre 1582 angeordnete Kalenderverbesserung setzte Pfalzgraf Wolfgang Wilhelm gleichsam ein äußeres Zeichen. In der sich anschließenden Übergangszeit werden mitunter beide Daten in Form des Bruches geschrieben, das nach dem alten Kalender im Zähler, das um zehn erhöhte nach dem neuen Kalender im Nenner.

Mit tatkräftiger Unterstützung durch die Jesuiten ging Wolfgang Wilhelm im Jahre 1616 an die Durchführung der Gegenreformation und damit an die Rückführung seines Anteils am (seit 1615 in drei Teile geteilten) Fürstentum Pfalz-Neuburg zum katholischen Glauben. In Städten und Märkten forderte er vielfach die Hauptkirchen für die katholische Religionsübung, so etwa in Lauingen

Die Pfarrkirche U. L. Frau in Neuburg, 1615 als damals evangelischer Kirchenbau fertiggestellt.

unter Hinweis auf die fürstliche Grablegung, und ließ in diesen Kirchen katholische Pfarrer installieren; den Protestanten wurde meist eine untergeordnete Kirche zugewiesen, so etwa in Lauingen die ehem. Augustinereremitenkirche. So kam es in den größeren Orten für eine gewisse Übergangszeit zu einem Simultaneum, d. h., beide Konfessionen waren zunächst noch gleichberechtigt. Das Vorgehen war aber von Pfarrei zu Pfarrei verschieden, so daß sich die gegenreformatorische Strömung zeitlich unterschiedlich ab 1616 durchsetzte. Im Laufe des Jahres 1618, spätestens aber 1619 wurden sämtliche noch im Kirchenamt wirkende evangelische Geistliche im Fürstentum abgeschafft (jedoch nicht in den Landesanteilen Pfalz-Sulzbach und Pfalz-Hilpoltstein sowie den Wittumamt Höchstädt, wo zunächst weiterhin die evangelische Religionsübung uneingeschränkt galt).

Die fürstliche Landesschule in Lauingen wurde im Jahre 1616 geschlossen. An ihre Stelle trat in Neuburg ein den Jesuiten übertragenes Gymnasium, das in der älteren lateinischen Schule in Neuburg wurzelte. Die Bibliothek der Lauinger fürstlichen Schule wurde im Jahre 1617 nach Neuburg verlegt und den Jesuiten überlassen. Gleichfalls im Jahre 1616 wurde die fürstliche Landesdruckerei in Lauingen geschlossen, nach Neuburg verlegt und von einem katholischen Drucker fortgeführt.

Die Bevölkerung des Fürstentums blieb nach 1615 zunächst noch überwiegend für die evangelische und gegen die neue katholische Religion eingestellt; die Anti-Stimmung machte sich verschiedentlich in Spottgedichten Luft. Die katholischen Pfarrer hatten in der Regel anfangs nur wenig Zulauf. Dies änderte sich erst mit der Abschaffung der evangelischen Geistlichen, was mitunter zu Unruhen führte (wie etwa in Lauingen im Jahre 1618); es kam jedoch öfters vor, daß die weiterhin evangelisch Gesinnten in benachbarte, evangelisch besetzte Pfarreien auswichen oder in Grenznähe ausländische evangelische Pfarreien zum Sakramentenempfang, zur Heirat oder zur Kindstaufe aufsuchten.

In der Residenzstadt Neuburg wurde die Gesamtbevölkerung – sowohl die verbliebenen Hofbeamten und Hofdiener wie die Haushaltsvorstände von Stadt und Vorstadt – im Juli 1617 nach der Abschaffung der evangelischen Geistlichen auf das Rathaus zitiert, wo sie sich – zum Teil mehrfach – wegen der Religion erklären mußten. Die Protokolle hierüber zeigen, daß die Neuburger Bevölkerung überwiegend sofort den neuen Glauben annahm oder sich zumindest mit ihm anfreunden wollte.

Die Landbevölkerung im Fürstentum Pfalz-Neuburg selbst war zu sehr an die Scholle gebunden, als daß sie diese dem evangelischen Glauben zuliebe aufgeben konnte. Die Chance, daß durch die verheerenden Auswirkungen des Dreißigjährigen Krieges Hofstellen in evangelischen Territorien wüst gefallen sind und auf eine Neubesiedlung durch evangelische Glaubensflüchtlinge direkt warteten, bot sich zu dieser Zeit noch nicht an, wie etwa rund zehn Jahre später den oberösterreichi-

Ausschnitt aus einem Bildnis des Pfalzgrafen Wolfgang Wilhelm. Er tritt mit dem Fuß auf die protestantische Bekenntnisschrift.

schen Exulanten. Die Landbevölkerung wurde deshalb, von wenigen Ausnahmen abgesehen, fast ausnahmslos katholisch, wobei jedoch auch zu berücksichtigen ist, daß die pfalz-neuburgischen Behörden relativ tolerant waren, so daß es noch um das Jahr 1650 in bereits seit 1616 rekatholisierten Gebieten vereinzelt Lutheraner geben konnte.

Die Frage der Wiederherstellung der einstigen pfalz-neuburgischen durch die Einführung der Reformation säkularisierten Klöster ging Pfalzgraf Wolfgang Wilhelm auffallend langsam an. Von den landsässigen, im Jahre 1552 erneut unter die Verwaltung weltlicher Pröpste als landesherrlicher Beamte gestellten Klöstern – ausschließlich Frauenklöstern – waren bis zum Jahre 1614 alle Konvente entweder aufgegeben worden oder im Lauf der langen Zeit ausgestorben; lediglich vom einstigen Konvent des Klosters Maria Medingen lebte noch eine Nonne, die seinerzeit im Jahre 1546 in das Kloster eingetreten war. Sie erlebte noch am 13. Juni 1616 die Wiederbegründung des Frauenklosters vom Augsburger Katharinenkloster aus.

Von den übrigen ursprünglichen landsässigen Frauenklöstern wurde keines als Frauenkloster wiederhergestellt, was gleichfalls bemerkenswert erscheint. Der Besitz des früheren Benediktinerinnenklosters Monheim wurde 1656/57 durch Pfalzgraf Philipp Wilhelm dem Kloster und Hospital St. Wolfgang der Barmherzigen Brüder in Neuburg überlassen; dieses Kloster war im Jahre 1622 ausdrücklich für die Krankenpflege von Wolfgang Wilhelm begründet worden. Die beiden früheren Benediktinerinnenklöster Neuburg und Bergen traten in engen Kontakt zum Jesuitenorden, der von Wolfgang Wilhelm zur Durchführung der Gegenreformation in das Fürstentum Pfalz-Neuburg gerufen worden war. Die Gebäude des Neuburger Klosters erhielten die Jesuiten für ihr Kollegium, der 1618 eingeweihte Neubau der Frauenkirche wurde zu ihrer Kollegiumskirche.

1632 waren Großteile des Fürstentums Pfalz-Neuburg durch die Schweden eingenommen worden. Diese führten erneut das lutherische Bekenntnis im Fürstentum ein, vor allem in seinem Oberland. Teilweise kehrten daraufhin die nämlichen lutherischen Pfarrer auf jene Pfarreien zurück, die sie – wie etwa der Lauinger Stadtpfarrer M. Stephan Wechsler – bis zur Durchführung der Gegenreformation im Fürstentum Pfalz-Neuburg innegehabt hatten. Die Rückführung zum evangelischen Glauben dauerte bis 1634, als die Schweden nach der Niederlage bei Nördlingen (6. September 1634) Süddeutschland räumen mußten. In den zwischenzeitlich protestantisch gewordenen Teilen des Fürstentums Pfalz-Neuburg wurde daraufhin die katholische Lehre erneut eingeführt.

Reinhard H. Seitz

Evangelische Pfarreien der Reformationszeit im Anteil des heutigen Dekanats Ingolstadt am einstigen Fürstentum Pfalz-Neuburg

A. Stadt Neuburg a. d. Donau
St. Peter – U. L. Frau (bzw. nach 1602: Hl. Geist)

B. Superintendentur Neuburg a. d. Donau
Ambach – Baar – Bergen – Bergheim – Bittenbrunn – Burgheim – Dezenacker – Dinkelshausen – Ebenhausen – Ehekirchen – Hollenbach – Joshofen – Leidling – Manching – Oberhausen – Oberstimm – Ortlfing – Reichertshofen – Ried – Rohrenfels – Seiboldsdorf – Sinning – Stepperg – Straß – Unterstall – Wagenhofen (1591 gegründet!) – Weichering – Zell – Zuchering

C. Im Bereich der Superintendentur Monheim
Ammerfeld – Bertoldsheim – Mauern – Rennertshofen – Rohrbach – Trugenhofen – Übersfeld.

Mutige Glaubenszeugen

Ein gelehrter Zeitgenosse Martin Luthers und Johann Ecks schrieb im Rückblick auf das Jahr 1520: „So furchtbare Geschehnisse fielen in diese Zeiten, und in solcher Anzahl, daß sie kaum ein Demosthenes oder Cicero vollständig hätte aufzeichnen können. Als gewaltigstes von allem erschütterte die Lehre Martin Luthers die Welt und erfüllte sie mit Aufruhr und Unruhe!" Es war das Jahr, in dem Dr. Eck von Ingolstadt mit der Bannandrohungsbulle „Exsurge Domine" aus Rom zurückkehrte und Martin Luther seine großen Reformationsschriften schrieb, das Jahr, nach dem es kein Zurück mehr gab.

Man hat mit Recht behauptet, Bayern sei weder mehr noch weniger als andere deutsche Länder für die Reformation Luthers reif und offen gewesen. Von Ingolstadt ließe sich umgekehrt sagen, daß es damals sowohl weniger als auch mehr als andere Orte zur Antwort auf Luthers Ruf disponiert war. Weniger als an anderen Orten gab es hier jene kirchlichen Mißstände, die andernorts nach Reformen verlangten: keine reichen Klöster, keine verweltlichten Luxusprälaten, kein Klerikerproletariat, keine übertriebene Reliquien-, Wallfahrts-, Meß- und Ablaßpraxis, und die neue Pfarrkirche des 15. Jahrhunderts war bereits im würdig-schlichten Reformstil des Basler Konzils erbaut. Auf der anderen Seite gab es in Ingolstadt die noch junge bayerische Landesuniversität mit einer ganzen Reihe hellsichtiger Geister, die die Bedeutung von Luthers Auftreten erahnten und bereit waren, so oder so Partei zu ergreifen.

Bekannt ist, welch großen indirekten Anteil Dr. Eck daran hatte, daß aus der begonnenen theologischen Auseinandersetzung, um die es Luther zu tun war, eine unumkehrbare kirchenpolitische Bewegung von welthistorischer Dimension wurde. Mindestens ebenso wichtig ist, daß Dr. Eck und seine Ingolstädter Mitstreiter auch im altkirchlichen Raum die parallele Reformbewegung angestoßen haben, durch die zunächst mit der Beseitigung der Mißstände, um die es ging, ernst gemacht wurde.

Entscheidend dabei war, daß Dr. Eck und seine Freunde sich zunächst 1519/20 im Raum der Ingolstädter Universität durchsetzten und schließlich 1521/22 auch die Herzöge und deren Kanzler, Leonhard von Eck, auf ihren romtreuen Reformkurs verpflichten konnten. Immerhin dauerte es mehrere Monate, ehe Eck und seine Freunde dem widerstrebenden Universitäts-Senat die Zustimmung zur Veröffentlichung der gegen Luther gerichteten Bulle abnötigen konnten. Die Herzöge ihrerseits rieten noch im März 1521 den zuständigen Bischöfen Zurückhaltung in der Luthersache und beim Vorgehen gegen lutherische Schriften an; sie erhofften sich in Luther einen Bundesgenossen für ihre eigene landesfürstliche Kirchenpolitik. Erst Luthers theologische Hartnäckigkeit auf dem Reichstag zu Worms und die im Winter 1521/22 von Wittenberg ausgehende, auch in Bayern spürbare Unruhe veranlaßten sie, dem energischen Drängen Ecks und seiner Freunde nachzugeben und endlich im März 1522 mit einem ersten landesherrlichen Religionsmandat eindeutig gegen Luther und seine Anhänger Stellung zu beziehen. Verhaftung und Einkerkerung drohten nun allen Befürwortern der neuen Lehre, aber um jedem Übereifer vorzubeugen, mußte jeder ernsthafte Fall dem Hof selbst vorgelegt werden. Der Schrecken des Bauernkrieges von 1524/25 hat dann die ganze Situation schlagartig verschärft. Die Politik der Einschüchterung gegen Lutheraner wurde intensiviert. Die tieffromme Laienbewegung der Wiedertäufer, auch von Luther verdammt, wurde ab 1527 blutig verfolgt.

In Ingolstadt hatten Ecks Freunde schon 1520 die Aufstellung einer Liste lutherischer Häresien

Der Reformator Andreas Osiander (1498-1552)

neuen Lehre erfaßt. Der Ingolstädter Liebfrauenpfarrer und Eck-Schüler Balthasar Hubmaier war 1516 noch mit Ecks Unterstützung auf die Regensburger Dompredigerstelle gekommen; sein fanatischer Antisemitismus führte dort zu der schrecklichen Judenaustreibung von 1519. Er endete als Täuferführer in Wien auf dem Scheiterhaufen. Einem anderen seiner engsten Schüler, Urbanus Rhegius, hatte Eck in Ingolstadt einen Lehrstuhl für Poesie und Rhetorik verschafft, doch geht er 1519, von Luthers Sieg in Leipzig heimlich überzeugt, als Generalvikar nach Konstanz und wird schließlich lutherischer Landessuperintendent in Celle. Im selben Jahr 1519 verläßt auch Hans Denck nach kurzem Ingolstädter Studium die Stadt; er wird neben Hubmaier die zweite große Führergestalt der Täuferbewegung im oberdeutschen Raum. Aufsehen scheint der Weggang des Andreas Osiander 1520 nach Nürnberg erregt zu haben, wo er bald lutherischer Prediger bei St. Lorenz wird und 1525 maßgeblich an der Einführung der Reformation beteiligt ist. 1542 wird Osiander von Pfalzgraf Ottheinrich ins benachbarte Neuburg gerufen, um dort eine reformierte Kirchenordnung aufzustellen.

Wie im ganzen Land, so scheint auch in Ingolstadt die neue Bewegung quer durch alle gesellschaftlichen Schichten gegangen zu sein. Professoren, Studenten, Bürgertum, Handwerksgesellen, niedere Geistlichkeit: Überall scheinen Anhänger des neuen Geistes gewesen zu sein, wobei selten deutlich wird, was lutherischer, was calvinistischer, täuferischer oder überhaupt nur kirchenkritischer Einstellung zuzurechnen ist. In der Fastenzeit 1521 bietet Dr. Hauer den von Eck für die Ingolstädter Frauenkirche erwirkten Vollkommenen Ablaß, der als Muster katholischer Reformpraxis durchgeführt werden und als Gesinnungsprüfstein wirken soll, hauptsächlich zur Lösung aus lutherischen Verstrickungen an. Aber noch 1527 klagte er öffentlich, daß es „Winkelprediger" in der Stadt gebe und niemand etwas gegen sie unternehme. Selbst einige

durchgesetzt und 1522 einen Senatsbeschluß erreicht, demzufolge alle verdächtigen Studenten und Dozenten dem Rektorat gemeldet und von der Universität ausgeschlossen werden sollten.

Dabei waren offenbar nicht wenige der Studenten und jüngeren Professoren bis in den engsten Schüler- und Freundeskreis Dr. Ecks hinein von der

Meßbenefiziaten der beiden Stadtpfarrkirchen verrichteten ihre Gottesdienstpflichten mit aufreizender Nachlässigkeit und mußten 1526 durch ein eigenes herzogliches Mandat mit dem Entzug ihrer Pfründen bedroht werden; den drei herzoglichen Stiftungskaplänen bei U. L. Frau wurden sofort ihre Einkünfte gesperrt. Schon 1525 war ein anderer Benefiziat vom Magistrat wegen Religionsverstößen gemaßregelt worden. Im Jahre 1523 hatten gleich vier Fälle Aufmerksamkeit erregt, auf die das neue Religionsmandat angewendet worden war.

Das Jahr hatte mit der Affäre des Webergesellen Wolfgang Prunner aus Kitzbühel begonnen, der die neue Lehre vom allgemeinen Priestertum öffentlich bezeugen wollte, indem er sich nach dem Gottesdienst am St.-Sebastians-Kirchlein im Friedhof auf einen Stein stellte und laut aus einer reformatorischen Schrift vorzulesen begann. Beim zweiten Mal wurde er angezeigt, verhaftet und nach monatelanger Haft von Magistrat und Hoher Schule endlich zum Widerruf gebracht. Ihn traf „nur" die Landesverweisung, während in einem vergleichbaren Fall in München an einem Bäckergesellen ein erstes blutiges Exempel statuiert wurde. Nicht lange danach war es zu dem Fall Jakob Dachsers, eines Priesters aus alter Ingolstädter Familie, gekommen, der als offener Anhänger Luthers verhaftet und nach Eichstätt ausgeliefert wurde. Nach seinem Prozeß und vermutlichem Widerruf wurde er aus der Diözese ausgewiesen, kehrte aber heimlich in seine Vaterstadt zurück, heiratete und wurde im selben Jahr aus Ingolstadt verbannt. Auch er wurde zunächst einer der führenden Wiedertäufer im süddeutschen Raum, entging 1527 in Augsburg nur knapp dem Schicksal einiger seiner Glaubensbrüder, nämlich der Hinrichtung durch einen reformierten (!) Magistrat, ließ sich nach vier schweren Kerkerjahren von evangelischen Theologen abermals zum Widerruf bewegen, wurde schließlich lutherischer Geistlicher in Augsburg

und mußte als solcher 1551 auch diese Stadt verlassen; die fünfziger und sechziger Jahre wirkte er als lutherischer Pfarrer wieder ganz in der Nähe seiner Heimat, nämlich in Neuburg und Manching.

In dem gleichen Jahr 1523 zog sich in Ingolstadt der Buchdrucker Andreas Lutz, der die Bulle „Exsurge Domine" und die Kampfschriften der Luthergegner gedruckt hatte, einen Prozeß wegen Verbreitung lutherischer Schriften zu.

Am meisten Staub aber hatte der Fall des Magisters Arsacius Seehofer aus München aufgewirbelt, der durch die ungewöhnliche Intervention einer Frau, der Argula von Grumbach, zu weitester Berühmtheit gelangte, nachdem er eigentlich bereits „glücklich" beigelegt worden war.

Arsacius Seehofer hatte in Ingolstadt zu studieren

Argula von Grumbach, die Schloßherrin von Lenting (1492-1554). Zeitgenössische Medaille (Kopie), medaillensammlung des Stadtmuseums Ingolstadt.

begonnen und seine Studien dann in Wittenberg bei Melanchthon fortgesetzt, und als er 1522 wieder nach Ingolstadt zurückkehrte, begnügte man sich damit, daß er äußerlich dem lutherischen Glauben abschwor, um ihn zum Magister anzunehmen. Bei einer Römerbriefvorlesung in kleinem Kreis benützte er offensichtlich Vorlesungsmanuskripte Melanchthons und wurde prompt angezeigt. Die Untersuchung ergab viel Belastendes, doch wollte man den erst Achtzehnjährigen nicht dem zuständigen geistlichen Gericht in Eichstätt ausliefern, weil ihm sonst wohl die Todesstrafe gedroht hätte. So brachte man auch ihn – mit Billigung des Hofes – zum öffentlichen Widerruf.

Argula von Grumbach, die Schloßherrin von Lenting und Gattin des Pflegers von Dietfurt, scheint nicht nur diese schon alltägliche Praxis gewaltsamer Gewissensbeugung, sondern vor allem die Tatsache, daß es einem schieren Kind gegenüber geschah, in Harnisch gebracht zu haben. Sie schrieb mutige Briefe an die Universität und die Herzöge: „Ich finde an keinem Ort der Bibel verzeichnet, daß unser Herr oder seine Apostel jemanden eingekerkert, gebrannt oder gemordet oder des Landes verwiesen haben . . . Es hat ja kein Mensch Gewalt, das Wort Gottes zu verbieten. Ich habe aus christlicher Pflicht nicht schweigen können. Eure fürstlichen Gnaden wollen's zu Herzen nehmen, denn fürwahr, Gott wird die Seelen Eurer Untertanen von Euren Händen fordern." – Ihr Sendschreiben an die Universität erschien im Druck, löste eine leidenschaftliche Stellungnahme Luthers und damit eine Flut gegenseitiger Schmähschriften aus, die Argula letztlich mit dem Zerbrechen ihrer Ehe und dem Ruin ihrer Familie bezahlte. – Seehofer konnte später aus seinem Verbannungsort Kloster Ettal entfliehen und fand nach mehreren Fehlschlägen eine lutherische Predigerstelle im württembergischen Winnenden.

Der provozierende Zeugenmut einiger junger Menschen im Jahre 1523 hat in Ingolstadt nicht Schule gemacht. Es wurde allgemein begriffen, daß die Zeit freier humanistischer Diskussion auch von Religionsfragen nun vorbei und daß mit dem herzoglichen Religionsmandat nicht zu spaßen war. Wohl wissen wir, daß etwa der große Botaniker Leonhard Fuchs (nach dem die Fuchsien benannt sind) im Jahre 1533 wegen seiner lutherischen Gesinnung ein Vorlesungsverbot in Ingolstadt hinnahm und der berühmte Geograph Philipp Apian ebenfalls lieber seinen Lehrstuhl opferte, als den i. J. 1568 von allen Professoren verlangten Eid auf das Tridentinum zu leisten. Beide mögen Ingolstadt nicht leichten Herzens verlassen haben, aber beider Existenz war nie gefährdet, beide beendeten nur eine auf die Dauer unerträgliche Situation und haben sich wirtschaftlich nicht verschlechtert.

Etwas anders lagen die Dinge bei den Fällen der kleinen Leute, mit denen sich die Stadtobrigkeit im Laufe der nächsten Jahre und Jahrzehnte immer wieder einmal, aber nicht allzuoft, zu beschäftigen hatte. Da ging es immer wieder um Verstöße gegen die vorgeschriebene Religionspraxis, die Mißachtung von Fastengebot, Ohrenbeichte, Sakramentenempfang, Bilder- und Heiligenverehrung, um Besitz, Verkauf und Lektüre verbotener Schriften, um heimliche Gottesdienste und Liedergesang, heimliche Gottesdienstbesuche im evangelischen Zuchering, verräterische Bemerkungen und Meinungen. So gut wie keiner dieser Fälle hat sich den Behörden mutwillig aufgedrängt; die meisten waren Opfer von Leichtsinn, Arglosigkeit, Trotz, Mißgunst und Denunziation. So mancher hat sich durch Verleugnung und Widerruf zu retten gewußt. Wer hier bekannte, brachte sich leicht um Heimat und Existenz, und soweit es um täuferische Aktivitäten ging, bezahlten die Betreffenden ihr aufrechtes Bekenntnis mit Leib und Leben. Mindestens vier oder fünf aufrechte Wiedertäufer sind in den Jahren 1531, 1545, 1549 und wohl auch 1557 in Ingolstadt mit Feuer oder Schwert hingerichtet worden, darunter 1549 ein gewisser Faltermeier von

Johann Forster (1496-1556), Schüler Reuchlins in Ingolstadt, wurde von Dr. Johann Eck 1520 zum Dr. theol. promoviert, einen Tag, ehe der Luther-Gegner wegen des Wittenbergers nach Rom reiste. Forster wurde dann Luthers Helfer bei der Übersetzung des Alten Testaments.

Wettstetten. In ganz Altbayern wurden damals – meist schon um 1527/28 – etwa 80 bis 100 Wiedertäufer als angebliche geistige Urheber des Bauernaufstandes von Staats wegen hingerichtet.

Der historischen Gerechtigkeit zuliebe muß gesagt werden, daß der Ingolstädter Stadtmagistrat in all diesen Jahrzehnten niemals aus eigenem Eifer heraus, sondern immer nur auf Anzeigen von außen hin und entsprechend den Befehlen und Verordnungen von oben tätig geworden ist, daß er gerade auch im Falle der Hinrichtungen, teilweise mit sichtbarem Widerwillen, immer „nur seine Pflicht getan" hat. Das Ingolstädter Beispiel macht auch deutlich, wie es bei dem System von Unterdrückung und Verfolgung längst nicht mehr primär um konfessionelle Auseinandersetzung, sondern hauptsächlich um die Urangst kirchlich-weltlicher Obrigkeit vor „Aufruhr und Unruhe" ging; es kann auch deutlich machen, daß dieses System, was seine grundsätzliche Inhumanität betrifft, überhaupt nichts spezifisch Bayerisches oder Katholisches an sich hatte, weil es ja da, wo es von seiten protestantischer Obrigkeiten in ganz ähnlicher Weise gegen Andersdenkende ausgeübt wurde, nicht minder unmenschlich und unchristlich war. Ja, war das Vorgehen der bayerischen Landesobrigkeit nicht ganz im Sinne der von Luther selbst geforderten religiösen obrigkeitlichen Schutz- und Interventionspflicht, nur eben nicht im Sinne seiner Rechtgläubigkeit? Und hatte nicht Luthers schauderhaft unchristlicher Verbalradikalismus schon im Unheilsjahr 1520 dieser Entwicklung zumindest mit den Weg gebahnt? Das Ingolstädter Beispiel kann schließlich auch unsere heutige Erfahrung verdeutlichen, daß von den handelnden Personen jenes großen Dramas kaum eine noch rundum als Vorbild christlichen Menschentums taugt, wohl aber als Lehrbeispiel menschlicher Tragik und tragischer Schuld. Unser Mitgefühl kann sich nicht abwenden von jenem anonymen Heer verführter und verfolgter Opfer, dem bereits Abertausende entsprechender Opfer durch die Jahrhunderte vorangegangen waren. Denn besonders im Hinblick auf die Armen hatte unser aller Vorbild gesagt: „Was ihr getan habt einem meiner geringsten Brüder, das habt ihr mir getan."

Theodor Straub

Bei den Jesuiten fing es an

Wahrscheinlich hat jede evangelische Gemeinde im einst rein katholischen Altbayern ihre eigene, interessante Geschichte, durch die sie sich von allen anderen unterscheidet. Nur in einem Punkt sind sich alle evangelischen Gemeinden Altbayerns gleich. Sie sind alle erst im Laufe der letzten zweihundert Jahre entstanden, zum großen Teil sogar erst nach dem letzten Weltkrieg. Sie alle spiegeln in der Geschichte ihrer Entstehung und Entwicklung nicht nur einen Abschnitt ihrer jeweiligen Ortsgeschichte, sondern in gewisser Weise auch ein Stück Entwicklungsgeschichte des modernen Bayerns wider. Dies gilt vor allem für die Landeshauptstadt München. Es gilt darüber hinaus wohl für keinen Ort in Altbayern so sehr wie für die alte Universitäts- und Festungsstadt Ingolstadt.

Nirgends im rein katholischen Bayern hat sich den Evangelischen das Tor zur Niederlassung so früh und so weit aufgetan wie in München und Ingolstadt. Nirgends außerhalb Münchens zeigt sich wohl so sehr wie in Ingolstadt, daß die bayerische evangelische Landeskirche ihr Entstehen den politischen Weichenstellungen im Zeitalter der Aufklärung und bei der Schaffung des modernen Bayern verdankt. Deutlich wird die weitere Entwicklung der Ingolstädter Protestantengemeinde von der Rolle geprägt, die der Stadt Ingolstadt im modernen Bayern als Festungs- und Garnisonsstadt und zuletzt als Rüstungszentrum zufiel, und auch ihre letzte Wachstumsphase wurde wie überall in Bayern von den kriegs- und nachkriegsbedingten Entwicklungen bestimmt.

Ökumenische Anfänge mit Pfälzer Militär

Universität und Festung Ingolstadt hatten im 16./17. Jahrhundert bei der Ausgrenzung und Abwehr der reformatorischen Bewegung in Bayern eine entscheidende Rolle gespielt. Sie hatten die Stadt Dr. Ecks und der Jesuiten bekanntlich zu einem Bollwerk der Gegenreformation gemacht. Mit bemerkenswerter dialektischer Logik wurde aber gerade die Universität Ingolstadt im Aufschwung der bayerischen Aufklärung gegen Ausgang des 18. Jahrhunderts zum Schrittmacher der konfessionellen Verständigung und Wiederannäherung und die Festung Ingolstadt zum Brückenkopf beim Wiedereinzug der Protestanten. Schon ein Vierteljahrhundert vor den grundlegenden Reformen des Grafen Montgelas, während das übrige Altbayern außerhalb Münchens noch im Winterschlaf des Konfessionalismus verharrte, kam es in Ingolstadt bereits zu einem erstaunlichen ‚ökumenischen Frühling‘.

In den denkwürdigen Jahren 1778/79 ereignete sich in Ingolstadt eine Reihe bemerkenswerter ökumenischer Vorgänge, die das konfessionelle Klima zwar noch nicht grundlegend und dauerhaft veränderten, aber doch eine nachhaltige Aufweichung der jahrhundertelang verhärteten konfessionellen Situation bewirkten‘.

Zu Pfingsten 1778 statten erstmals drei protestantische Gelehrte – Professoren der Nachbaruniversität Altdorf – der katholischen Universität Ingolstadt einen Höflichkeitsbesuch ab. Sie werden wie Staatsgäste empfangen und mit allen erdenklichen Aufmerksamkeiten geehrt. Der Exjesuit Benedikt Stattler, als St.-Moritz-Pfarrer, Theologe und Prokanzler der Universität Nachfolger Dr. Ecks, hält „zu Ehren der Herren Protestanten" einen Festvortrag über das Thema der Einheit oder Einigung der Kirchen. Die lutherischen Gäste sind von der Herzlichkeit und Offenheit des Empfangs tief beeindruckt.

Schon in der darauffolgenden Woche bereiten die Ingolstädter Exjesuiten um Stattler dem durchreisenden pietistisch-reformierten Pfarrer und Schriftsteller Johann Kaspar Lavater aus Zürich einen nicht minder herzlichen Empfang. Noch im gleichen Sommer eilt Stattlers begabtester Schüler, Johann Michael Sailer, zu Lavater nach Zürich und begründet eine lebenslange, herzinnige Seelenfreundschaft mit ihm, während der Exjesuit und Historiker Johann Baptist Mederer noch im selben Herbst den Altdorfern einen Gegenbesuch macht. Das wichtigste Ereignis des Sommers 1778 war in diesem Zusammenhang aber die Ankunft des Regiments Pfalz-Zweibrücken, das im Zuge der Vereinigung der pfälzischen Armee mit der bayerischen beim Regierungsantritt des Kurfürsten Karl Theodor von Neuburg nach Ingolstadt verlegt wurde. Mit ihm änderten sich nachhaltig die gesellschaftlichen Gegebenheiten in Ingolstadt. Das Regiment Pfalz-Zweibrücken war zu 45 Prozent protestantisch, etwa zu gleichen Teilen lutherisch und reformiert. Mit ihm kamen am 1. Juli 1778 fast 500 Protestanten in die nur 5000 Einwohner zählende katholische Stadt, etwa 400 protestantische Offiziere, Unteroffiziere und Mannschaften mit beinahe 100 Ehefrauen und Kindern.

Ende Juli wird das erste Protestantenkind in Ingolstadt geboren, die Feldwebelstochter Maria Katharina Feuchter, und Anfang August liegt die unabweislich gewordene bischöfliche Erlaubnis und Anweisung für die beiden katholischen Stadtpfarrer vor, wie es bei Taufen, Trauungen und Beerdigungen von Protestanten künftig gehalten werden soll, ein für die Zeit ungewöhnliches Dokument.

Die Protestanten kamen zum denkbar günstigsten Zeitpunkt nach Ingolstadt; nicht nur, weil 1778 gerade ein ausgesprochener Freigeist, der Gründer des Illuminatenordens, Johann Adam Weishaupt, Rektor der Universität war. Vielmehr hatte Benedikt Stattler selbst einen neuen, aufgeklärten und toleranten Zug in die Ingolstädter Theologie gebracht. Er suchte den Gefahren seiner Zeit, der orthodoxen Erstarrung einerseits und der aufgeklärten Glaubensfeindlichkeit andererseits, zu begegnen durch eine Erneuerung der katholischen

Benedikt Stattler, Kanzler der Universität Ingolstadt und Stadtpfarrer von St. Moritz (1775-1781), gleichzeitig Garnisonspfarrer auch für die Protestanten.

Theologie aus dem Geiste einer maßvollen Vernunftphilosophie nach protestantischem Vorbild. Er sah in den Protestanten Verbündete bei der gemeinsamen Abwehr des modischen Atheismus und Materialismus. Erst 1775 hatte er eine aufsehenerregende, in Rom später auf den Index gesetzte Reformschrift veröffentlicht, in der er die Protestanten „Christen und Brüder" nannte und darauf hinwies, daß das Reichsrecht schon seit dem Westfälischen Frieden sie „Ketzer" zu schelten verbot. Die Protestanteninvasion im Sommer 1778 wurde für ihn zur Probe aufs Exempel. Fünfhundert Protestanten konnte man nicht einfach mit einer liturgisch reduzierten Fassung der „Kasualien" abfertigen und ansonsten wie üblich zum katholischen Gottesdienst kommandieren. Insbesondere gegenüber den etwa zehn protestantischen Offizieren und Offiziersfamilien verbot sich dies. So kam Stattler den Vorstellungen und Wünschen des Regiments weit entgegen.

Als erstes wurden die protestantischen Toten des Regiments nicht, wie von Eichstätt gewünscht, ohne geistliches Geleit und ganz abseits auf dem zur Moritzpfarrei gehörigen Ingolstädter Hauptfriedhof bei St. Sebastian beerdigt, sondern in regulärer Reihenfolge und mit dem standesgemäßen geistlichen Geleit und militärischem Pomp. Zum anderen wurde eine für Bayern völlig neue Einrichtung getroffen; alle Militärpersonen ohne Unterschied der Konfession wurden nämlich zu einer „Garnisonspfarrei" zusammengefaßt, und diese wurde im März 1779 – zum Ärger des Liebfrauenpfarrers, der aber als Illuminatenanhänger auch kein Protestantenfresser war – dem Dr. Stattler al St.-Moritz-Pfarrer unterstellt.

Stattler hatte nun mit seinen Kooperatoren die Taufen, Hochzeiten und Beerdigungen der Protestanten vorzunehmen und persönlich regelmäßig Militärgottesdienste abzuhalten, und zwar unter Weglassung aller nur katholischen Ritualien in der Liturgie wie unter Beiseitelassung aller „Unterscheidungslehren" in der Predigt zugunsten der Hervorhebung von christlichen Gemeinsamkeiten. Auch hier setzte es Stattler gegen anfängliche Anfeindungen beim geistlichen Rat in Eichstätt durch, daß diese „zum christlichen Lebenswandel und guten Sitten gedeihliche Exhortationen" nicht, wie vorgesehen, in der viel zu kleinen St.-Sebastians-Friedhofskirche, sondern in der St.-Moritz-Kirche selbst abgehalten werden konnten.

Logischerweise erhielt Dr. Stattler im April 1778 auch noch den Auftrag, für die Garnisonspfarrei

Plan

zu der allein möglichen

Vereinigung im Glauben

der

Protestanten

mit der

katholischen Kirche,

und den Gränzen dieser Möglichkeit.

Sammt einem Anhange

gegen einen neuen noch weiter vorschreitenden Febronius in Wien.

Von

Benedikt Stattler

Lehrern der Gottesgelehrtheit, und kurpfalzbair., auch fürstl. Eichstädt. wirkl. geistl. Rathe.

München, und Augsburg. 1791.

Ein Traktat von Benedikt Stattler über die Wiedervereinigung der Protestanten mit der katholischen Kirche.

eine entsprechende Garnisonsschule mit einem eigenen Lehrer einzurichten. Damit gab es nun zum ersten Mal in Altbayern – früher noch als in München – reguläre, von Kurfürst und Bischof genehmigte interkonfessionelle Einrichtungen, den ersten „Simultanfriedhof", die erste „Simultanschule" und die ersten „ökumenischen" Gottesdienste. Leider ist uns keine einzige der Predigten erhalten, welche die drei Ingolstädter Garnisonspfarrer ihren konfessionell gemischten Zuhörern im Laufe der Jahre gehalten haben müssen. An Prof. Stattlers irenischer Gesinnung kann kein Zweifel sein. Von seinen beiden Nachfolgern, Prof. Bauer und Prof. Mederer, ist zumindest eine tolerante Haltung bezeugt.

Allerdings besitzen wir einen schönen, noch heute beherzigenswerten Text aus jener Zeit, der den Geist ausstrahlt, in dem damals die Exjesuiten um Benedikt Stattler den Protestanten in ihrem Umkreis zu begegnen trachteten. Er stammt von keinem Geringeren als von Johann Michael Sailer, der damals in Ingolstadt eine Dogmatikprofessur bekleidete und gelegentlich auch in St. Moritz beim Gottesdienst ausgeholfen hat. In seinem 1783 in Ingolstadt verfaßten und veröffentlichten „Vollständ. Lese- und Betbuch zum Gebrauch der Katholiken" findet sich ein Abschnitt „Von den Pflichten gegen die, die nicht unsers Glaubens sind". Es handelt sich gewissermaßen um „sieben Gebote für den Umgang mit Protestanten und Juden". Auf das Wesentliche verkürzt, lauten sie:

„Erstens: sollen wir recht oft die große Wahrheit bedenken, daß Ein Gott alle Menschen erschaffen hat; daß Ein Christus für alle, ohne Ausnahme, gestorben ist; daß alle Menschen als Menschen unsre Brüder sind.

Zweytens: müssen wir unser Herz und unsern Mund sorgfältig bewahren, daß wir keinen Andersglaubenden richten oder gar verdammen.

Drittens: wenn wir nun gar keinen Menschen richten und verdammen dürfen, um wie viel weniger sollen wir über unsere Mitchristen das Verdammungsurtheil aussprechen, über sie, die an Einen Christus mit uns, an Eine Taufe mit uns, an Ein Evangelium mit uns glauben, ob sie gleich in vielen Dingen das Evangelium anders verstehen als wir?

Viertens: nähret in euren Herzen keine Abneigung gegen die Nichtkatholiken, und auch kein verachtendes Mitleiden. Wie soll es denn christlich-gerecht seyn, diejenigen, die sich nicht zu unserer Kirche bekennen, heydnisch zu hassen?

Fünftens: im Handel und Wandel mit den Andersglaubenden hütet euch, sie auch nur, um einen Heller zu betrügen. Die Ungerechten können das Himmelreich nicht ererben, sie mögen nun an einem Juden oder Christen zum Schelmen geworden seyn.

Sechstens: wenn ein Elender, auch von einer anderen Religionsparthey, an eurer Tür anklopft: so denkt, er sey euer Nächster, und helfet ihm, so gut ihr könnt.

Siebentens: wenn ich sage, daß ihr mit christlicher Liebe den Andersglaubenden begegnen sollt: so will ich euch zugleich warnen, daß ihr mit denen, die euch verführerische Grundsätze beybringen, und euch von Gott, Christus, Tugend, Glauben, Seligkeit abführen wollen, keine Gemeinschaft machet."

Im übrigen gab es bei St. Moritz zur Entlastung des mit akademischen Aufgaben überbürdeten Stadtpfarrers einen eigenen Pfarrprediger, dessen reine Predigtgottesdienste gerade auch die Militärpersonen gehört haben dürften. In den Jahren des Pfälzer Regiments hatte bis 1789 dieses Amt Sailers vertrauter Seelenfreund, der Exjesuit Sebastian Winkelhofer, inne, von dem die Anregung zu Sailers „Lese- und Betbuch" ausgegangen war. Er predigte ohne Rücksicht auf Heiligenkalender und Lektionar ganz in paulinischem Sinne „nur Christus", in 282 Predigten jeden Sonntag von 8 bis 9 Uhr nichts als Leben, Worte und Werke Jesu nach den vier Evangelien. „Der Text war Christus, der Ton Liebe zu ihm." Was hätte zu Exhortationen für Katholiken und Protestanten geeigneter sein können? „Ein einziger guter Mann ist wahrhaftig eine Quelle des Segens für viele", bezeugte Sailer von ihm.

V.

Kurfürstl. baierische Verordnung, betreffend die von dem Stadtpfarrer Stadler zu Ingolstadt den protestantischen Soldaten zu haltenden Exhortationen.

Wir Karl Theodor von Gottes Gnaden, Pfalzgraf bei Rhein, Herzog in Ober- und Nieder-Baiern des h. R. R. Erztruchses und Kurfürst, zu Jülich, Cleve und Berg Herzog rc.

Unsern Gruß zuvor, Edler, lieber Getreuer! Demnach Ihro Kurf. Durchl. den zu Ingolstadt befindlichen Stadtpfarrer bei St. Mauriz, Benedikt Stadler zum Garnisonspfarrer daselbst anzuordnen, forthin denen alldortig andern Religionen zugethanen Kriegsknechten ein so anderen zum christlichen Lebenswandel und guten Sitten gedeihliche Exhortationen zu halten, aufzutragen, zu der Zusammenkunft aber die dasige Kirche zu St. Sebastian, als wegen welch ein so anderer Ankehr an den Herrn Bischof zu Eichstädt das Nöthige allschon erlassen worden, zu bestimmen gnädigst für gut befunden haben:

Als bleibt Euch ein solches mit dem Auftrag andurch gnädigst ohnverhalten, um denen zu Ingolstadt garnisonirenden Regimentern hievon Nachricht mitzutheilen und selbe an Ihn Titl. Stadler als viel die Seelsorge anbetrift anzuweisen. Sind Euch anbei mit Gnaden gewogen. München den 7ten April 1779.

Ihro Kurfürstl. Durchl. zu Pfalz
Hof-Kriegs-Rath

Graf von Laroffee.

Präsident.

Besonders anspruchsvoll hinsichtlich der geistlichen Betreuung werden andererseits die kurfürstlichen Kriegsleute allerdings nicht gewesen sein. Die christozentrisch und vermittlungstheologisch orientierten Ingolstädter Exjesuiten hatten ihnen vielleicht mehr anzubieten, als sie erwarteten oder zu nutzen verstanden. Das Entscheidende für sie wird doch die konfessionelle und damit gesellschaftliche Anerkennung, die Ermöglichung „akatholischer" christlicher Lebensformen gewesen sein und, daß man von aufdringlichen Bekehrungsversuchen verschont blieb.

Nicht wenige der verheirateten Militärprotestanten lebten ohnedies in konfessionell gemischter Ehe, sei es mit einem Partner anderer protestantischer oder katholischer Konfession. So hatte z. B. der lutherische Kompaniechef Kapitänleutnant Konrad Renner aus Mannheim in Neuburg eine Katholikin v. Hacke geheiratet und als, diese starb, sich in Ingolstadt ein zweites Mal, diesmal mit der Bräuerstochter Theresia Bachmayer, katholisch verehelicht. Ihm hat jeder der drei Ingolstädter Militärgeistlichen persönlich ein Kind getauft.

Auch die erste Ingolstädter „Mischehe" kam schon Anfang 1779, wenn auch bezeichnenderweise noch heimlich, zustande, als der Ingolstädter lutherische Porträtmaler und Schauspieler Friedrich Jakob Daber aus Heilbronn die katholische Torvorsteherstochter vom Feldkirchner Tor, Rosina Prodock, „privatim im Diaconat-Hause" in Weißenburg heiratete. Die katholischen Kapläne, die der beiden Kinder tauften, setzten noch jahrelang Zweifel in ihre Eheschließung, weil sie keine richtigen Heiratspapiere vorweisen konnten.

Ohne Aufsehen und ohne jede Schwierigkeit ging in diesem Jahr 1779 auch die erste Promotion eines Protestanten an der katholischen Universität Ingolstadt über die Bühne, eines Mediziners namens

Kurfürstliche Verordnung zur kirchlichen Betreuung der Protestanten in Ingolstadt.

Miedel, während ein ähnlicher Versuch zehn Jahre früher noch am Einspruch der Theologen gescheitert war.

Epitaph des Zweibrückischen Infanterieregiments für den 1787 verstorbenen protestantischen Oberlieutenant Fuchs mit der Inschrift „Zum Denkmal christlich brüderlicher Duldung ansehnlich theilnehmender Ingolstädter Einwohner". Rechts: Verordnung des Ordinariats in Eichstätt zu Kasualien, betreffend evangelische Soldaten.

Es mag der gesellschaftlichen Stellung der Protestanten in Ingolstadt damals zugute gekommen sein, daß von 1781 bis 1792 sogar der im Neuen Schloß residierende kurfürstliche Statthalter ein zumindest ehemaliger Protestant war. Graf Friedrich von Pappenheim, Reichserbmarschall und General der Kavallerie, hatte zwar um seiner Militärkarriere in Bayern willen vor 14 Jahren konvertiert, war aber als Freimaurer in seinem Christentum gewiß kein Konfessionalist und dürfte jedenfalls einer Zurücksetzung der protestantischen Militärpersonen keinen Vorschub geleistet haben.

Die Beiziehung eines Geistlichen protestantischer Konfession war damals noch ganz unvorstellbar und wurde bei dem Ingolstädter Modell von seiten des Bischofs ja ausdrücklich untersagt. An diese Möglichkeit wird deshalb auch vom Regiment her niemand gedacht haben, um so weniger, als der Anteil der Protestanten unter den Mannschaften mit den Jahren zurückging, weil die Neuanwerbungen nicht mehr in der Pfalz, sondern in Bayern getätigt wurden. Während des 1. Koalitionskrieges gegen Frankreich wurde das Regiment in den Jahren 1792 und 1796 aus der Garnison abgezogen, damit ging die Episode des Pfälzer Militärprotestantismus in Ingolstadt zu Ende. Eine regelrechte protestantische Gemeindebildung hatte nicht stattgefunden. Doch hatte die Garnisonspfarrei St. Moritz in dem fraglichen Zeitraum an ihren Protestanten etwa 80 Taufen, 70 Beerdigungen und 20 Eheschließungen vorgenommen.

Auf dem Weg zur eigenen Pfarrei

Der Durchbruch zur neuen Zeit, zu Religionsfreiheit und paritätischem Staat kam für ganz Bayern, wie man weiß, mit der Jahrhundertwende, mit den Reformen Montgelas', mit seinem Religionsedikt von 1803 und mit der Angliederung der „neubayerischen" Gebiete in Franken und Schwaben. Der neue, 1806 zum Königtum von Napoleons Gnaden aufgestiegene bayerische Staat umfaßte mit 3 ½

Merkwürdige Bischöfliche Eichstättische Verordnung

an die römischkatholische Geistlichkeit **zu Ingolstadt,** betreffend die Copulationen der daselbst in Garnison liegenden evangelischen Soldaten, die Taufe ihrer Kinder und ihre Begräbnisse.

Plurimum Reverende etc.

Da bey der in Ingolstadt dermalen garnisonirenden Soldatesque, worunter mehrere der katolischen Religion nicht zugethan sind, sich in Anbetracht der Kopulationen, Kindtaufen und Begräbnissen, verschiedene Fälle ereignen mögen, die von Ordinariats wegen eine besondere Fürsehung und Verfügens, wornach sich von seiten beyder Stadtpfarreyen daselbst zu bemessen ist, allerdings erfodern wollen; Als haben wir nothwendig befunden, diese Fälle zu zergliedern und Ew. Hochwürd. den Benehmungswillen hiernach dahin anzuweisen, daß 1mo so viel die Kopulationen dergleich Personen betrift, von Stadtpfarrey wegen (in dessen Pfarrsprengel die Kopulation bestehen muß,) dieselbe ohnbedenklich fürgenommen, auch die benedictio nuptialis dem Brautpaar ertheilet werden könne und solle, in so fern nur ein Theil der römisch-catolischen Religion zugethan, auch keine derselben zuwiderlaufende pacta, als educatio partis prolium in religione a Catholica errichtet worden sind. Wäre es aber Sache, daß beide Theile sich zur protestantischen oder reformirten Religion bekennen, so möge die Assistentia in loco non sacro absque benedictione nuptiali, et sine stola ex parte parochi qua testis solum qualificatu bestehen, wie dann auch 2do bey der Taufe eines Kindes (es mögen die Eltern immer, was immer für einer im römischen Reich tollerirten Religion beygethan seyn) die Gevatterleute entweder catolisch oder wenn dieses nicht könnte effecuirt werden, wenigstens ein catholischer Taufpat dem acatholischen beygesellet und von diesem allein die von baptizante gesetzte Fragen und Sponsiones beantwortet und gemacht werden, sollten aber die acatholischen Eltern keinesweges hinzu zubringen seyn, fort durchaus mit Ungestimm auf dem patrino von ihrer Religion beharren, gleichwolen ad evitanda maiora mala amore pacis ihnen nachgegeben und auf solchen Fall alle in ritual vorgeschriebenen Fragen und Sponsiones so viel die catholische Religion betreffen, samt andern Solennitäten unterlassen und nur das wessentliche beobachtet, in betreff der Begräbnissen hingegen

3tio Wenn vom Herrn Stadthalter ein besonderer Ort (weswegen aber nach aller Möglichkeit sich hierinn zubestreben ist) bey sich ereignendem Sterbfall eines acatholischen Soldaten noch nicht angewiesen seyn sollte, der entseelte Leichnam gleichwol in dem ordinari FrautHof jedoch an einen besondern Ort an der Mauer (*) ohne Beyseyn des Pfarrers beerdiget werden sollte. Wir versehen uns der Darobhaltung göttlichen Obschutz uns übrigens ergebende, Eichstädt den 6ten August 1778.

Des Hochwürdigsten unsers allerseits gnädigstens Herrn Ordinarii rc. verordnete Praeses Dicarius in Spiritualibus Grlis officialis Geheime und übrige Geistliche Räthe alda.

J. G. Mayer.

Secretarius.

(*) Gegen einen besondern Begräbnisort hat das churfürstl. Regiment Prinz Karl, welches eigentlich nach Ingolstadt in Garnison gekommen ist, Vorstellung gethan, und die Todten protestantischer Religion sind bisher auf den katholischen Kirchhofe, jedoch nicht an einen besondern Ort an der Mauer, sondern mitten darein, nachdem sich die Reihe getroffen hat, ohne einigen Widerspruch beerdiget worden. Die sowol in der bischöflichen Verordnung, als in der Befolgung derselben gezeigten rühmlichen toleranten Gesinnungen verdienen den Beyfall und den Dank aller Christen.

Millionen Einwohnern etwa 750 000 Protestanten und etwa 50 000 Juden. Da waren Gleichberechtigung und Zusammenarbeit der Konfessionen ein unabdingbares, unwiderrufliches Grundgesetz.

Anders als in München, wo der erste evangelische Pfarrer schon 1799 mit der neuen Kurfürstin Karoline einzog, sollte es in Ingolstadt bis zur Gründung einer eigenen Protestantengemeinde aber noch ein Vierteljahrhundert dauern.

Wohl blieben auch nach dem Abzug der Pfälzer all die napoleonischen Kriege hindurch protestantische Militärpersonen in der Festung Ingolstadt, Angehörige wechselnder kaiserlicher, reichskontingentischer und neubayerischer Einheiten, zumeist aus dem Raum Franken. Aber hier herrschte – abgesehen von den Pensionisten – ein ständiges Kommen und Gehen. Der Gottesdienstbesuch war nun praktisch freigestellt und war insbesondere den protestantischen Offizieren nicht mehr zumutbar, so daß man im Jahre 1812 die als überholt geltende Garnisonspfarrei aufhob, obschon die Garnison auch in diesem Jahre noch 140 protestantische Militärpersonen umfaßte.

Nur sehr zögerlich ließen sich nun erste protestantische Zivilpersonen in der äußerlich noch ganz katholischen Stadt dauerhaft nieder. Eine Anzahl Bediensteter, Schauspieler und Studenten „protestantischer Religion" hatte schon die letzten Jahrzehnte hindurch jeweils vorübergehend zur Einwohnerschaft gehört. Jetzt war die durch Universitätsabzug und Festungsdemolition im Jahre 1800 wirtschaftlich schwer getroffene Stadt trotz der Niederlassungsfreiheit für auswärtige Gewerbetreibende auf Jahrzehnte hinaus nicht mehr anziehend.

Im Jahre 1801, als in München der erste Protestant ins Bürgerrecht aufgenommen wurde, führte in Ingolstadt ein mutiger junger Mann, der später „lutherischer Gärtner" genannte Michael Graßl, als erster eine Protestantin als Ehefrau heim. Sie hieß Walburga Winter und stammte aus Weiden.

Im Jahre der Erhebung Bayerns zum Königreich,

1806, erhielt in Ingolstadt der erste Protestant das Bürgerrecht und 1807 eine „reale Handwerksgerechtigkeit", der lutherische Büchsenmachermeister Justus Heinrich Nolte aus Elze bei Hannover. Er sollte bis zu seinem Tode (1852) ein treues Mitglied der späteren evangelischen Gemeinde sein. Er war, bezeichnenderweise, zweimal katholisch verheiratet.

Offenbar hat sich erst von 1820 an allmählich eine Anzahl weiterer lutherischer Gewerbetreibender – Wirte, Handwerksmeister, Apotheker – am Ort niedergelassen. Den Anfang machte Christian Meinberger aus Nürnberg, der 1820 mit seiner katholischen Frau aus Neumarkt den „Goldenen Adler", den ersten Gasthof am Platze, übernahm. Beim „lutherischen Wirt" im Goldenen Adler traf sich (bis 1843) das ganze bessere Ingolstadt zu Vereins-, Musik- und Theaterabenden, bei Gala-Essen, Faschingsbällen und Redouten. Hier stiegen die Honoratioren und gelegentlich auch der Bischof von Eichstätt ab.

Vergleichsweise augenfälliger zeigten sich die Wirkungen der gezielten Beamtenversetzungspolitik unter Minister Montgelas. Da wird im Franzosenjahr 1800 ein in Ingolstadt wohlbekannter Lutheraner zum Festungskommandanten ernannt, der inzwischen zum Generalmajor aufgestiegene Konrad Renner mit seiner jungen Frau aus Ingolstadt. Im Jahre 1809 wird mit Karl Friedrich v. Heydenaber ein lutherischer Verwaltungsfachmann aus Franken als I. Assessor ans Ingolstädter Landgericht versetzt, der diese Stellung des zweiten Mannes am Ort bis zu seinem Tode (1853) beibehalten wird. Nolte und Heydenaber konnten späteren Protestantengenerationen noch als Zeitzeugen von den „sonderbaren Vorstellungen, welche damals die Katholiken von den Protestanten hatten" (Pfarrer Leidig, 1834), berichten.

Von 1811 bis 1818 wird auch noch die Spitzenposition in der Stadt, die des Polizeidirektors, mit einem Lutheraner besetzt, mit Friedrich Wilhelm

Roth, einem Gymnasialrektorssohn aus Weißenburg. In seinem Gefolge zieht eine Handvoll protestantischer Unterbeamten am Landgericht und beim Stadtkommissariat ein, denen wiederum protestantische Dienstboten und Handwerksgesellen folgen. Der Polizeidirektor vertrat damals in seiner Eigenschaft als kgl. Stadtkommissär auch die Funktionen von Bürgermeister und Magistrat.

Allen Befürchtungen der Einheimischen zum Trotz haben sich die beiden „lutherischen" Oberbeamten durch ihre Menschenfreundlichkeit und Rechtlichkeit rasch die Anerkennung der Öffentlichkeit verschafft und haben so – ganz im Sinne der Montgelasschen Personalpolitik – einiges zur Veränderung des „Protestantenbilds" der katholischen Ingolstädter beitragen können.

Erwähnt zu werden verdient, daß sich in jenen Jahren des Umbruchs auch die ersten Juden und Mennoniten in beziehungsweise um Ingolstadt niederließen. Im Jahre 1806 erwarb der Mennonit Suttor aus St. Goar am Rhein im Zuge der Säkularisa-

tion das Ökonomiegut Hellmannsberg bei Kösching, wohl um dieselbe Zeit der Quäker William Darmston aus England den Samhof im Westen von Ingolstadt, den er an den Mennoniten Christian Ringenberg weiterverpachtete. Den Familien Suttor und Ringenberg sollten im Laufe des 19. Jahrhunderts auf den Einzelhöfen um Ingolstadt noch eine ganze Reihe weiterer mennonitischer Familien folgen, die schließlich 1891 eine eigene Gemeinde – mit dem Sitz in Rottmannshart bei Manching – bildeten.

Unvergessen bleibt das Schicksal jener etwa 30 protestantischen Siedlerfamilien aus der Pfalz bzw. aus dem westlichen Donaumoos um Maxfeld, die sich, von einem Immobilienspekulanten angelockt, im Jahre 1816 südlich Ingolstadts auf dem säkularisierten ehemaligen Spitalholz ansiedelten. Sie durchlebten schlimme Jahre einer elenden Kolonistenexistenz und schufen so den 1821 anerkannten Ort Brunnenreuth, der später zur ersten Filialgemeinde der protestantischen Pfarrei Ingolstadt wurde.

Vom Ziel der Gemeindebildung her gesehen, war der wichtigste Zuzug jener Jahre aber sicherlich die Ankunft des 16. Linien-Infanterieregiments, das nach dem Ende des Frankreichfeldzugs 1815 nicht in seine Heimatstadt Ansbach, sondern nach Ingolstadt in Garnison gelegt wurde und das abermals Hunderte von meist lutherischen Offizieren, Unteroffizieren und Mannschaften in die Donaustadt brachte. Beim Offizierskorps dieses „lutherischen Regiments", wie die Ingolstädter es liebevoll-spöttisch nannten, aus dem Selbstbewußtsein siegreich heimgekehrter fränkisch-neubayrischer Patrioten und der Sorge um ihre Soldaten und Familien entstand die kühne Idee einer Umgestaltung der Ingolstädter kirchlichen Verhältnisse.

Der Polizeidirektor Roth machte sich zum Sprecher der Unzufriedenen. In seinem „topographischen Bericht" von 1817 weist er die Regierung unaufgefordert auf die unbefriedigende Situation hin: „Die Protestanten, obwohl sie schon bei 1000

Wirthschafts-Eröffnung.

Hiemit erlaube ich mir, meiner verehrlichen Nachbarschaft, sowie dem geehrten Publikum vom Militär- und Civilstande die ergebenste Anzeige zu machen, daß ich die Wirthschaft

Zum Lutherischen Wirth

durch Kauf erworben habe und eröffne ich dieselbe Samstag den 4 d. mit einer **Schlachtparthie**, wozu ich höflichst einlade.

Mein Bestreben wird stets dahin gerichtet sein, durch Verabgabe guter Speisen und Getränke sowohl im Lokale als über die Gasse das Zutrauen des geehrten Publikums zu erwerben und empfehle mich daher zu einem recht zahlreichen Besuche.

Hochachtungsvoll
Carl Schäffer, Gastwirth.

Anzeige im Ingolstädter Tagblatt, 2. 12. 1869

Seelen stark sind, haben keine Pfarrei, keine Kirche, keinen Pfarrer und keinen Gottesdienst, auch kein Bethaus, sondern müssen, wenn sie ihre Religion ausüben wollen, nach der 4 Stunden oberhalb Neuburg auf dem Moose gelegenen Kolonistenpfarrei Unter-Maxfeld reisen, was freilich wegen zu weiter Entfernung das ganze Jahr ausbleibt ... Die protestantische Jugend hat keine eigene Schule, mithin auch ganz und gar keinen Religions-Unterricht ihrer eigenen Konfession, sondern wächst ganz ohne eigenen Religionsunterricht ihrer eigenen Kirche auf." (25. April 1817). Die dahinter stehende Forderung war unüberhörbar.

Im Spätsommer 1818 unternahm das Regiment mit Hilfe Roths einen ersten Versuch in der beabsichtigten Richtung. Man bat die Marianische Bürgerkongregation um die einmalige Überlassung ihrer bei der Konviktkaserne gelegenen Maria-de-Victoria-Kirche für einen protestantischen Gottesdienst. Die Bürgerkongregation willigte sofort ein, aber das Ordinariat Eichstätt verweigerte trotz der Vermittlung des Oberstadtpfarrers Jungbauer seine Zustimmung, und zwar, wie die Protestanten glaubten, in sehr verletzender Form. Im Jahre der bayerischen Verfassungsurkunde, die den Protestanten die öffentlich-rechtliche Gleichstellung garantierte, mußte der Vergleich mit den ketzerischen Arianern, denen der Bischof Ambrosius von Mailand ebenfalls trotz des Kaisers Verlangen seine Kirche verweigert habe, als besonders verfassungswidrig und unchristlich erscheinen.

Zum erstenmal erlebten die Ingolstädter Protestanten hier, noch ehe sie sich zur Gemeinde verselbständigen konnten, daß der allgemeinpolitische Trend und damit auch der kirchenpolitische Wind in Eichstätt sich seit dem Wiener Kongreß 1815 gedreht hatten und nun gegen Aufklärung, Reform und Verständigung liefen. Leidige Erfahrungen mit nachgeordnetem katholischem Kirchenpersonal an Kranken- und Sterbebetten, bei Beerdigungen und im Schulalltag kamen hinzu.

So begann 1818 und wieder Ende 1821 eine Handvoll Offiziere vom 16. Infanterieregiment mit den Sondierungen. Die Stadt lehnte die dauerhafte Überlassung eines Gottesdienstraumes, d. h. einer katholischen Kirche, ab, weil das Militär selbst über mehrere geeignete Räumlichkeiten in der Kaserne, dem ehemaligen Jesuitenkolleg, verfüge, nämlich über die Jesuitenkirche, die Bibliothek und das Refektorium. Vom Kriegsministerium wurde dann die Herrichtung des letzteren als die kostengünstigste Lösung genehmigt, schon zuvor aber (am 24. April 1822) auch die beantragte gelegentliche Pastorierung durch den Pfarrer von Untermaxfeld erlaubt. So kam es, daß am ersten Sonntag des Jahres 1823 (5. Jan.) der Pfarrer Roth von Untermaxfeld hier den ersten evangelischen Gottesdienst in Ingolstadt hielt und daß ausgerechnet das Jesuitenrefektorium zum ersten protestantischen Betsaal in Ingolstadt bestimmt wurde.

Der Schriftführer des „Evangelischen Ausschusses", Regimentsquartiermeister Friedrich Schultheiß, beschreibt mit sichtlicher Genugtuung dieses erste protestantische Gottesdienstlokal:

„Die evangelische Gemeinde dahier besitzt dermalen noch keine Kirche, jedoch ist ein schöner Betsaal im ehemaligen Jesuiten-Collegium, vom Militair-Aerar einzurichten, genehmigt worden, der gegen 500 (!) Menschen faßt, in welchem sich eine Kanzel, ein Altartisch mit dem nöthigen Kirchenapparat, eine Sakristei und zwei lange Reihen Mittel- nebst den Seiten-Bänken befinden, wozu bereits die Einleitung getroffen sei, auch kann man den Betsaal im Winter heizen" (17. Juli 1823).

Der „Evangelische Ausschuß", später „Kirchenvorstand" genannt, hatte sich 1823 auf Rat des Münchener Kabinettspredigers Dr. v. Schmidt als besser autorisierte und wirkungsvollere Vertretung der Protestanten am Ort gebildet. Er konstituierte sich aus den drei rührigsten der protestantischen Offiziere – Regimentsquartiermeister und Kasernenverwalter Schultheiß, Oberleutnant Fronmül-

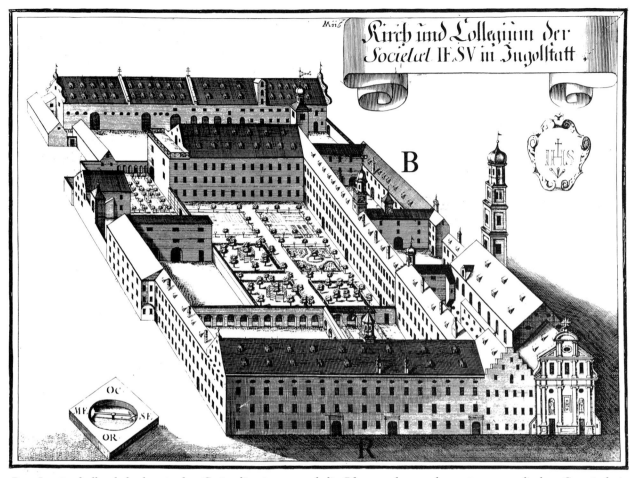

Das Jeusitenkolleg beherbergte den Gottesdienstraum und die Pfarrerwohnung der ersten evangelischen Gemeinde in Ingolstadt. Der Betsall befand sich 1823 bis 1829 im Refektorium (R) im Erdgeschoß, dann bis 1846 in der Bibliothek bzw. Aula des Gymnasiusm im zweiten Stock (B).

ler und Hauptmann a. D. Bräuer (ref.) – sowie den Herren v. Heydenaber und Meinberger aus der Bürgerschaft. Sein Zusammentritt darf als die eigentliche Geburtsstunde der Protestantengemeinde Ingolstadt bezeichnet werden. Jetzt ging es eindeutig nicht bloß um Militärseelsorge, sondern auch um die Bürgerfamilien, die armen Alleinstehenden und die Kolonisten von Spitalhof-

Brunnenreuth. Dieser Evangelische Ausschuß gab sich mit dem Erreichten nicht zufrieden. Er gewann zunächst den Pfarrer Roth zu monatlichen Gottesdiensten, bemühte sich um namhafte Gastprediger aus Mittelfranken und betrieb vor allem nun die Anstellung eines eigenen Geistlichen.

Da gab es noch Schwierigkeiten. In erster Linie mußte das Problem der Besoldung gelöst werden.

Am 3. September 1824 war es dann soweit. Die Errichtung der Pfarrei wurde ausgesprochen, und zugleich wurde ein blutjunger Pfarramtskandidat, Hoffmann, aus Nürnberg in die Pfarrstelle eingesetzt.

Die feierliche Amtseinführung Hoffmanns am 1. Advent 1824 (28. Nov.) fand weit über Bayern hinaus Beachtung. Sie wurde in der liberalen Presse als „Ehrentag in den Annalen des Vaterlands", als Ausweis der Aufgeklärtheit und Toleranz des neuen bayerischen Staatswesens bewertet. Man war sich beiderseits der Konfessionsgrenze bewußt, daß Ingolstadt in diesem Zusammenhange nicht irgendeine beliebige Stadt war. Auch das katholische Ingolstadt nahm an dem Ereignis interessiert Anteil. Bei den Festlichkeiten in der Konviktkaserne und im Goldenen Adler fehlte neben den Vertretern von Militär- und Zivilbehörden auch die katholische Geistlichkeit nicht. Es gab nicht den geringsten Zwischenfall.

Daß die beiden katholischen Stadtpfarrer sich mit Recht übergangen fühlten und wegen der entfallenden Stolgebühren das Generalvikariat Eichstätt zum nachträglichen Einspruch gegen die Errichtung einer „dritten Pfarrei" zu bewegen versucht hatten, von diesem aber mit Hinweis auf die Rechtslage abgewiesen worden waren, das drang wohl nicht an die Öffentlichkeit.

Die Gemeinde entwickelt sich

Die Fülle der Aufgaben und Schwierigkeiten, die der unerfahrene Jungpfarrer vor sich sah, hatte ihn über seine eigene Zusage erschrecken lassen. Wohl dürfte er mit seinen 22 Jahren der damals jüngste evangelische Pfarrer in Bayern gewesen sein, aber doch nur, weil die „Hungerpfarre" Ingolstadt einem älteren, verheirateten Manne nicht zuzumuten war.

Bei der Aufgabe, das kirchliche Neuland an der Donau in einen Weinberg des Herrn zu verwan-

Friedrich Wilhelm Hoffmann, erster evangelischer Pfarrer Ingolstadts (Bildnis aus späteren Jahren).

deln, standen ihm wahrlich schwierige Jahre bevor. Er hat das Außergewöhnliche seiner Situation als evangelischer Pfarrer im ehemaligen Jesuitenkolleg nicht als Triumph über die Gegenreformation empfunden, wie es seine Nachfolger um die Jahrhundertwende in konfessionalistischem Hochgefühl verklärt haben.

Sein Alltag waren Unzulänglichkeiten, unlösbare

Probleme, Alleinsein in karger Einzimmerbehausung, umgeben vom Lärmen des Kasernenbetriebs, bis in die Gottesdienste hinein. Die finanziellen Sorgen der Gemeinde hörten nicht auf. Der Schulunterricht für die wenigen Stadtkinder einerseits und die vielen Kolonistenkinder in Brunnenreuth andererseits war jahrelang nicht in den Griff zu bekommen. Den Siedlern jenseits der Donau war für ihre Kirchgänge und für den Schulweg ihrer Kinder auf der Donaubrücke Zollfreiheit zu erwirken; bei Mißbrauch hatte der Pfarrer den Ärger. Wegen der Anwesenheitspflicht bei den militärischen „Kirchenparaden" war der Betsaal meist hoffnungslos überfüllt, dabei war schon 1827 durch den genehmigten Festungsneubau ein weiteres Anwachsen der Gemeinde vorauszusehen.

Bei den wechselnden Kommandoverhältnissen im Regimentsstab war die Unterstützung von dieser Seite nicht unveränderlich. Nicht einmal der Verbleib in der Kaserne war gesichert.

In dieser Lage war die energische Unterstützung durch einen orts- und sachkundigen, angesehenen Kirchenvorstand aus Militär- und Zivilgemeinde eine unschätzbare Hilfe. Auch das wohlwollende Entgegenkommen von Magistrat und Landgericht war Goldes wert und mußte gepflegt werden.

So rühmten Pfarrer und Kirchenvorstand schon 1827: „Der Magistrat der kgl. Stadt Ingolstadt hat unserer Kirchengemeinde seit ihrem Bestehen eine Theilnahme und Unterstützung angedeihen lassen, welche nicht nur von den edelmüthigsten, tolerantesten Gesinnungen, sondern von einem Hochsinne und einer christlichen Liebe zeugt, die, je seltener sie hie und da noch ist, desto mehr Verehrung und Anerkennung verdient, eine Theilnahme und Unterstützung, die die Gemeinde ihm nie ganz vergelten kann, durch die dieselbe sich ewige Ansprüche auf ihre Dankbarkeit erworben hat."

Der Grund für diese monumentale Formulierung von Dankbarkeit war die Hoffnung, daß der Magistrat die Gemeinde auch bei ihrem größten Anliegen, ein neues Gottesdienstlokal zu finden, nicht im Stich lassen würde. Seit der Säkularisation wurde ja eine Reihe von Kirchen in der Stadt nicht mehr oder kaum noch gottesdienstlich genutzt. Da erschien dem Kirchenvorstand die Überlassung einer dieser Kirchen – nicht als Eigentum, sondern zum simultanen Mitgebrauch – als die zweckmäßigste und finanziell günstigste Lösung, übrigens auch als eine Prestigefrage.

Der Magistrat aber wußte bei allem Wohlwollen auch, wieviel er seiner katholischen Bevölkerung zumuten konnte, und lehnte jede Unterstützung in dieser Richtung ab, bei der neuerlichen Bewerbung um die Maria-de-Victoria-Kirche wie auch bei Anfragen um die städtische Spitalkirche und die staatseigene Franziskaner-Minoritenkirche. Er bot seinerseits schopn 1821 das Eigentum an der verfallenden St.-Sebastians-Kirche an, die ihrerseits aber als zu klein, zu entlegen erschien und auch aus Kostengründen für die Protestanten nicht in Frage kam. So mußte sich die Gemeinde 1829 mit einem Umzug innerhalb der Konviktkaserne in die nur wenig geräumigere ehemalige Jesuitenbibliothek zufriedengeben. Die naheliegende, besonders von Landrichter Gerstner aus Denkmalschutzgründen geförderte Übernahme der als Garnisons-Heumagazin genutzten Hl.-Kreuz-Kirche (Jesuitenkirche) zerschlug sich am höheren Orts bereits ins Auge gefaßten Kasernenneubau.

Von da an wurde die Maria-de-Victoria-Kirche wieder regelmäßig, und zwar als katholische Schulkirche, genutzt. Die Protestanten mußten bis zur Fertigstellung ihres eigenen Kirchenneubaus in dem Kasernenbetsaal verbleiben. Es war schon ein Fortschritt, daß Hoffmanns Nachfolger, Pfarrer Leidig, der beim Brand der Konviktkaserne seine Wohnung verlor, aber 1838 eine Pfarrfrau heimführte, im Jahre 1839 vom „lutherischen Gärtner" Michael Graßl einen Wohnhausneubau genau gegenüber der Maria-de-Victoria-Kirche (Neubaustr. 4) käuflich erwerben konnte, wodurch die Gemein-

Früheres Pfarr- und Schulhaus Neubaustr. 4

de nun erstmals eigenen Immobilienbesitz in der Stadt, ein eigenes Pfarr- und Schulhaus, erhielt.

Pfarrer Leidig(1833-1843), der an Ingolstadt keinen sonderlichen Gefallen fand, hat unter endlosen Mühen auch noch die Weichen für den Kirchenneubau gestellt, die Genehmigung wie die Finanzen beigebracht und das teuerste, aber bestmögliche Grundstück gekauft, auf dem sein Nachfolger, Dr. Leonhard Volkert (1843-1852), dann die Kirche errichten konnte.

Tatsächlich hatte die Pfarreigründung von 1824 als grünes Licht für den Zuzug evangelischer Gewer-

betreibender gewirkt, die Kolonie Brunnenreuth-Spitalhof hatte sich vergrößert, im Westen von Ingolstadt war auf Betreiben von Friedrich Schultheiß eine zweite, nach ihm benannte protestantische Kolonistensiedlung, Friedrichshofen, entstanden. Wenn auch die Militärgemeinde vorübergehend zurückgegangen und wesentlich schwächer als die Zivilgemeinde geworden war, so machte die Gesamtgemeinde im Jahre 1836 doch noch nahezu 900 Seelen aus, zu denen im Sommer noch jeweils 500 bis 600 protestantische Festungsbauarbeiter hinzukamen, die sich zwar wenig zur Gemeinde hielten, von denen im Laufe der Jahre aber doch so mancher in Ingolstadt eine neue Heimat gefunden hat.

Der Anteil der Reformierten an dieser Gesamtgemeinde betrug immer noch 20 Prozent oder 180 Personen, hauptsächlich weil Spitalhof-Brunnenreuth zu einem Drittel, Friedrichshofen zu gut zwei Dritteln aus Reformierten bestanden.

Gesellschaftlich war von Bedeutung, daß die städtische Zivilgemeinde gut zur Hälfte aus selbständigen und besitzenden Familienvätern (43) und nur zur kleineren Hälfte aus alleinstehenden, unselbständigen, besitzlosen Handwerksgesellen (23) und Knechten (18) bestand und daß bei der vergleichsweise starken Ober- und Mittelschicht aus Honoratioren (23), Besitzbürgern (19) und einem Bauern wieder gut die Hälfte zum angesehenen Stand der Honoratioren zählte. Der relativ große Honoratiorenanteil ergab sich offenbar aus dem für die Garnisonsstadt typischen Kreis von Familien „quieszierter" höherer, oft adliger Berufsoffiziere. Da aber auch die gleichartigen Familien des aktiven Offizierskorps meist jahrelang in der Stadt wohnten, war der tatsächliche Honoratiorenanteil bei den Protestanten noch umfangreicher.

Bedenkt man, daß die entsprechende katholische Honoratiorenschicht am Ort über denselben profanen Bildungshintergrund, dieselben sittlichen Normen und gesellschaftlichen Formen verfügte, die-

Regensburger Zeitung.

Nro. 288.   Donnerstag den 2. Dezember 1824.

Verlegt von Friedrich Heinrich Neubauer.

Deutschland.

Ingolstadt. Der 28. November dieses Jahrs wird hinfort in den Jahrbüchern unsers Vaterlandes als ein Ehrentag glänzen, da er für das baierische Volk ein rühmlicher Zeuge seiner fortschreitenden Geistesbildung, seines ächten Religionseifers, und der liebevollen Eintracht der Katholiken und Protestanten geworden ist. Es feierte nämlich die hiesige evangelische Gemeinde ihr Stiftungsfest. Nachdem ihr Se. Majestät der König in der Person des Candidaten Hoffmann aus Erlang einen Pfarrer bewilligt hatte, und der bisherige Betsaal — in Ermanglung einer Kirche — sehr zweckmäßig hergestellt worden war, begann Vormittag, um halb 10 Uhr, die feierliche Gottesverehrung. Die Stille, die in der sehr ansehnlichen Versammlung vom Anfang bis zum Ende herrschte, die andachtsvolle Gegenwart der evangelischen Herren Offiziere und Soldaten, so wie der katholischen Geistlichkeit und mehrerer Stadtmagistratsglieder, der erbauliche Vortrag des Herrn Pfarrers, und die kräftigen Einführungsreden und Gebete der aus Regensburg gekommenen Herren Geistlichen, machten unbeschreiblich tiefe Eindrücke auf die Gemüther der Anwesenden. Es war dieß Fest für alle, welche der Menschheit gut sind, ein rührendes Fest der Achtung, der Liebe und Freundschaft der Christen gegen einander. Ein treffliches Gastmal von ohngefähr 50 Gedecken, dem der Herr Commandant der Festung, der Herr Landrichter, das Offizierskorps, die Pfarrgeistlichkeit, der Herr Bürgermeister nebst andern Honorattoren beiwohnten, und bei welchem ächter Frohsinn herrschte und viele Lebehoch ertönten, verschönerten diesen Tag. Alle Gäste, weltliche und geistliche, schieden von einander mit dem Wunsche, daß man allenthalben, ohne Kälte und Mißtrauen, sich so brüderlich vereinen und insonderheit, daß die junge Ingolstädter Gemeinde, die so wackere, für die Religion und alles andere Gute so warme Vorsteher hat, noch ferner die nöthige Unterstützung, in und ausser Baierns Gränzen, finden möge.

Frankreich.

Paris, den 22. Nov. Vom General Digeon sind nacheinander mehrere Kouriere eingetroffen, welche verschiedene Kabinetsversammlungen veranlaßten. Darin sollen die neuen Anträge, welche die spanische Regierung dem Oberbefehlshaber der Okkupations-Armee gemacht hat, in Erwägung gezogen worden seyn. Auch sind von der hiesigen spanischen Gesandtschaft unserm Minister der auswärtigen Ange-

selbe Einstellung zu Staat und Kirche besaß und dieselben Zeitungen las wie die protestantische, daß überdies das Oberschichtverhalten damals sich maßgeblich auf das Mittelschichtverhalten auswirkte, dann versteht man leicht, warum die Aufnahme und Annahme der Protestanten in Ingolstadt damals zumindest bei der Ober- und Mittelschicht fast problemlos verliefen und daß daran auch das später auf beiden Seiten zunehmende Gewicht der Unterschichten mit ihrem etwas anderen Verhalten nichts mehr grundsätzlich ändern konnte.

Mit anderen Worten: Die katholischen Offiziere, Beamten, Ärzte, Apotheker, Kaufleute und Gewerbetreibenden in Ingolstadt hatten keinerlei Probleme im Umgang mit ihren evangelischen Standesgenossen, denen sie ständig in Vereinen und bei Veranstaltungen begegneten und mit denen sie auch familiär verkehrten. Ein Musterbeispiel für die ganze Stadt muß das freundschaftliche Verhältnis zwischen den beiden staatlichen Oberbeamten, dem katholischen Landrichter Josef Gerstner (1821–1849) und seinem protestantischen Stellvertreter, Landgerichtsassessor v. Heydenaber, beziehungsweise ihren Familien gewesen sein. Ihre gleichaltrigen, miteinander befreundeten Töchter spielten zusammen auf der Liebhaberbühne der Ingolstädter besseren Gesellschaft. Und wie zum Zeichen öffentlicher Verträglichkeit war unter der Ägide Gerstners das Ingolstädter Polizeikommando zur allerhöchsten Zufriedenheit einem Israeliten, dem Gendarmeriebrigadier Samuel Steinhart aus Thalmässing, anvertraut.

Die Probleme, welche die Anwesenheit der Protestanten in der Stadt mit sich brachte, lagen denn auch nicht auf dieser, sondern einerseits auf einer höheren, andererseits auf einer niedrigeren Ebene. Die beiden herausragenden Ereignisse aus der Amtszeit des dritten Pfarrers der Gemeinde, Dr. Volkert, können das verdeutlichen. Man denkt dabei an seinen Zusammenstoß mit der Staatsgewalt im sogenannten „Kniebeugestreit" und an die Errichtung und Einweihung der eigenen Pfarrkirche. Bei dem „Kniebeugestreit" ging es für die Protestanten in ganz Bayern um nichts Geringeres als um die Abgrenzung ihrer Bekenntnisfreiheit gegenüber der Befehlsgewalt des katholischen Königs, der zugleich ihr oberster Bischof war. Die von Ludwig I. im Jahre 1838 spontan getroffene Anordnung, daß das Militär in der katholischen Messe und bei der Fronleichnamsprozession auf Kommando – wie bis 1804 üblich – vor dem „Allerheiligsten" niederknien sollte, rief bei den Protestanten im ganzen Land Unruhe und Widerspruch hervor.

In Ingolstadt kommt es schon bei der ersten sich bietenden Gelegenheit beim Millität zum „großen Verdruß", nämlich bei der Fronleichnamsprozession 1839, die besonders feierlich, erstmals auch wieder mit Kanonendonner, durchgeführt wird. Unvergessen bleibt der Vorfall bei der Fronleichnamsprozession von 1842. Als das „Allerheiligste" herannaht und der Befehl „Aufs Knie!" ertönt, bleibt der protestantische Buchbindermeister Johann Bayerlein im Spalier der Bürgerwehr aufrecht stehen, und auf den ausdrücklichen Befehl „Buchbinder, hock dich!" entgegnet er: „Der Buchbinder hockt sich nicht!" Er sitzt lieber einen Hafttag im Arrestlokal an der Schrannenstraße ab. Die Stadt hat ihren Gesprächsstoff. Die Katholiken verstehen nicht, warum er nicht einfach zu Hause geblieben ist.

Dr. Volkert, der „Bekenner", wie ihn Kirchenrat Ringler später nannte, fühlte sich als evangelischer Pfarrer in der katholischen Garnisonsstadt beim Kniebeugethema in ganz besonderer Weise im Gewissen gepackt. An einen Verwandten schrieb er später: „Ich mußte thun, was ich that, wenn ich nicht meinem Amte und Gewissen untreu werden wollte. Vielleicht kein zweiter Geistlicher in unserem ganzen Lande hatte in dieser Beziehung wie ich die Verpflichtung, den Leuten zu sagen, was Sünde

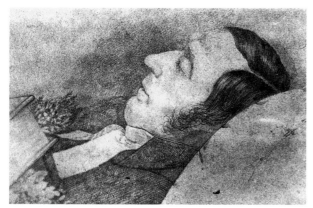
Dr. Leonhard Volkert, Ingolstädter Pfarrer von 1843 bis 1851, auf dem Sterbebett (Zeichnung in der Sakristei von St. Matthäus).

sey, damit sie – wenn sie es doch thun – keine Entschuldigung haben."

So wagte er beim Palmsonntagsgottesdienst 1845 – mitten in der Kaserne und im Beisein zahlreicher Offiziere – von der Pflicht zur militärischen Befehlsverweigerung zu predigen, ohne Rücksicht auf die möglichen Folgen.

Wochen darauf kommt der König auf der Durchreise nach Ingolstadt und besichtigt, wie üblich, den Festungsbau. Zum Behördenempfang ist erstmals auch der protestantische Stadtpfarrer geladen. Der König ist von der gegen ihn laufenden Untersuchung unterrichtet und ist entsprechend ungnädig. Gehorsam sei die erste Pflicht des Soldaten, verdeutlicht er ihm, dahin habe auch die Geistlichkeit zu wirken; in solchen Sachen werde kein Spaß verstanden. „Subordination muß man predigen!" – Der Pfarrer erwidert: „Majestät, ich werde tun, was meines Amtes ist."

In Ingolstadt, wo jeder Pfarrer irgendwie immer noch Militärseelsorger ist, hat sich die kleine Szene, wie der 35jährige Volkert vor dem wesentlich älteren König steht und ihn über christliche Amtspflicht belehrt, tief eingeprägt. Dabei ging es damals noch nicht um die Frage, die sich dem christli-

chen Gewissen heute aus der Teilhabe am modernen Industriekrieg ergibt, sondern „nur" um ein konfessionelles Verständnis von „Sünde der Abgötterei und Heuchelei".

Als Pfarrer Volkert am anderen Tage die feierliche Grundsteinlegung der neuen Pfarrkirche vollzog – natürlich ohne den König –, mag in ihm immer noch das Wort nachgeklungen haben, das ihm schon in seiner Palmsonntagspredigt zur Rechtfertigung gedient hatte: „Man muß Gott mehr gehorchen als den Menschen!"

Von der bereits förmlich beschlossenen Namengebung „Ludwigskirche" war nun keine Rede mehr. Dennoch hat die Königin Theresia auch der Ingolstädter Gemeinde zur Kircheneinweihung im nächsten Jahr einen kostbaren Abendmahlskelch gestiftet, neugotisch, silbervergoldet, von Schwanthaler entworfen, einen richtigen, großen Gemeindekelch. Die evangelischen Königinnen waren für die protestantischen Diasporagemeinden trotz ihres geringen Einflusses überhaupt ein rechter Trost.

Bei der Grundsteinlegung am 1. Juni 1845 war auch die katholische Geistlichkeit ferngeblieben, hatte nicht einmal auf die übersandte Einladung geantwortet. So deutlich hatte sich die interkonfessionelle Großwetterlage seit der Einweihung des ersten Betsaales geändert. Insbesondere die unglückliche Kirchenpolitik der Hohenzollern im katholischen Rheinpreußen hatte die protestantische Minderheit in Altbayern zu entgelten. Die preußische „Katholikenverfolgung" gipfelte 1837 in der Verhaftung des Kölner Erzbischofs. Das „katholische Deutschland" betrachtete nach seinem Wortführer Görres diese Politik als das Ergebnis des modernen Individualismus und Rationalismus, dem die völlige Auflösung der Gesellschaft und die Revolution folgen müsse. Als Wurzel dieser Entwicklung machte man den Protestantismus aus. Bald sollten in der populären Fortsetzung dieser Theorie noch Freimaurer, Marxisten und Juden als Wegbereiter einer „Weltrevolution" gebrandmarkt werden.

In der katholischen Kirche selbst hatten die konservativen Kräfte und Positionen wieder weitgehend die Oberhand erlangt. Nach Meinung des Eichstätter bischöflichen Ordinariats setzte die Anwesenheit der Protestanten in Ingolstadt die katholische Einwohnerschaft der „großen Gefahr des Indifferentismus" aus, weshalb die Verdeutlichung der „Unterscheidungslehren" besonders wichtig sei. Vom katholischen Klerus am Ort wurde erwartet, daß er den Protestantismus eindeutig als Irrlehre kennzeichnete, die nur aus dem Abfall von der wahren und allein seligmachenden Kirche hervorgegangen sei, andererseits aber um des öffentlichen Friedens willen das Kirchenvolk zu Verträglichkeit und Duldsamkeit gegenüber den Protestanten als Personen anhielt und mit gutem Beispiel voranging. Diese „Doppelstrategie" gelang natürlich nicht jedem.

In ihrer Gewissensnot wandte sich im Frühjahr 1843 eine Gruppe von immerhin 31 entschiedenen Ingolstädter Katholiken mit einer Bittschrift unmittelbar an den König. Er möge „allergnädigst geruhen, zu befehlen, daß die protestantische Kirche in Ingolstadt nicht innerhalb Ingolstadts Mauern selbst erbaut werden dürfe." – „Die Bürgerschaft" fühle sich „durch den Gedanken, ‚eine protestantische Kirche in dieser Stadt' aufs tiefste verletzt". Sie fühle sich „durch Erbauung einer protestantischen Kirche in ihrer Stadt tief verwundet in ihrem katholischen Herzen, ist ihr ja doch der schönste Glanz ihres Ruhmes, der einer ächten altbayerschen Catholicitaet, dadurch wenigstens verdunkelt". Aber „nicht die Personen" seien es, „welche sie haßt, sondern nur dadurch" fühle „sie sich gekränkt, daß ein Glaube, dem ihre Ahnen von jeher abhold gewesen, durch Erbauung einer Kirche so offene Anerkennung gerade jetzt durch sie und bei ihr zu finden scheint".

Natürlich erhielt diese „Bürgerinitiative" eine glatte Absage. Natürlich hatte sie kein Recht, für die Ingolstädter Bürgerschaft zu sprechen. Unterschrieben hatten fast durchwegs nur kleine Handwerker, kein einziger namhafter Bürger, kein Geistlicher. Der Bischof von Eichstätt ließ den Bittstellern zugleich mit der königlichen Absage zwar eine Belobigung wegen ihres Glaubenseifers, aber bezeichnenderweise auch die Ermahnung übermitteln, „mit Ruhe und christlicher Ergebung das hinzunehmen, was einmal nicht mehr zu ändern ist, und alles zu vermeiden, was eine Störung der bürgerlichen Eintracht veranlassen könnte".

So klein die Unterzeichnergruppe gewesen sein mag, spiegelte sie doch sicher eine Minderheitenmeinung größeren Ausmaßes wider, die sich nur nicht deutlicher kundzugeben vermochte. Ein katholischer Geistlicher soll die Äußerung getan haben, „kein katholischer Christ könne mit gutem Gewissen an der Feier der Weihe der evangelischen Kirche teilnehmen". So unterblieb diesmal die Einladung an die katholische Geistlichkeit. Die Spitzen der weltlichen Zivil- und Militärbehörden nahmen natürlich an den Feierlichkeiten teil. Der offiziell unterdrückte, aber auch nicht eindeutig verurteilte Fremdenhaß gegen die Protestanten machte sich auf heimliche und primitive Art wie später gegenüber den Juden Luft. Am Morgen der Einweihung fanden sich Kirche und Portal „mit Kot besudelt". Täter wurden trotz der vom Magistrat ausgesetzten hohen Belohnung nicht ermittelt.

Über die neue protestantische Pfarrkirche aber herrschten in der Gemeinde selbst Zufriedenheit und Dankbarkeit. Man hatte den geeignetsten aller möglichen Standorte bekommen, an der Stirnseite der platzartigen Schrannenstraße, nicht aufdringlich, aber unübersehbar. Die Größenausmaße übertrafen alles, was man sich für Ingolstadt zu erhoffen gewagt hatte, und nahmen sich an dem offenen Platz und im Vergleich mit den katholischen Pfarrkirchen und der benachbarten Minoritenkirche doch im wünschenswerten Maße bescheiden aus.

Der „altdeutsche Stil" des Gesamtwerks entsprach

„Ansicht der neuen evangelischen Kirche in Ingolstadt", Stich von J. Poppel, München, 1847.

dem historischen Zeitgeschmack, entsprach in seiner – schon von Pfarrer Volkert ausgesprochenen – „würdigen Einfachheit" aber auch dem franziskanischen Armutsideal der Minoritenkirche und dem vorreformatorischen Reformstil der Ingolstädter Liebfrauenkirche, so daß eine Art harmonischer Übereinstimmung der Architektur aus demselben Geist des Evangeliums hergestellt war. Der Architekt, Prof. Karl Heideloff in Nürnberg, Katholik und berühmter Neugotiker, hatte dabei einen „sakralen" Kirchenbau „rein im catholischen Sinne" im Auge gehabt, für die Zeit der Wiedervereini-

gung, wie er sie sich vorstellte. Das störte niemanden, schon weil niemand sich dessen bewußt war. Tatsächlich entsprach die vorreformatorische Vorstellung vom kirchlichen Sakralbau – anstatt der Predigtkirche – ohnedies mehr dem lutherischen Verständnis von Wort *und* Sakrament, das sich ja künftig, nach der Trennung von den Reformierten, in der bayerischen Landeskirche noch stärker durchsetzen sollte. Nachdem in den folgenden Jahrzehnten auch die altgotischen katholischen Kirchen der Stadt ihres barocken Überwurfs entkleidet und einer „Regotisierung" unterzogen wurden, war auch im Kircheninneren so etwas wie vorreformatorische Übereinstimmung wiederhergestellt.

Die Bittsteller von 1843 untermauerten ihr Gesuch im Blick auf die katholische Kindererziehung in den zahlreichen Mischehen und auf den zu Ende gehenden Festungsbau mit der Voraussage, „daß im Laufe kurzer Zeit die hiesigen Protestanten zu einer ganz unbedeutenden Zahl zusammenschmelzen müssen". Diese unrealistische, auf Wunschdenken gegründete Erwartung ging natürlich nicht in Erfüllung. Im Gegenteil war auch der protestantischen Zivilgemeinde ein stetiges Wachstum beschieden. Die hauptsächlich in den Großstädten des Landes sich vollziehende Industrialisierung und Urbanisierung brachten auch dem kleinen 7000-Einwohner-Städtchen an der Donau eine bestimmte Art von industriellem Aufschwung. Die vormalige Universitäts- und Festungsstadt wurde nun zur bayerischen Landesfestung 1. Klasse, zum Eisenbahnknotenpunkt, zur großen Garnisonsstadt, zum Zentrum der bayerischen Rüstungsindustrie und schließlich zur modernen Industriestadt. Ihre Bevölkerung verfünffachte sich binnen dreier Generationen. Nach den Festungsbauarbeitern des zweiten Jahrhundertviertels kamen seit Ende der sechziger Jahre die Eisenbahnbauer und Eisenbahnbediensteten, in den sechziger bis neunziger Jahren die Festungsbauarbeiter – „Schanzer" – des äußeren Befestigungsrings, ab den achtziger Jahren die Militärarbeiter der verschiedenen Rüstungsbetriebe – Hauptlaboratorium, Geschützgießerei und Geschoßfabrik, Pulverfabrik Ebenhausen, Brotfabrik des Proviantamts –, um 1918 schließlich die Bediensteten der Eisenbahnhauptwerkstätte.

Die protestantische Zivilgemeinde entwickelte sich im Rhythmus dieses wirtschaftlichen Wachstums der Stadt. Sie erreichte um 1870 die Zahl 1000, um 1910 die Zahl 2000, um 1925 die Zahl 3000. Dennoch genügte der für 1000 Personen ausgelegte Kirchenraum ein Jahrhundert hindurch den Bedürf-

nissen der gewöhnlichen Sonntagsgottesdienste, an denen ja nie alle Erwachsenen teilnahmen; die durchschnittliche Gottesdienstteilnahme betrug vor dem Ersten Weltkrieg etwa 25 Prozent, also 500 bis 600 Personen. Die Feiertagsgottesdienste mußten freilich geteilt werden.

Eng wurde es auch, wenn das Militär in großer Anzahl zum Gottesdienst erschien. Der Umfang der Militärgemeinde schwankte lange Zeit mit den wechselnden Rekrutierungsbezirken. Er lag zwischen 300 und 1200 Soldaten. Ab 1900 kamen die Rekruten größtenteils aus der Ansbacher, Gunzenhausener und Nördlinger Gegend. Von da an war die kleinere Hälfte der Garnison evangelisch, etwa 2000 Mann.

Die Soldaten rückten in geschlossenen Formationen zur „Kirchenparade" an, seit Anfang des neuen Jahrhunderts wie die Katholiken mit klingendem Spiel, auf beharrliches Verlangen von Pfarrer Ringler hin und nur aus Gründen der Gleichberechtigung.

Soweit erforderlich, gab es für die Soldaten eigene Militärgottesdienste um 8 Uhr. Sie dauerten 20 bis 25 Minuten. Um 9 Uhr begann der Gemeinde-Hauptgottesdienst. Ab etwa 1900 konnte nur mehr jeweils die Hälfte der Einheiten in 14tägigem Turnus zum Gottesdienst geführt werden, zu mehr reichten der Platz und das Geld nicht. Erst im Kriegsherbst 1914 wurde eine eigene, seit 1866 angeforderte Garnisonpfarrerstelle errichtet. Ein Teil der Gottesdienstlieder wurde von der Militärmusik und der Orgel begleitet.

Die schiere Äußerlichkeit solch strammen Kirchenparadebetriebs hat man damals – wie die damit verbundene Vaterlands- und Kriegstheologie – mit ganz anderen Augen als nach den Erfahrungen der beiden Weltkriege gesehen. Man hielt solche staatskirchlichen Liturgieformen für legitimen Gottes-Dienst.

Dabei gab sich beispielsweise Kirchenrat Ringler über das Ausmaß religiöser Gleichgültigkeit seiner

Offiziere – wie überhaupt des Großteils seiner Gemeinde – laut seiner Kirchenbeschreibung – keinerlei Illusionen hin. Er sah bei den Arbeiterfamilien vorwiegend „äußerliche Kirchlichkeit und bürgerliche Ehrbarkeit", bei den Geschäftsleuten und Handwerkern eine Art von „Geschäftsprotestantismus", bei Beamten und Offizieren „kirchliche Gleichgültigkeit". Bei den wenigen, bei denen sich innerliches Ergriffensein und äußerliches Eintreten zeigten, war – wie wohl auch bei den Pfarrern selbst – nicht leicht auszumachen, inwieweit es ihnen um die „evangelische Sache" oder um die „Sache des Evangeliums" ging.

Doch was sagen statistische Urteile solcher Art über den Einzelmenschen und sein Leben aus? Wenn von der Unvollkommenheit des Menschen, von „äußerlicher Kirchlichkeit" und „kirchlicher Gleichgültigkeit" die Rede ist, sollte man nicht auch fragen nach den Sünden „kirchlicher Äußerlichkeit" und „außerkirchlicher Gleichgültigkeit"? „Der Mensch sieht, was vor Augen ist, der Herr aber sieht das Herz an" (1. Sam. 16, 7). Jedenfalls ist auch überliefert, daß die Kirche vielen Menschen Kraft vermittelt hat, ihnen Trost und Heimat war, oder sie sich einfach dort wohl fühlten.

Kirchliche und politische Positionen

Nicht leicht wird ja auch der Versuch sein, Grundlinien einer inneren, geistigen Entwicklung der Gemeinde nachzuzeichnen. Bei dem ständigen Kommen und Gehen am Ort wird man sich dabei in erster Linie an überlieferte Einstellungen und Äußerungen der die Gemeinde leitenden Pfarrer halten müssen und dabei gewisse Übereinstimmungen mit der Gemeinde wie auch Unterschiede und Gegensätze zu ihr sowie innerhalb der Gemeinde voraussetzen. So kann sich eine Art System kirchlicher, konfessioneller und politischer Standpunkte und deren Entwicklung ergeben.

Von dem ersten Pfarrer, dem noch jugendlichen Hoffmann, wird berichtet, daß er seiner theologischen Ausrichtung nach „auf supranaturalistischem Standpunkte" stand, das heißt in der Fachsprache der Zeit, daß er kein „Rationalist" mehr war, sondern schon von der akademischen Erweckung in Erlangen geprägt und sich somit bereits in Übereinstimmung mit den neuerdings wieder streng bibelgläubigen Ansichten seines Oberkonsistoriums befand.

Dennoch führte er entsprechend seiner Nürnberger Herkunft und sicher auch mit Rücksicht auf die zahlreichen Reformierten in seiner Gemeinde die fast liturgiefreie Nürnberger Gottesdienstordnung ein, und für den Religionsunterricht nahm er nicht den orthodoxen Kleinen Katechismus Martin Luthers, sondern den bereits verpönten Katechismus des Aufklärungstheologen Georg Friedrich Seiler – der ähnlich wie Benedikt Stattler in Ingolstadt durch eine „Vermittlungstheologie" ein „vernunftgemäßes Christentum" zu lehren versucht hatte – sowie den immer noch geachteten pietistischen Katechismus Philipp Jakob Speners. Dies lief eigentlich gegen eine im Jahre 1823 vom Oberkonsistorium erlassene Richtlinie; so wird hier der Kirchenvorstand ein gewichtiges Wort mitgesprochen haben. Die lutherische Gesamtrichtung war von Anfang an durch die Aufstellung von Kruzifix und Altarkerzen verdeutlicht, ansonsten herrschte volle Gottesdienst- und Abendmahlsgemeinschaft mit den Reformierten, deren Unterscheidungsformen in der Kommunion durch entsprechende Handhabung und einen 14tägigen Wechsel in der Reihenfolge Rechnung getragen wurde.

Diese im Vergleich zum übrigen rechtsrheinischen Bayern eher unierte als lutherische Ausrichtung blieb auch unter Hoffmanns Nachfolger Leidig erhalten, der seiner ganzen Denkweise und Frömmigkeitshaltung nach ohnedies noch dem Zeitalter der Aufklärung zuzurechnen war.

Mit Dr. Volkert kommt ein entschiedener Gegenaufklärer nach Ingolstadt, ein Schüler des Erlanger

Grab von Pfarrer Volkert auf dem Ingolstädter Westfried-hof

Erweckungstheologen Christian Krafft, ein Studienfreund des kämpferisch-bekenntnistreuen Wilhelm Löhe, ein gläubiger, ein bekehrter Mann. Mit ihm zieht die Gemeinde in die neue, schlichte, aber geradezu katholisch lutherische Pfarrkirche ein, und mit ihm zieht der Luther-Katechismus in der Gemeinde und ziehen Anfänge lutherischer Liturgieformen in den Gottesdienst ein.

Aber erst sein Nachfolger, Theodor Bischoff (1852–1862), beendet die „Doppelkonfessionalität" in Ingolstadt, nachdem sich das Münchener Oberkonsistorium unter dem Druck Löhes und seiner Gesinnungsfreunde schon um 1850 herum von den Reformierten und damit auch vom linksrheinischen bayerischen Protestantismus getrennt hatte. So bleibt die innerkirchliche Wende zur Intoleranz – eine Folge der gegenaufklärerischen „Erneuerung" – auch der Ingolstädter Gemeinde nicht erspart. Zwar wird den Reformierten in Ingolstadt nie – wie eigentlich überall im rechtsrheinischen Bayern – die Abendmahlsgemeinschaft verweigert. Für sie hält man weiterhin Brot statt der Hostien bereit und gibt ihnen den Kelch in die Hand. Aber die Kinder der vielen reformierten Bauernfamilien in Spitalhof-Brunnenreuth und Friedrichshofen werden im Konfirmationsunterricht nicht mehr geduldet, sondern auf die weit entlegene reformierte Gemeinde Marienheim im Donaumoos verwiesen. Damit erzwingt man natürlich rasch den Bekenntniswechsel zur „evangelisch-lutherischen" Einheitskirche.

Welche Vorbehalte damals in der Ingolstädter Gemeinde gegen die von oben verordnete konservative Wende zu Kirchlichkeit und Konfessionalität herrschten, wurde bei der Einführung der im Jahre 1853 beschlossenen neuen Gottesdienstordnung deutlich. Diese sollte den ganzen vermeintlichen liturgischen Reichtum des fränkischen Altluthertums wiederbeleben. Die überwiegend aufgeklärt-liberalen Stadtgemeinden Bayerns aber sahen darin eine Wiederkehr von Orthodoxie und Obskurantismus, wenn nicht gar Rekatholisierung. So kam es 1856 beim Erscheinen des „Agendenkerns" zu einem die ganze Landeskirche erschütternden Proteststurm, dem sich auch die Ingolstädter Gemeinde anschloß. Der Kirchenvorstand machte seinem Pfarrer klar, daß mit „schwersten Zerwürfnissen" und „ärgerlichsten Auftritten" zu rechnen sei, „wenn die neue Kirchenordnung eingeführt" würde. Angesichts dieses „Agendensturms" wurde die neue Agende auch in Ingolstadt zunächst nicht eingeführt, sondern erst nach Jahren in gelegentlichen Festgottesdiensten „erprobt". Pfarrer Bischoff mußte der Gemeinde mit der Ablösung des alten, aufgeklärten Einheitsgesangbuchs von 1815 durch das dem jetzigen Zeitgeist entsprechende von 1854 ohnedies noch einiges zumuten. Dieses neue Gesangbuch mit seinen klassisch-schönen, in Text und Melodie wiederhergestellten Chorälen von Martin Luther und Paul Gerhardt erwarb sich übrigens rasch breite Anerkennung und hat auch die Ingolstädter Gemeinde ein rundes Jahrhundert begleitet.

Bischoffs Nachfolger, Dr. Hermann Schick (1862–1876), wird dann zwei Jahre nach seinem Amtsantritt die vielbekämpfte Agende und damit die förmliche lutherische Liturgie in Ingolstadt einführen. Er wird auch als erster die ebenfalls vom neuen Kirchenregiment unter Oberkonsistorialpräsident Adolf von Harleß durchgesetzte „Kirchenzucht" in Ingolstadt praktizieren, also Sanktionen über Gemeindeglieder verhängen, die sich den rigorosen, auf Verhütung protestantischen Nachwuchses abzielenden katholischen Mischehevorschriften voll unterwarfen.

Diese zur Abwehr des katholischen Kirchenrechts gedachte Anpassung der eigenen Kirchenordnung an die katholische Praxis hat nicht nur die in Ingolstadt seit jeher zahlreichen konfessionsverschiedenen Ehen in schwere Konflikte gestürzt, sondern auch den Dauerzwist mit der katholischen Kirche zusätzlich verschärft. Auf die Erneuerung des katholischen Kirchenrechts 1918 hat die evangelische bayerische Landeskirche 1923 abermals mit der Erneuerung ihrer „Kirchenzuchtmaßnahmen" reagiert.

Wurden diese Maßnahmen nachsichtig und nur bürokratisch, wie unter Kirchenrat Ringler, gehandhabt, waren sie nur ärgerlich und „konfessionsstatistisch" wirkungslos. Wurden sie hingegen ernsthaft und mit seelsorgerischem Einsatz wie von

Der von Königin Theresia der Ingolstädter Gemeinde zur Kircheneinweihung gestiftete silbervergoldete Abendmahlskelch, entworfen von Schwanthaler

Dekan Meinzolt ab 1933 in zahlreichen Einzelgesprächen, durchgeführt, war der Erfolg durchschlagend. Es kam von einem Jahr aufs andere zu einer Umkehr der bisher sehr „ungünstigen" Mischehenstatistik, aber auch zu einer tiefen und nachhaltigen Verstimmung des katholischen Klerus, offensichtlich bis nach Eichstätt hin. Auch fiel es Dekan Meinzolt nicht leicht, einem erstaunten Kirchenvorstand begreiflich zu machen, daß die von allen kirchlichen Rechten Ausgeschlossenen sich – nach kirchenoffizieller Auffassung – durch ihr Verhalten selbst aus der Kirchengemeinde ausgeschlossen hatten und es deshalb keine Möglichkeit gab, sie aus der Kirchensteuerzahlungspflicht zu entlassen.

Daß gerade Pfarrer Dr. Schick diese neulutherische „Verkirchlichung" der Ingolstädter Gemeinde ohne größere Schwierigkeiten gelang, kann einer Überlegung wert sein. Dr. Schick, ein klarer und energischer Mann, hat es verstanden, durch sein kultiviertes gesellschaftliches Auftreten und durch sein entschiedenes und doch geschicktes Eintreten für die „evangelische Sache" und die „Sache des Evangeliums" offenbar das Vertrauen des liberalen Ingolstädter Bürgertums über die Konfessionsgrenzen hinweg wie auch den Respekt der katholischen Geistlichkeit zu erwerben. „Einen solchen wie den Dr. Schick bekommt ihr nicht mehr", sagte noch nach Jahrzehnten der katholische Stadtpfarrer Limbacher im Gespräch mit Protestanten über ihn.

Dem geistigen Profil und gesellschaftlichen Auftreten nach mußte Dr. Schick als ein durch und durch liberaler und nationaler Mann erscheinen. Er stand dem gemäßigt-liberalen „Ingolstädter Tagblatt" – der ersten, 1859 von dem Protestanten G. Schröder gegründeten und herausgegebenen Ingolstädter Tageszeitung – nahe. Er hielt 1868 in der Wahlversammlung der Liberalen zum Norddeutschen Zollparlament das politische Grundsatzreferat; er redete dabei über die „Einheit und Freiheit aller deutschen Stämme", über das „heilige Volksrecht" im Gegensatz zum bloßen militärischen Machtstaat, über die Notwendigkeit überkonfessioneller Zusammenarbeit im allgemeinen Volksinteresse.

Sein Wirken fiel in eine Zeit, in der in Ingolstadt auch der Großteil des angesehenen katholischen Bürgertums sich zur liberalen Sache bekannte, in der auch Bürgermeister und die Mehrheit von Magistrat und Gemeindeverordneten liberal bis freisinnig waren, zum Beispiel in der Schulpolitik oder beim Protest gegen das gegen die Meinung der meisten deutsche Bischöfe beschlossene Dogma von der päpstlichen Unfehlbarkeit. Man vergißt zu Unrecht, wie nahe sich liberales katholisches und liberales protestantisches Kirchenvolk in ihren Einstellungen und Interessen damals schon gekommen waren, insoweit der Liberalismus eben keine antikirchliche, sondern nur eine antiklerikale und nicht nur eine politische, sondern auch eine innerkirchliche Bewegung beider Kirchen war.

Noch im Frühjahr 1871 sprachen sich das fast rein katholische Gemeindeverordnetenkollegium und der Magistrat in Ingolstadt mehrheitlich für eine Anerkennungsadresse an den Wortführer der Altkatholiken, Stiftspropst Ignaz v. Döllinger, beziehungsweise für den Anschluß an eine entsprechende Münchener Adresse aus. Ziemlich genau ein Jahr vorher hatte sich in Ingolstadt nach Nürnberger und Augsburger Vorbild aus der Gemeinde heraus eine liberale „Protestantenversammlung" gebildet und sich einem Adressensturm gegen das klerikal-autoritäre Regiment des Oberkonsistorialpräsidenten v. Harleß angeschlossen. Hochmoderne und doch urprotestantische Vorstellungen von Kirchenverfassung werden da laut, die zu erinnern heute noch lohnt. Da werden Herrn Harleß „hierarchische, auf Laienbevormundung und Wiedereinführung eines geistlosen Formelwesens in die protestantische Kirche gerichtete Bestrebungen" vorgeworfen, auch Paktieren mit den ultramontanen Feinden des Protestantismus, und es wird seine

Allgemeiner Anzeiger.

Heute den 14. Februar wurde durch Beschluß einer Protestanten-Versammlung hiesiger Stadt festgesetzt, eine Adresse an Seine Majestät wegen des Vorgehens des Oberkonsistorial-Präsidenten v. Harleß in der Reichsrathskammer abgeben zu lassen und liegt dieselbe für sämmtliche Protestanten Ingolstadts und Umgebung am 15. und 16. Februar zur Unterzeichnung in der Wohnung des Hrn. Buchbinder Bayerlein auf.

Ingolstadt, den 14. Februar 1870.

Im Namen der Protestantenversammlung:
Dr. Hammon.

Mitteilung im Ingolstädter Tagblatt. Dr. Hammon war Rektor der Gewerbeschule, aus der später das Christoph-Scheiner-Gymnasium wurde.

sofortige Absetzung verlangt. Von einem Nachfolger wird erwartet, „im Einklange mit der überwältigenden Majorität seiner Kirchengenossen ... den Grundsätzen des Protestantismus, dessen Endziel der Aufbau einer wahrhaften Gemeindekirche sei, die gebührende Rechnung zu tragen". Es müsse dem „unprotestantischen klerikalen Übergewicht und der konsistorialen Machtvollkommenheit ein Ende gemacht und der Schwerpunkt des Regiments in die Kirchengemeinde und deren Vertretung gelegt" werden. Konkret heißt das, es müsse „die Zuständigkeit der Synoden erweitert und der Kirchengemeinschaft, wie es der protestantischen Grundlehre vom allgemeinen Priestertum entspricht, die freie Wahl ihrer Vertreter eingeräumt" werden. Die Unterschriftenaktion für diese Adresse an den König dürfte kaum ohne die Billigung Pfarrer Schicks durchgeführt worden sein. Andererseits aber konnte Pfarrer Schick von dieser liberalen Grundposition aus auch als entschiedener Anwalt kirchlicher und christlicher Standpunkte auftreten, zum Beispiel gegenüber dem liberalen „Tagblatt". So wendet er sich im Jahre 1864 energisch gegen eine im Tagblatt erschienene vereinzel-

te freigeistige Bemerkung über „biblische Märchen und Sagen". Er tritt in seiner Leserzuschrift für eine prinzipielle Unterscheidung zwischen heidnischen Mythen einerseits und jüdisch-christlicher, auf geschichtlicher Wirklichkeit beruhender Offenbarung andererseits wie überhaupt für die Respektierung christlicher Glaubenswahrheiten ein und beruft sich dabei auf die Katholiken als Bundesgenossen. Erst kürzlich sei ein freigeistiges Blatt in Ingolstadt, welches das Christentum in seinen heiligsten Gütern zu verhöhnen gewagt habe, am christlichen Sinn der Bevölkerung, also an Abonnentenmangel, gescheitert: „Deß freuet sich jeder Ingolstädter, er sei katholisch oder evangelisch." Schick fragt fast drohend, ob nun ein ähnlich gefährliches Spiel im „Tagblatt" beginnen solle, und nimmt in der Antwort, auf die es hinaus soll, wieder die katholische Seite mit in Anspruch: „Ich glaube, alle meine verehrten katholischen Herren Amtsbrüder sowie die weit überwiegende Mehrheit unserer treuen Mitbürger in den drei hiesigen Pfarreien auf meiner Seite zu haben, wenn ich sage: nein und abermals nein!"

Als Liberaler wird Dr. Schick die Bedeutung des überkonfessionellen bürgerlichen Vereinslebens gerade für die Anerkennung der Protestanten in der Diaspora richtig eingeschätzt haben. Er wird es begrüßt haben, daß Protestanten sich in der Presse, im Liberalen Verein, in allen möglichen bürgerlichen Vereinen einsetzten, daß sie erstmals als Wahlmänner bei den Landtagswahlen aufgestellt wurden und – wie auch der erste jüdische Mitbürger – ins Gemeindebevollmächtigtenkollegium einzogen.

Dennoch hat gerade er auch die ersten evangelisch-kirchlichen Vereine in Ingolstadt gegründet. Katholische Vereinsgründungen waren seit der 1848er Revolution im Zuge der konservativ-katholischen Erneuerung vorangegangen, der ultramontane politische Piusverein (ab 1868 Katholisches Kasino), der sozial engagierte Kolpingverein, der karitative St.-Vinzentius-Verein. Als evangelische Entsprechungen gründete Dr. Schick im Jahre 1866 den Evangelischen Frauenverein, der in seiner karitativen Ausrichtung dem Vinzentiusverein ähnelte, sowie lokale Gruppen der mehr überörtlichen Missions-, Bibel- und Gustav-Adolf-Vereine. Zu späteren Zeiten kamen noch der Evangelische Arbeiterverein, der Diakonissenverein, der Evangelische Jugendhort (1909) und die Evangelische Frauenhilfe (1919) hinzu. Alle diese Vereine bedeuteten keine direkte Konkurrenz zum liberalen bürgerlichen Vereinsleben, aber sie waren alle deutlich

Gedenkbild von Gustav Schröpfer für den am 11. 11. 1888 gegründeten Evangelischen Arbeiterverein Ingolstadt

konfessionell, dienten der evangelischen gesellschaftlichen Sammlung, der Stärkung evangelischen Bewußtseins und Selbstgefühls, der Verwirklichung evangelisch-kirchlicher Zwecke.

Die Gründung des Evangelischen Arbeitervereins durch Pfarrer Georg Bauer (1878–1900) im Jahre 1888 zielte auf die Sammlung der evangelischen Arbeiter- und Handwerkerschaft und auf die Abwehr der auch in Ingolstadt zunächst noch sozusagen in Abwesenheit verurteilten, aber für die nächste Zukunft erwarteten Sozialdemokratie. Bei der Vielfalt und Allgemeinheit seiner Veranstaltungen wurde aus dem Evangelischen Arbeiterverein durch die gesellschaftliche Öffnung bald der allgemeine Evangelische Verein (1905), der Mittelpunkt der evangelischen Gemeinde, in dem sich nun zwei Generationen lang der Großteil des öffentlichen evangelischen Lebens außerhalb der Gottesdienste abspielte.

Die Herausbildung einer neuen politischen Kultur seit der 1848er Revolution mit ihren großen politischen Gegensätzen hatte unter anderem das Gute, daß die großen konfessionellen Gegensätze überlagert, ja geradezu abgelöst wurden. Die konkurrierenden geistigen und gesellschaftlichen Kräfte kämpften nun nicht mehr um Reformation und Gegenreformation, sondern um Aufklärung und Gegenaufklärung. Dabei ging die Frontenbildung mitten durchs katholische Ingolstadt und war keine Frage der Konfession mehr, sondern des Bildungsgrads und des Sozialstands, wenn auch Protestanten und Juden wegen ihrer Minderheitensituation fast einmütig im liberalen Lager standen.

Versuche einzelner bürgerlicher Protestanten, sich angesichts der Einigung von Liberalen und Zentrum auf eine gemeinsame Liste bei den 1890er Kommunalwahlen auch ihrerseits dem katholischen Zentrum anzunähern, scheiterten bereits bei der Kandidatenaufstellung. Da die protestantischen Wähler ohnedies nur liberalen Kandidaten ihre Stimmen geben würden, verweigerte das Katholische Kasino der Kandidatur des evangelischen liberalen Konditormeisters und Kirchenvorstands Endress seine Zustimmung.

Vergleichsweise mehr Glück hatten evangelische Arbeiter, die sich nicht roten oder gelben Gewerkschaften anschließen wollten, bei ihrer Bereitschaft zur Zusammenarbeit mit ihren katholischen Kollegen. Seit dem Jahre 1900 gab es in Ingolstadt regelmäßig Aktionskomitees aus Vertretern verschiedener katholischer Arbeitervereine und des evangelischen Arbeitervereins zur gemeinsamen Behandlung örtlicher arbeitspolitischer Fragen, wie Aufbesserung des Ortstageslohns, Ortskrankenkassengründung, Gewerbegerichtswahlen. Vertreter des Evangelischen Arbeitervereins war hierbei der Kirchner Johann Stoll, ein ehemaliger Gerbergeselle, von 1901 bis 1920 in seinem Amt und im übrigen ein Mesner, wie er im Buche steht: „. . . ein eifriger, zuverlässiger und geschickter Mensch, der mit seiner Frau die Kirche in sauberstem Stande hält, sich eines untadeligen Wandels befleißigt und an seinem Teil der Gemeinde Bestes zu fördern sucht" (KR Ringler). Aus den Komiteesitzungen ging 1905 ein festes Ortskartell Christlicher Gewerkschaften hervor. Dessen Arbeit fand übrigens die Unterstützung der beiderseitigen Geistlichkeit, was keine Selbstverständlichkeit war, weil vielerorts die katholische Geistlichkeit solche Zusammenarbeit mit den Evangelischen noch mißbilligte. Auch in christlichen Einzelgewerkschaften am Ort arbeiteten damals Protestanten zum Teil in führender Stellung mit, wie der Briefträger Johann Guthmann, der um 1909 Vorsitzender der örtlichen christlichen Telegraphen- und Postarbeiter-Gewerkschaft war. Im ganzen aber gilt doch, daß die evangelischen Ingolstädter Arbeiter sich gegenüber der „christlich-nationalen Arbeiterbewegung" ungewöhnlich zurückhielten, weil sie politisch größtenteils der liberalen Richtung anhingen und deshalb im gewerkschaftlichen Bereich liberale und freie Kollegen bevorzugten.

Trotz solcher Überlagerungen alter Gegensätze und Bildung neuer Gemeinsamkeiten aus den Gegebenheiten der neuen politischen Kultur dauerten auch die grundsätzlichen Spannungen und Reibereien zwischen den Konfessionsparteien in der ganzen zweiten Hälfte des 19. Jahrhunderts unvermindert an, weil sie aus der beiderseitigen konservativen „Selbstbesinnung" neue Energie erhielten, ja in den zwanziger und dreißiger Jahren des neuen Jahrhunderts verstärkten sie sich eher noch und dauerten beim Beispiel Ingolstadt in beklagenswerter Weise bis in die späten fünfziger Jahre hinein an.

Da gibt es die endlosen familiären Zerwürfnisse wegen der konfessionsverschiedenen Ehen, geschäftliche Benachteiligungen und konfessionsgebundenes Kaufverhalten, die alltäglichen vermeintlichen oder tatsächlichen Spötteleien, Bemitleidungen, Zurücksetzungen in der Schule, am Arbeitsplatz, in der Öffentlichkeit. Auf der Ebene der Pfarreien gehören Konversionen, Mischehen, Kindererziehung und Protestantenbeerdigungen auf katholischen Friedhöfen rings um Ingolstadt zu den empfindlichen Alltagsgegenständen, aus denen leicht Zwistigkeiten entstehen können. Die Presse, besonders die konfessionelle und kirchliche, trägt jeden konfessionellen Eklat aus ganz Europa in den kleinstädtischen Alltag hinein. Liest man das Evangelische Gemeindeblatt des Ingolstädter Dekanats der 1920er Jahre, so gewinnt man den Eindruck, daß der europäische Religionskrieg erneut ausgebrochen und in sein letztes, entscheidendes Stadium getreten ist. Der konfessionelle Frieden, den die Verfassung und die Vernunft gebieten, gleicht einer Art Waffenstillstand, bei dem die Streitigkeiten jeden Augenblick erneut offen ausbrechen können, sobald einer unvorsichtig eine der vielen Demarkationslinien überschreitet.

In den Quellen des 19. und 20. Jahrhunderts liest man aber auch immer wieder glaubwürdige Versicherungen, wie friedlich die beiden Konfessionen zusammenlebten, selbst auf dem Lande, und liest von konfessioneller Verträglichkeit als einer Standardtugend gerade der beiderseitigen Geistlichkeit. Zum nachträglichen Erstaunen scheint das, statistisch gesehen, tatsächlich der eigentliche Alltag gewesen zu sein, zeigt aber gerade auch, wie sehr einem das „kostbare Gut des konfessionellen Friedens" in seiner Gefährdetheit und Zerbrechlichkeit bewußt war.

So hat sich schon 1846 in dem Kniebeugestreit-Verfahren gegen Pfarrer Volkert die katholische Ortsgeistlichkeit – trotz der Verstimmung wegen des Kirchenbaus – für die weitere Zusammenarbeit mit dem protestantischen Amtsbruder ausgesprochen. Der liberale, konziliante Dr. Schick hatte auf katholischer Seite in dem unteren Stadtpfarrer Dr. Franz Xaver Paulhuber einen Partner, der zwar seinerseits die katholische Patriotenpartei öffentlich unterstützte, aber im Unterschied zu den ultramontanen Stimmführern doch auch dem weltlichen Teil des Verfassungsjubiläums von 1868 beiwohnte und der es verstand, „die hie und da auftauchenden konfessionellen Differenzen klug zu vermeiden oder geschickt beizulegen".

Die Hochs und Tiefs konfessioneller Liebe und Gegenliebe am Ort waren überhaupt weniger von örtlichen Vorkommnissen als von den wechselnden konfessionellen Großwetterlagen bestimmt, und natürlich auch stark von Einzelpersönlichkeiten. So wird es im Lutherjahr 1883 schon als Erfolg vermerkt, daß es dank der klug zurückhaltenden Predigt des protestantischen Stadtpfarrers Georg Bauer – des Erbauers des Pfarrhauses (1886) und des Diakonissenhauses (1899) neben und hinter der Stadtpfarrkirche – zu keiner konfessionellen Verstimmung kommt.

Oder nehmen wir Kirchenrat Ringler (1901–1932). Durch und durch ein lutherischer Kirchenmann, kann er bei der Hundertjahrfeier der Gemeinde im Jahre 1924 von sich sagen, daß er mit den „Vertretern der katholischen Fakultät" in der Stadt „seit 23

Weihe der neuen Glocken (Buß-, Verheißungs- und Dankesglocke) für St. Matthäus am 17. September 1922, dem 14, Sonntag nach Trinitatis, durch Kirchenrat Ringler

Jahren in Frieden zusammenlebt, nicht in einem faulen Frieden, sondern in gegenseitiger Achtung, wobei jeder die Rechte seiner Kirche vertritt und doch den Standpunkt des anderen achtet, und nicht zum Schaden der lieben Stadt Ingolstadt".

Von den beiden anwesenden katholischen Stadtpfarrern überbringt Monsignore Dr. Götz von St. Moritz die Grüße und Wünsche des örtlichen Gesamtklerus, gedenkt seinerseits „in herzlichen Worten der guten Nachbarschaft, die beide Konfessionen miteinander gehalten hätten", und bricht unter dem Jubel der Anwesenden in den Ruf aus: „Bloße

Toleranz ist zu wenig. Nicht bloß dulden, sondern lieben müssen wir einander, denn schließlich arbeiten wir doch alle an dem einen großen Ziel, das der Apostel Paulus in die Worte faßt: ‚Indue Christum!' Zieh Christum an!" Dies, wohlgemerkt, in den zwanziger Jahren, während das offizielle Verhältnis zwischen den Großkirchen fast auf dem Nullpunkt angekommen ist.

Da gibt es Ausnahmen, die von dem Schema erfolgreicher Konfessionsdiplomatie noch einmal abweichen, wie der erste Ingolstädter Stadtvikar, Simon Griesmayer (1896-1898), von dem Kirchenrat Ringler als „Besonderheit" erzählt, daß er „mit einem katholischen Stadtpfarrprediger namens Gruber ein Herz und eine Seele gewesen" sei. Da gibt es andere, mit den örtlichen konfessionellen Wetterbedingungen nicht so Vertraute, die für ihren allzu forschen Antikatholizismus Kritik aus der eigenen Gemeinde einstecken müssen.

Die innerkirchliche Weiterentwicklung der Gemeinde nach 1870 und nach Dr. Schick läßt sich viel weniger eindeutig als ihre politische nachzeichnen. Es scheint sich auf lange Zeit – eigentlich bis 1933 – eine Art gemäßigt-liberale Kirchlichkeit stabilisiert zu haben. Auch politisch blieb die große Mehrheit der Militär- und Zivilgemeinde bis nach dem Ersten Weltkrieg liberal, wenngleich sich ihr Liberalismus im Laufe der Jahre vom großdeutsch-freisinnigen Liberalismus süddeutscher Prägung zum kleindeutsch-konservativen Nationalliberalismus wilhelminischer Art hin entwickelte.

In der wachsenden evangelischen Arbeiter- und Eisenbahnerschaft griff neben liberaler Einstellung trotz kirchlicher Mißbilligung die Neigung zur Sozialdemokratie um sich und wurde nach dem Ersten Weltkrieg vorherrschend, zumal nachdem in den Wirren des Jahres 1923 die angestammte politische Heimat der Protestanten in Ingolstadt überhaupt verlorenging. Ein bekannter katholischer Arzt, der erst nach der Revolution von 1918 liberal geworden war, führte damals im Zusammenhang mit dem Hitler-Putsch die Ingolstädter Liberalen ins nationalsozialistische Lager. Ein Großteil des Ingolstädter evangelischen Bürgertums folgte ihm zur NSDAP. Eisenbahner und Arbeiter wandten sich verstärkt der SPD zu, aber die vom verbleibenden Rest mit Hilfe Kirchenrat Ringlers nun unterstützte, protestantisch-konservativ ausgerichtete Deutschnationale Volkspartei (DNVP) – sie hatte bei den Wahlen ihr örtliches Parteihauptquartier praktisch im evangelischen Pfarrhaus – kam nicht über eine Kümmerexistenz hinaus. Die als grundkatholisch empfundene Bayerische Volkspartei (BVP) wählten die evangelischen Ingolstädter jetzt sowenig wie vorher das Zentrum.

Zwischen Anpassung und Widerstand

So war dem Einzug der Nationalsozialisten in die Gemeinde schon vor der Machtergreifung der Weg bereitet. Aktive Nationalsozialisten wirkten bereits vor 1933 im Kirchenvorstand, im Evangelischen Verein, bei der Jugendarbeit und bei der Kirchenmusik mit. Auch der Kirchner war schon Nationalsozialist. Der Evangelische Verein veranstaltete schon vor der Machtergreifung „Vaterländische Abende" und warb bald darauf um Verständnis für völkische Gedankenwelt und „verantwortungsbewußte Rassenhygiene" im Sinne der neuen Regierung. Wohl wurde am Machtergreifungstag das Glockengeläute nicht freiwillig eingeräumt, aber den Judenboykottaufruf zum 1. April 1933 unterzeichnete die Evangelische Frauenhilfe wie der Katholische Frauenbund schon zusammen mit der NS-Frauenschaft. Für die Juden trat von kirchlicher Seite in Ingolstadt damals wie auch beim Novemberpogrom 1938 niemand ein.

Dekan Meinzolt (1932-1953) war zum Zeitpunkt der Machtergreifung gerade erst ein Vierteljahr im Amt und mit den Ingolstädter Verhältnissen noch wenig vertraut. Nach den Kirchenvorstandswahlen im Sommer 1933 mußte er feststellen, daß sein Kirchenvorstand, der sich mit einem Listenvorschlag letzter Minute ohne Abstimmungsverfahren ins Amt gebracht hatte, aus lauter eingeschriebenen Parteigenossen bestand. Damit war die „Gleichschaltung" zunächst gelungen, waren Schwierigkeiten und Auseinandersetzungen vorprogrammiert.

Es bleibt Meinzolts Verdienst, daß er als Vorsitzender dieses Kirchenvorstands von Anfang an für klare Verhältnisse gesorgt hat, daß er seinen Kirchenvorstand, einschließlich des jungen Kreisleiters Otto Koch, der ebenfalls und sicher nicht ohne

St. Matthäus Ingolstadt vor der 1959 begonnenen Renovierung durch Gulbransson

Hintergedanken Kirchenvorsteher geworden war, dazu gebracht hat, daß der sich gegen die Bewegung der Deutschen Christen festlegte und dann – trotz schwankender Haltung im einzelnen – von der einmal eingeschlagenen Richtung nicht wieder abkam.

Man kann sagen, Dekan Meinzolt hat durch seine konsequente „Bekenntnishaltung" den sonst möglichen Anschluß seines Kirchenvorstands oder einzelner Mitglieder desselben an die Deutschen Christen verhindert. An seinen Bekenntnisgottesdiensten im Jahre 1934 – während der Amtsenthebung Landesbischof Meisers – haben auch katholische Ingolstädter teilgenommen, und die Oberin des Klosters Gnadenthal hat ihn wissen lassen, daß sie und ihre Schwestern für ihn beteten.

Im kritischen Jahr 1936 ließ er keinen Zweifel daran, daß die Gründung einer DC-Ortsgruppe nur um den Preis einer örtlichen Kirchenspaltung möglich war. Dieser Preis schien selbst dem Kreisleiter Koch zu hoch, weil er, wie Meinzolt vermutete, als Protestant der katholischen Mehrheit in Ingolstadt dieses Schauspiel nicht gönnen mochte. Vielleicht aber hat sich Koch auch nur auf höhere Weisung hin so verhalten. Seinen „kalten Krieg" gegen Meinzolt hat er unentwegt fortgesetzt.

Bezeichnend für die verquere Situation damals ist es, daß Dekan Meinzolt sich anfangs von der Machtergreifung der Nationalsozialisten sogar die Möglichkeit von Erleichterungen im Verhältnis zu den Katholiken, ein höheres Maß an Parität, erhofft hat, ein Irrtum, den er sehr rasch einsehen mußte, wie auch den, daß man durch Entgegenkommen die SA und HJ vielleicht zu einer Art nationalsozialistischer evangelischer „Kirchenparaden" gewinnen könnte. Im Gegenteil wurde jetzt die vom bayerischen Finanzministerium angebotene und praktisch bereits erfolgte Übertragung der immer noch in Staatseigentum befindlichen Minoriten- bzw. Garnisonskirche an die evangelische Gemeinde durch unmittelbare Intervention des Vatikans bei der nationalsozialistischen Reichsregierung in Berlin wieder rückgängig gemacht. Die Frage allerdings, ob man überhaupt ohne Rücksprache mit der katholischen Seite von dem großzügigen Angebot des neuen Staates Gebrauch machen sollte, scheint sich offenbar niemand gestellt zu haben.

Kein Wunder, daß Meinzolt während des Dritten Reiches mit dem katholischen Klerus in Ingolstadt die nicht überall zutreffende Erfahrung machen mußte, daß selbst die Zeit gemeinsamer Gefahr die Konfessionen einander nicht näherbrachte.

Im ganzen hat Dekan Meinzolt das Schifflein seiner evangelischen Gemeinde Ingolstadt und seines Dekanats – das ganz Oberbayern links der Isar außerhalb Münchens umfaßte – unbeschadet durch jene schlimme Zeit gesteuert. Wer hat damals schon gemerkt, daß es auch in Ingolstadt seit 1937 bereits einen evangelischen „Laienführer" gab für

den Fall, daß alle Geistlichen gleichzeitig verhaftet würden?

Verhaftet wurde allerdings 1937 der evangelische Stadtvikar Dr. Schaudig und für mehrere Wochen im Amtsgerichtsgefängnis eingesperrt. Er hatte aus Verzweiflung über die ständigen Bedrückungen der Kirche durch den Staat einen vielleicht unrealistischen, aber mutigen Beschwerdebrief an das Kultusministerium geschrieben. Er war fassungslos über seine Verhaftung und wurde nach der Entlassung aus Ingolstadt versetzt.

Dekan Meinzolt wurde wegen seiner parteikritischen Einstellung und seiner Predigten wiederholt von seinem Kirchenvorstand gerügt. Er wurde auch mehrmals von der Kreisleitung und dreimal vom nationalsozialistischen Staatskommissar schriftlich verwarnt. Die Militärseelsorge wurde ihm 1936 entzogen, weil er sich nicht mehr zur Glorifizierung des Krieges verstehen mochte, wie es im Ersten Weltkrieg auch in Ingolstadt noch üblich war. Den beanstandeten Gottesdienst hatten allerdings außer der obligaten Militärmusik nur noch vier Personen besucht. Im Juli 1937 wurden die in ganz Deutschland von der Bekennenden Kirche erbetenen drei Bittgottesdienste für die Not der Kirche auch in Ingolstadt abgehalöten und fanden sehrstarke Beteiligung.

Als 1938 auch in Bayern die evangelischen Pfarrer den Eid auf den Führer ablegten, hat Dekan Meinzolt seinem Kirchenvorstand eine unmißverständliche Belehrung über Sinn und Grenzen des christlichen Eides erteilt.

Es konnte nicht ausbleiben, daß eine Reihe von Kirchenvorstandsmitgliedern den ständigen Loyalitätskonflikt zwischen Partei und Kirche auf die Dauer nicht durchstanden. Vier von ihnen zogen daher 1939 die Konsequenz, ihr Amt niederzulegen; einige traten auch aus der Kirche aus. Die verbleibenden Kirchenvorsteher waren zwar Par-

St. Matthäus nach der Innenrenovierung 1985

teigenossen, standen aber im Kirchenkampf und darüber hinaus treu zur Kirche. Mit ihrer Hilfe wurde der Vorstand nun durch kirchlich gesinnte Männer ergänzt.

Die Ingolstädter haben, meist ohne es zu wissen, noch eine fortlebende Erinnerung an diese Zeit, nämlich einen typisch ingolstädtischen evangelischen Osterbrauch. Der Brauch, sich am Ostertag im alten Friedhof – dem heutigen Westfriedhof – unter freiem Himmel zur Auferstehungsfeier zu versammeln, hat, losgelöst von seiner Entstehungssituation, längst ein überzeugendes Eigenleben erreicht. Aber es schadet nichts, sich zu erinnern, daß er zu Ostern 1934 als ein bewußter Bekenntnisschritt Meinzolts an die Öffentlichkeit entstand.

Die „Citygemeinde" St. Matthäus

Krieg und Nachkriegszeit haben der Ingolstädter evangelischen Gemeinde abermals veränderte Bedingungen, neue Aufgaben und eine neue Gesamtsituation beschert. Durch die Scharen von Flüchtlingen und Heimatvertriebenen, die während und nach dem Kriege in Ingolstadt eine Zuflucht fanden, ist es noch einmal zu einem geschichtlich bedingten außerordentlichen Gemeindewachstum gekommen. Neben den zahllosen neuen Gemeindegliedern aus der sowjetischen Besatzungszone, aus den an Polen gefallenen deutschen Ostgebieten und aus den übrigen Vertreibungsländern Ostmitteleuropas wurden die alten evangelischen Ingolstädter in wenigen Jahren zu einer Minderheit.

Hatte die evangelische Gemeinde in der Stadt im Jahre 1940 einschließlich des Militärs kaum 4000 Personen umfaßt, so waren es zehn Jahre später schon zwischen 6000 und 7000, wieder zehn Jahre danach schon weit über 10 000. Denn auf die kriegsbedingte Zuwanderung aus Ostmitteleuropa folgte nun unmittelbar anschließend ein stetiger Zuzug Arbeitswilliger aus dem Hinterland wie aus Nord- und Westdeutschland in die vom „Wirtschaftswun-

der" begünstigte, immer attraktiver werdende kultivierte Industriestadt. Dadurch und durch die Eingemeindungen im Umland erreichte Ingolstadt die damals größte Wachstumsrate in Bayern, und die evangelische Stadtbevölkerung stieg bis 1970 auf über 14 000 Personen oder 21 Prozent. Die jüngsten zuverlässigen Ermittlungen der Volkszählung von 1987 erbrachten eine Gesamtzahl von 17 673 Evangelischen beziehungsweise 18,4 Prozent.

Diese abermalige schiere Verfünffachung in einem knappen halben Jahrhundert brachte große, grundlegende Veränderungen in Aufbau und Leben der Gemeinde mit sich. Waren unmittelbar nach dem Krieg die Reparatur der wenig beschädigten Pfarrkirche, der Wiederaufbau des bei einem Luftangriff kurz vor dem Einmarsch der Amerikaner völlig zerstörten Pfarrhauses und die Aufstellung von sieben Notkirchen, sogenannten Barackenkirchen, in und um Ingolstadt die dringendsten Bauaufgaben, so ging es von der Mitte der fünfziger bis zur Mitte der sechziger Jahre um die Planung und Errichtung von nicht weniger als fünf neuen Pfarrkirchen mit entsprechenden Verwaltungs- und Gemeinderäumen samt Pfarrerwohnungen.

Zur gottesdienstlichen, seelsorgerlichen und unterrichtlichen Betreuung der Ingolstädter Großpfarrei – zu der ja auch noch Predigtstellen in Geisenfeld, Riedenburg, Münchsmünster, Ebenhausen, Manching und Friedrichshofen zählten – behalf man sich zunächst mit Aushilfen durch Flüchtlingspfarrer, mit neuen Vikariatsstellen und schließlich zwei neuen Pfarrstellen für Ingolstadt-Süd und Ingolstadt-Nord (1950). Endlich waren aber auch neue organisatorische Lösungen durch die Landeskirche vonnöten.

So wurde im Jahre 1949 das 1912 geschaffene, 1933 schon einmal verkleinerte, jetzt wieder viel zu große Dekanat München II, das der Ingolstädter Stadtpfarrer ja mit zu leiten hatte, aufgeteilt. Es entstand für den südlichen Bereich ab München

St. Matthäus

selbständigen Gemeinden, konzentrisch um die Mutter- und Dekanatspfarrei gelegt und mit Vohburg, Manching, Brunnenreuth über den ohnedies weiten Stadtbereich hinausgreifend, von Anfang an im lebenswichtigen ökonomischen System einer Gesamtkirchenverwaltung (GKV) verbunden und damit eine Gesamtkirchengemeinde bleibend.

Dieser Wachstums- und Teilungsvorgang führte nun in wunderbarer Konsequenz zum Wiedererstehen der kleinen, alten, ursprünglichen evangelischen Stadtpfarrei, die gleichsam zum Zeichen ihrer Neugründung im Jahre 1955, als für Ingolstadt-Nord die Lukaskirche entstand, mit der Benennung nach dem ersten Evangelisten, St. Matthäus, endlich auch einen eigenen Namen erhielt.

Die Gemeinde St. Matthäus umfaßt die Altstadt und, jenseits des umlaufenden Glacis-Stadtparks, die westlichen und nordwestlichen Außenbezirke. Der Größe nach entspricht sie heute mit über 4200 Seelen wieder gut der alten Stadtpfarrei von 1940 unmittelbar vor der „Bevölkerungsexplosion"; sie hat im Augenblick wieder das stärkste Wachstum, war aber auch schon größer.

Ähnlich der alten Stadtpfarrei mit ihren zwei Außenbezirken im Laboratoriums- und Bahnhofsviertel, wo im einen die Fabrikarbeiter, im anderen die Eisenbahner wohnten, ist sie etwas uneinheitlich und unübersichtlich. Im historischen Altstadtbereich wohnen die Evangelischen durch Geschäfts- und Verwaltungsbauten und die stärker dominierende katholische Altbevölkerung noch mehr voneinander isoliert als außerhalb. Es sind Angehörige aller möglichen Berufszweige. Hier wohnen am ehesten noch die selten gewordenen Nachkömmlinge der Altingolstädter Protestantenfamilien des 19. und beginnenden 20. Jahrhunderts, oft mittlere Geschäftsleute.

In den Außenvierteln sind die Familien im Durchschnitt etwas jünger an Lebensalter und Ansässigkeit, und sie wechseln auch häufiger. Die sozialen Unterschiede zwischen dem behäbigen Westen mit

das neue Dekanat Weilheim. Die Pfarreien nördlich von München, vermehrt um die vom Dekanat Augsburg abgegebenen drei Donaumoosgemeinden und Neuburg, bildeten das Dekanat Ingolstadt.

Meinzolts Nachfolger, Dekan Christoph Simon (1953–1967), der große Organisator, Kirchenbauer und Glaubensmann, unternahm dann die riesige Aufgabe und schuf aus der Großgemeinde Ingolstadt ein vielgliedriges System von zuletzt neun

seiner Villen-, Gärten- und Bungalowlandschaft und den auch begrünten, aber betriebsameren Eigenheim-, Reihenhaus- und Hochhausvierteln im Nordwesten, wo es zur großen Autofabrik hingeht, sind unübersehbar. Im Westen wohnen die etwas Betuchteren, die Selbständigen, im Norden hausen mehr die Arbeiter, die technischen Angestellten, neuerdings auch die Rücksiedler aus Rumänien und Rußland.

Bei solcher Zusammensetzung ist der Gemeindezusammenhalt vielleicht noch geringer als anderswo, der regelmäßige Gottesdienstbesuch vielleicht nur bei drei Prozent, der „Dienstleistungsbetrieb" Kirche vor allem außerhalb des Kirchenraums mit allen seinen Regel-, Zusatz- und Sonderangeboten wie nirgends sonst gefordert. Tatsächlich finden auch viele Evangelische aus den „Randgemeinden" aus dem einen oder anderen Grund immer wieder den Weg nach St. Matthäus.

Als Situation einer „Citygemeinde" hat man diesen besonderen Gemeindezustand nicht unzutreffend bezeichnet. Es trifft die äußere Lage und die damit verbundenen Folgen für das Gemeindeleben, es gilt aber auch für eine Reihe von Funktionen, durch welche die „Citygemeinde" für die Außengemeinden und dadurch für die Gesamtkirchengemeinde noch eine besondere, zentrale Rolle spielt.

Eine ganze Reihe dieser Funktionen wachsen ihr aus der Tatsache zu, daß an ihrem Gemeindepfarrhof zugleich der Sitz des Dekanats, der Gesamtkirchenverwaltung, des Diakonischen Werkes, des Bezirkskantors und des Jugenddiakons ist. Eine Reihe stattlicher Nachkriegsgebäude umstehen daher ihren Pfarrhof. Ihr 1954 bis 1956 endlich errichtetes eigenes Gemeindehaus mit seinem 400 Sitzplätze bietenden Martin-Luther-Saal ist der selbst-

Altarraum von St. Matthäus. Die Glasfenster von Arno Bramberger, eingesetzt 1959 anstelle der bei einem Bombenangriff im Zweiten Weltkrieg zerstörten, thematisieren Schöpfung, Erlösung und Wiederkunft Christi.

verständliche Ort aller zentralen Veranstaltungen der Gesamtkirchengemeinde. Hier finden zum Beispiel – ein wenig in der Tradition des Evangelischen Vereins – die Hauptveranstaltungen des Evangelischen Bildungswerks statt, wie in der Kirche nebenan die Höhepunkte des kirchenmusikalischen Lebens der Gesamtgemeinde. Die Wirksamkeit der von Bachchor und Kammerchor unter der tüchtigen Leitung des Kantors Reinhold Meiser ist weit über den Rahmen der Gesamtgemeinde hinaus von Bedeutung.

Die „Citygemeinde" ist die älteste evangelische Gemeinde der Stadt und nach Untermaxfeld (1804) die zweitälteste des Dekanats. Sie hat das Erbe von 200 und 50 Jahren evangelischen Lebens an diesem für Evangelische nicht immer einfachen Ort zu hüten. Ihr ist die älteste evangelische Kirche der Stadt anvertraut. Diese ihre St.-Matthäus-Kirche ist – seit der Zerstörung der alten Münchener St.-Matthäus-Kirche durch die Nationalsozialisten im Jahre 1938 – die älteste erhaltene evangelische Stadtpfarrkirche in Oberbayern. So trägt sie den Ehrennamen des ersten Evangelisten unter den Aposteln Jesu Christi mit doppeltem Recht.

Vieles hat sich seit den Tagen der alten Stadtpfarrei natürlich geändert. St. Matthäus ist keine Garnisonpfarrei mehr. Die Aufgaben der Militärseelsorge in Ingolstadt sind einem eigenen Militärpfarrer anvertraut, der aus räumlichen Gründen der St.-Markus-Pfarrei zugeordnet ist. Der St.-Matthäus-Pfarrei ist die Aufgabe der Beratung der Kriegsdienstverweigerer übertragen, die derzeit von Pfarrer Schwinn wahrgenommen wird.

Ein anderer neuer Zug ist die verstärkte Mitarbeit der Frauen im Gemeindeleben. Sie sind heute nicht nur wie früher als Diakonissen (die letzte, Gemeindeschwester Grete Krahmer, verließ Ingolstadt 1980 nach über 30jährigem gesegneten Wirken in der Alten- und Krankenpflege), Katechetinnen, Kindergärtnerinnen, Sekretärinnen und Gemeindehelferinnen in der Gemeindearbeit tätig. Im Kirchenvorstand von St. Matthäus arbeiten unter 20 Mitgliedern und Ersatzleuten neun Frauen mit. Seit 1985 wirkt mit Frau Renate Kößling die erste Pfarrerin in der Gemeinde.

Nicht weniger als drei Frauenkreise sind derzeit in der Gemeinde aktiv. Aus der Tradition der „Evangelischen Frauenhilfe" ist ein Ortsverband des „Deutschen Evangelischen Frauenbunds" hervorgegangen. Er verbindet Geselligkeit, Andacht und themenbezogene Arbeit miteinander. Eine seiner Hauptaufgaben sind die alljährliche Vorbereitung und Durchführung des Weltgebetstags der Frauen, zusammen mit Frauen der beiden katholischen Altstadtpfarreien sowie der Mennoniten- und der Freikirchlichen Gemeinde. Aus der Vorbereitungsarbeit ging praktisch ein ökumenischer Frauenkreis hervor, der in jährlichem Wechsel Fahrten zu Stätten katholischen und evangelischen Lebens unternimmt. Ferner besteht ein Frauenkreis, der sich „Frauen gemeinsam auf dem Wege" nennt und der ein Gesprächs- und Arbeitskreis für Frauen mittleren Alters ist. Einen entsprechenden Frauengesprächskreis gibt es auch für jüngere Frauen.

Die weitaus wichtigste Veränderung gegenüber früher ist aber zweifellos das seit dem Zweiten Vatikanischen Konzil eingetretene neue Verhältnis zur Römisch-Katholischen Kirche, das auch in Ingolstadt ein ganz anderes Verhältnis zu den katholischen Nachbargemeinden ermöglicht hat. Ein herzlicher amtsbrüderlicher Verkehr, wie er zuvor zu den einsamen Ausnahmen zählte, ist die Regel geworden. Eine kaum überschaubare Fülle ökume-

Konfirmation in St. Matthäus mit Dekan Gruhn, Pfarrer Helmut Küstenmacher, Kirchenvorsteherin Johanna Steinacker und Dr. Walter Gurniak, damals Vertrauensmann des Kirchenvorstands.

nischer Begegnungen verschiedenster Art hat stattgefunden und findet weiterhin statt. Dabei haben sich mehr oder weniger feste Formen des Begegnens und Zusammenwirkens herausgebildet, so daß nun über das herkömmliche evangelische und katholische Gemeindeleben hinaus ein ökumenisches Gemeinschaftsleben Wirklichkeit, ja bereits Tradition geworden ist. Die Geistlichkeit der beiderseitigenStadtpfarreien trifft sich halbjährlich zu einer gemeinsamen Kapitelkonferenz. In der alljährlichen „Gebetswoche für die Einheit der Christen" finden in den drei Altstadtpfarrkirchen reihum in jährlichem Wechsel ökumenische Gebetsgottesdienste statt, mit denen eine Art regelmäßiger „Kanzeltausch" verbunden ist. So konnten Münsterpfarrer Meyer und Dekan Gruhn in der Münsterkirche gemeinsam eine Maiandacht feiern, bei der auch lutherisches Marienverständnis verdeutlicht wurde. Der „Weltgebetstag der Frauen" wird, wie bereits erwähnt, von Frauen der drei Altstadtgemeinden mit Mennoniten- und Baptistenfrauen ausgerichtet. Seit der Fernsehserie „Warum Christen glauben" im Jahre 1981 trifft sich allmonatlich ein ökumenischer Gesprächskreis abwechselnd in der Münster- und der Matthäus-Gemeinde.

Gegenseitige Einladungen zu allen möglichen wichtigen Anlässen des beiderseitigen Gemeindelebens, wie sie früher in den entspannteren Zeiten bei besonders herausragenden Gelegenheiten schon vorkamen, sind heute eine Selbstverständlichkeit, die, wo möglich, noch etwas mehr auf die Ebene der Gemeinden selbst verlagert werden könnte. Zur Interkommunion gibt es auch in Ingolstadt aus den bekannten Gründen bisher noch keine Möglichkeit, doch scheint zwischen den drei Pfarreien eine Art stillschweigenden Einverständnisses zu bestehen, daß dieses Thema höheren Orts gelöst werden muß und deshalb auf der lokalen Ebene nicht „hochgespielt" werden soll. Sogenannte Mischehen bereiten keine nennenswerten Schwierigkeiten mehr; sie heißen auch weithin nicht mehr so, sondern eher „konfessionsverschiedene Ehen". Gemeinsame Trauungen solcher eigentlich konfessionsverbindenden Ehen, sogenannte „ökumenische Trauungen", sind bereits Alltag.

Daneben bleiben die brüderlichen Beziehungen zu den nicht-lutherischen evangelischen Ortsgemeinden weiterhin lebendig. Sie finden hauptsächlich in der alljährlichen Allianz-Gebetswoche und im Weltgebetstag der Frauen ihren Ausdruck. Als besonders wertvoll wird immer wieder der Dienst des gemischten, hauptsächlich von Mennoniten getragenen, von Arthur Landes (Mennonitengemeinde) geleiteten Posaunenchors empfunden.

Wichtig ist der Gemeinde ihr Kindergarten in der sogenannten Schneidratus-Villa in der Spretistraße. Er wird gerne angenommen, nicht zuletzt auch von Ausländerfamilien aus Jugoslawien und der Türkei. Als besonderer Gewinn für die Gemeinde und über die eigene Gemeinde hinaus wird das seit 1969 bestehende, von Diakon Rudolf Goth mit sicherer Hand geleitete Altenheim „Bienengarten" mitsamt seinem 1976 hinzugekommenen Pflegeheim betrachtet.

Jugendkreise, die früher die 2. Matthäuspfarrer mit großem Einsatz organisierten, werden derzeit gemeindeübergreifend von einem Jugenddiakon und mehreren Jugendleiterinnen betreut. Ein im Jahre 1979 ins Leben gerufener Bibelkreis wird seit Jahren von Lektor Paul Smyczek geleitet.

In den Jahren 19789-1983 wurde den türkischen Mitbürgern, solange sie keinen eigenen Raum hatten, der große Gemeindesaal für islamische Gottesdienste zur Verfügung gestellt. Seit einer Reihe von Jahren unterhält die St.-Matthäus-Gemeinde freundschaftliche Beziehungen zur Partnergemeinde Feldberg in der DDR. Regelmäßige Besuche dort, auch „Arbeitsbesuche", sind ein Versuch, ein wenig moralischen und sonstigen Beistand zu leisten. Beim Gemeinde-Sommerfest 1988 konnte Pfarrer Schmettau aus Feldberg hier als Gastprediger begrüßt werden. Die Gemeinde-Sommerfeste sind seit 1977 eine ziemlich regelmäßige Einrichtung geworden. Sie finden neuerdings wieder mehr im St.-Matthäus-Pfarrhof selbst statt. Das Gemeindefest 1989 unter dem Motto „So ihr nicht werdet wie die Kinder" wurde in seiner Vielgestaltigkeit wieder als Bereicherung des Gemeindelebens empfunden.

Verändert haben sich seit der radikalen Innenrestaurierung von 1959 bis 1961 unter Dekan Simon und nach den Entwürfen von Architekt Gulbransson auch das innere Gesicht und damit der Geist der St.-Matthäus-Pfarrkirche selbst. Sie ist noch einfacher und reiner, heller und offener geworden, hat an schlichter Schönheit, Klarheit und Wahrheit gewonnen, ist insofern jetzt sicherlich viel protestantischer, als sie es in der vorangegangenen oder ursprünglichen Form je war. Wer Reinheit, Klarheit und Stille als Leere erlebt und darin nichts erfährt oder hinzutun kann, mag das neue Raumgefühl vielleicht als grau, kühl und nichtssagend empfunden haben. Insofern hat die Renovierung von 1985, anläßlich der im Herbst hier tagenden Landessynode, durch die barock anmutende Ockertönung der Gewölbefelder einen Gewinn an Wärme, Leben und Freundlichkeit erbracht, einen zusätzlichen festlicheren und ökumenischen Ton, der ein wenig an die spätbarocke Zeit der ersten ökumenischen Militärgemeinde in Ingolstadt erinnert.

Vier Pfarrer wirken zur Zeit in der Gemeinde. Die drei Sprengel werden versorgt von Dekan Heinz Gruhn (seit 1978), Pfarrer Helmut Küstenmacher (seit 1974), Pfarrerin z. A. Renate Kößling (seit 1985). Die im Jahre 1985 eingerichtete dritte Pfarrstelle mit der Aufgabe der Krankenhausseelsorge versieht Pfarrer Wilhelm Schwinn (seit 1985). Den Kirchenchor, Kleine Kantorei genannt, leitet Bezirkskantor Reinhold Meiser. Weil trotz der hauptamtlichen Mitarbeiter manches Wichtige ungetan bliebe, hat die Gemeinde auch einen wertvollen ehrenamtlichen Mitarbeiterkreis von Frauen und Männern als Sammler und Austräger, für Lektorendienst, Alten- und Krankenbetreuung und manches andere.

Die Sonntagsgottesdienste in der St.-Matthäus-Gemeinde finden um 9.30 Uhr statt. Sakramentsgottesdienste sind 14täglich. Seit 1979 werden um 10.45 Uhr Spätgottesdienste angeboten, die als Wortgottesdienste gehalten und zum Teil in neuen gottesdienstlichen Formen gestaltet werden; sie sind auch der Ort für Jugend- und Taufgottesdienste. In mehrmonatigen Abständen werden Kontaktgottesdienste gehalten. Ein Team bereitet diese vor, und sie enden jeweils mit einem Nachgespräch und gemeinsamem Mittagessen. Jeden Freitag findet ein Abendgottesdienst im Altenheim „Bienengarten" statt. Jedes zweite Jahr wird Mitte Oktober Goldene Konfirmation gefeiert. Der seit 1934 gebräuchliche Auferstehungsgottesdienst auf dem Westfriedhof am Ostersonntag morgen um 8.00 Uhr ist immer noch ein von der St.-Matthäus-Gemeinde gestalteter, für das ganze evangelische Ingolstadt bestimmter Festgottesdienst.

Theodor Straub

„Passahmahl" von Hans Bocksberger d. Ä. in der Schloßkapelle Neuburg mit dem Motto aus 1. Korinther 5,7: „Wir haben euch ein Osterlamm. Das ist Christus, für uns aufgeopfert."

Ökumenische Herausforderung

Evangelischer Glaube kann nicht organisiert werden. Er hat seinen Ursprung in der erneuernden und wandelnden Kraft des Heiligen Geistes. Er ist von Gott. So wird es in der heiligen Taufe bezeugt. Es geht um den ganzen Menschen in seinem ganzen Leben und in allen Lebensbezügen. Die Spuren des Glaubens führen deshalb überall dorthin, wo Leben in dieser Welt christlich verantwortet, geführt und gestaltet wird.

Ein Bericht über die Kirchengemeinde kann deshalb nur einigen Spuren dieses Glaubens-Geistes nachgehen. Die Kirchengemeinde lebt in ihren eigenen, notwendigerweise organisierten, rechtlichen, institutionalisierten und zum Teil freien Formen.

Der ganzheitliche Anspruch christlichen Glaubens wird in der Architektur der St.-Markus-Kirche geltend gemacht. Der Turm mit dem abschließenden Kreuzeszeichen, dem Markus-Löwen als Wetterfahne, der Uhr und dem Glockengeläut dominiert über den Häusern des Südens von Ingolstadt.

Die Kirche wurde von Architekt Gustav Gsaenger, München, gebaut und am 23. Oktober 1960 geweiht. Bei der Innenrenovierung 1985 führt Architekt Florian Brand, Ingolstadt, eine Neugestaltung des Altarraumes durch. Sechs neue ikonenartige Bilder, geschaffen von dem Künstler Wolfgang Posse, in der Apsis legen die Heilsgeschichte von der Geburt Jesu bis zur Ausgießung des Heiligen Geistes aus. Der Altar steht nun in der Mitte des Raumes – Ort der Anbetung und Segnungen im Gottesdienst.

Das Kirchenjahr mit den Sonn- und Festtagen gibt dem Lauf der Zeit seine äußere und innere Bestimmung. Sinn und Zweck des Sonntags ist von Anfang an die Feier des Gottesdienstes. In St. Markus

St. Markus Ingolstadt

wird der Hauptgottesdienst mit Predigt und Heiligem Abendmahl gehalten. Daneben findet sich eine Vielfalt von Gottesdienstformen.

Die Familiengottesdienste gehören dazu, z. B. in der Kinderbibelwoche, am Martinstag durch den Kindergarten, bei der Vorstellung der Konfirmanden, beim Sommerfest der Kirchengemeinde, zur Eröffnung der Aktion „Brot für die Welt" am 1. Advent und am Heiligen Abend mit dem Krippenspiel der Kinder.

Im Gemeindehaus in Ringsee-Kothau wird sonntäglich ein Abendgottesdienst gehalten.

Regelmäßig wirken im Gottesdienst die Gruppen mit, die in der Gemeinde die Kirchenmusik pflegen: die Instrumentalkreise der Kinder, Kirchenchor und Posaunenchor. Ein Passionskonzert, die Osternacht, eine Serenade im Sommer und ein Weihnachtskonzert sind Höhepunkte im Ablauf des Jahres.

Es ist dennoch zu fragen, warum ein großer Prozentsatz evangelischer Christen von Schwellenangst geplagt ist, wenn es um die Teilnahme am Gottesdienst geht – außer am Heiligen Abend. Dabei mögen viele inner- und außerkirchliche Faktoren mitwirken. Tatsache ist, daß die Abstinenz nicht allen guttut und dem Gottesdienst auch nicht. Warum wird das Angebot nicht als Chance genutzt? Die gottesdienstliche Versammlung ist ein Freiheitsraum, in dem wir die Erfahrung machen können, daß unser Leben und wir selber nicht im Alltag und in der Arbeit aufgehen. Gemeinsames Beten, Loben und Danken geben dem Leben allemal neue Dimensionen und Horizonte. In solchem Tun ist der Geist der Erlösung und Versöhnung.

Um erlebten und erfahrenen Glauben geht es in den verschiedenen Gruppen und Kreisen: im Kindergottesdienst, in der Jungschar, in den Jugendkreisen und auf Freizeiten. Um die Vermittlung des Glaubens geht es in der Erziehungsarbeit des Kindergartens, im Religionsunterricht der Schulen und im Konfirmandenunterricht.

Das Glaubensgespräch wird in den wöchentlichen Bibelstunden gepflegt. Ein Nachmittag im Monat führt ältere und alleinstehende Gemeindeglieder mit wechselnder Thematik zur Geselligkeit bei Kaffee und Kuchen zusammen. Im Sommer werden zwei gemeinsame Ausflüge unternommen zum Kennenlernen der näheren und weiteren Heimat. Der aus 75 Männern und Frauen bestehende Kreis der Gemeindehelfer hat den Dienst übernommen, das Informationsblatt des Dekanats, „der monat", in jedes Haus zu bringen. Dadurch ergeben sich von selbst nachbarschaftliche Kontakte, Gespräche und eine Verbindung zum Pfarramt. Da die Fluktuation in Ingolstadt nicht unerheblich ist, gewinnt dieser Dienst noch an Bedeutung. Neu zugezogene Familien finden nicht immer von selber den Weg zur Kirche. Von diesem Kreis wird auch die Haussammlung in den Opferwochen des Diakonischen Werkes durchgeführt. Sie ist ein wichtiger Beitrag, um in mancherlei Not helfen zu können.

Für den Besuchsdienst ist eine Sozialpädagogin mit 20 Wochenstunden angestellt. Sie leistet Beratung in sozialen und persönlichen Krisensituationen und Hilfe beim Umzug ins Alters- oder Pflegeheim. Sie macht Besuche bei den ca. 700 älteren, oft alleinstehenden Gemeindegliedern und bei den Kranken.

Die Kirchengemeinde im Süden von Ingolstadt

„Ausgießung des Heiligen Geistes", eines der Bilder von Wolfgang Posse im Altarraum von St. Markus

Altarbild von Wolfgang Posse im Gemeindehaus Ringsee-Kothau

liegt im Bereich Feselenviertel, Ringsee, Kothau, Niederfeld, Rothenturm, Haunwöhr, Südfriedhof und Hauptbahnhof.

Pfarrer der Gemeinde war von 1959 bis 1975 Hermann Altmann. Seither betreut Werner Posse die zahlenmäßig größte Gemeinde des Dekanatsbezirks. Die Zahl der Gemeindemitglieder beträgt 4753 bei 2770 Haushalten. Von 2575 Ehepaaren ist bei 1454 ein Partner katholisch. Das ist nicht zuletzt eine Herausforderung zur Ökumene der Kirche. Ansätze zum gemeinsamen Dienst ergeben sich in zwei ökumenischen Wortgottesdiensten während des Jahres, bei gemeinsamen Trauungen, beim Weltgebetstag der Frauen und bei ökumenischen Schulgottesdiensten. Das Bemühen und Beten um die Einheit der Kirche dürfen nicht aufhören: „Es komme der Tag, da eine Herde und ein Hirte ist."

Werner Posse

Alte Anhänglichkeit

Älter als die Gemeinde St. Lukas ist ihr Frauenkreis, der noch in der Baracke tagte, dem ersten evangelischen Stützpunkt im Nordosten Ingolstadts. Der damals recht jugendliche Frauen- und Mütterkreis entwickelte sich in seinen bald 45 Jahren zu einer Runde, die von den Ältesten der Gemeinde besucht wird. Aber der Gesang klingt kräftig und frisch wie ehedem. Für die jüngeren Jahrgänge entstanden unterdessen die „Momüs" (Montagsmütter) und die „Mukis" (Mutter-Kind-Gruppe).

Auch die Kleinsten trafen sich schon in der Baracke bei Tante Lilly (Smyczek) und Tante Käthe (Willmitzer) in der Kindergartengruppe. Sie durften im Herbst 1954 als erste in das neu entstehende Gemeindezentrum St. Lukas einziehen, erbaut vom Architekten Paul Leidel in Zusammenarbeit mit Oberbaurat Köhler vom Baureferat des Landeskirchenamts. Das Gemeindezentrum liegt etwas versteckt zwischen den beiden großen Ausfallstraßen Ingolstadts nach Osten in der Christoph-von-Schmid-Straße. Daß es für den auch damals unerhört niedrigen Gesamtpreis von 330 000 DM errichtet wurde, war allerdings bei seitherigen Renovierungen deutlich spürbar.

Kinder fanden außerhalb des Kindergartens im Gemeindehaus, in der Kirche und im großen Garten Raum für Gruppen, Flötenunterricht, Kindergottesdienste und das dritte Gottesdienstprogramm, die Familiengottesdienste. Diese erfreuen sich auch einer gewissen Beliebtheit bei Konfirmanden und Jugendlichen. Die Jugendarbeit ist naturgemäß größeren Schwankungen unterworfen. Am auffälligsten und stabilsten war die Arbeit eines Stammes der Christlichen Pfadfinder in den sechziger Jahren.

Geprägt wurde die Gemeinde durch Pfarrer Hanskarl Müller, der von 1945 bis 1972 so lange Dienst tat wie seine beiden Nachfolger Helmut Krauss

Familiengottesdienst in St. Lukas

und Sämann Wagner zusammen und der im Besuchsdienstkreis bis heute mitarbeitet. Nach den häufig mit Abendmahl gefeierten Gottesdiensten steht man meistens noch länger auf dem Kirchplatz zusammen, ratscht, diskutiert und tauscht Informationen aus. Kein Wunder, daß nicht wenige, die in andere Gemeinden verzogen sind, in alter Anhänglichkeit nach St. Lukas kommen, wo drei Pfarrersfrauen mit ihren „Herren" gleichzeitig im Gottesdienst und auch in Gruppen anzutreffen sind.

Seit Mai 1989 ist mit Pfarrer Wolfgang Bomblies ein hier getaufter Ingolstädter für die St.-Lukas-Gemeinde zuständig und natürlich auch für die Großmehringer, die von der ehemals riesigen Diaspora mit acht Predigtstationen noch bei der Gemeinde verblieben sind. Sie genießen die entgegenkommende Gastfreundschaft der katholischen Gemeinde und feiern ihre Gottesdienste in deren Jugendheim und gelegentlich auch in der alten Kirche.

Sämann Wagner

St. Lukas Ingolstadt

ST. JOHANNES INGOLSTADT

Fabrikhalle und Bauernhaus

Es hält sich bis in heutige Tage ein Gerücht, daß am Tage der Kircheneinweihung von St. Johannes ein Ingolstädter Bürgermeister die Ettinger Straße in Richtung Audi hinausfuhr, daselbst keine Kirche, sondern nur ein Kühlhaus gefunden haben und in die Stadtverwaltung zurückgekehrt sein soll. Im 25. Jahr nach Errichtung der Kirchengemeinde St. Johannes kann man sagen, daß die Johanneskirche für viele evangelische Christen im Norden der Stadt zu einer wohnlichen Stätte geworden ist. Wenn bisweilen heute noch Briefe mit der Adresse „Evangelisches Stadtvikariat Matthäus IV, Ettinger Str. 47" im Briefkasten des Pfarramtes zu finden sind, weist dies auf die Entstehungsgeschichte der vierten evangelischen Gemeinde Ingolstadts hin. Deren erster Pfarrer, Wilhelm Scheuerpflug, kannte schon bei Errichtung der Pfarrstelle am 14. August 1964 seine Gemeindeglieder. Er bewohnte das Pfarrhaus seit 1962, hielt Gottesdienste im 1958 erbauten Kindergarten und begleitete die Gemeinde in ihrer Gründungszeit, die von der „Kellerkirche" zu einer lebendigen Industrie- und Stadtrandgemeinde führte. Es war die Zeit, in der Tausende von Evangelischen aus Schlesien, Sachsen, dem Sudetenland in Bayern eine neue kirchliche Heimat suchten.

Die soziologische Struktur der Gemeinde ist bestimmt durch den größten Arbeitgeber der Region, die Audi AG, die weitgehend auf dem Gemeindegebiet liegt. Produktionsstätten und die Technische Entwicklung sind der überwiegende Arbeitsort der Evangelischen von St. Johannes. Bandarbeit, Schichtarbeit, Qualitätssicherung, Entwicklung, Konstruktion und kaufmännische Bereiche kennzeichnen die Arbeitswirklichkeit vieler Gemeindeglieder – vom einfachen Arbeiter und Angestellten bis zum Manager. Sie kommen mitunter aus Wolfsburg oder Heilbronn, Köln oder Rüsselsheim nach Ingolstadt, wenn es gilt, hohe Personalanforderungen eines auf Qualität und technischen Fortschritt setzenden Unternehmens zu erbringen.

Viele Siebenbürger Sachsen haben seit etwa 1973 in Ingolstadt Arbeit gefunden, fühlen sich aber mitunter sehr weit draußen stehend in Kirchen, Vereinen und Institutionen. Waren es bis etwa 1970 noch überwiegend Arbeiter und Angestellte, die in den Wohnblöcken und wenigen Einfamilienhäusern im Stadtgebiet der Kirchengemeinde lebten, so sind es heute viele Rentner, Aussiedler und ausländische Mitbürger. Jüngere Familien haben oft ein Eigenheim in den Außenbezirken der Gemeinde gebaut. Die Gemeinde ist sichtbar und spürbar aufs Land hinaus gewachsen. Dies betrifft besonders Wettstetten und Stammham, aber auch Etting.

Die prozentual am stärksten repräsentierte Altersgruppe ist die Generation der 45- bis 54jährigen Frauen und Männer, dicht gefolgt von der Generation der 25- bis 34jährigen. Der Altersaufbau ist normal, die Gemeinde wächst leicht durch Zuzüge und Wanderungsgewinne. Die Zahl der konfessionsverschiedenen Ehen übersteigt die der konfessionsgleichen deutlich.

Der Gebietsstand der Kirchengemeinde St. Johannes umfaßt den Stadtteil Ingolstadt-Nordwest, abgegrenzt durch Richard-Wagner-Straße, Hindenburgstraße, Ringlerstraße und Bahnlinie, nach Westen begrenzt durch die Gaimersheimer Straße. Hinzu kommen der Ingolstädter Ortsteil Etting, Wettstetten mit Echenzell und Westerhofen/Stammham/Appertshofen. Die Zahl der Gemeindeglieder betrug Ende 1988 etwa 2800.

Einen Schwerpunkt des Gemeindelebens bildet die Kirchenmusik. Der Kirchenchor ist seit nunmehr fast 25 Jahren stärkste Gemeindegruppe mit etwa 35 Mitgliedern. Zehn Sängerinnen und Sänger sind seit den ersten Tagen der Gemeinde dabei. Daneben gibt es seit über zehn Jahren den Posaunenchor

Monatsbrief
der Kirchengemeinde
ST. Johannes

mit etwa zehn Bläsern. Kirchenchor und Posaunenchor verstehen sich als Gottesdienst-Zubringer und gestalten mehrmals im Jahr Fest- und normale Gottesdienste. Auch die Geselligkeit kommt nicht zu kurz. Die Arbeit mit Kindern und Jugendlichen geschieht in zwei Jugendkreisen in Johannes, einem in Jakobus und einer Jungschar in Johannes. Zur Jungschar gesellen sich alle zwei Wochen auch die Mütter, unter dem Motto „Mütter mit Rasselbande". Sporadisch gibt es Kindertage, Kinderferienaktionen, die Kinderbibelwoche und alljährlich nach Pfingsten die Kinderfreizeit. Um den Kindergottesdienst müht sich ein rühriges Team,

und es fällt auf, daß der Kindergottesdienst im jüngeren Gemeindeteil Jakobus merklich besser angenommen wird. Die Frauen treffen sich einmal monatlich unter Vorgabe eines Themas. Mit viel Freude und Mühe wird der Weltgebetstag der Frauen vorbereitet. In St. Johannes/St. Pius, Etting, Wettstetten und Westerhofen werden Gottesdienste zum Weltgebetstag der Frauen gehalten. Daß der Weltgebetstag das einzige ökumenische Ereignis im Ingolstädter Nordwesten ist, stimmt freilich betrüblich.
Ein kleiner Literaturkreis widmet sich seit Jahren unter fachkundiger Leitung einer Germanistin den

großen und kleinen Denkmälern der Literatur. Geradezu als Kleinod kann eine Einrichtung beschrieben werden, die man am besten mit „Diakonie-Patenschaft" beschreibt. Zur Gruppe 9 des Behindertenzentrums „Haus Altmühltal" in Pappenheim, in der zehn geistig und körperlich behinderte Männer leben, gibt es viele persönliche und familiär gewordene Kontakte. Man besucht und trifft sich in Ingolstadt oder Pappenheim. Bei der Waldweihnacht oder beim Jakobus-Sommerfest gehören „unsere Pappenheimer" schon zum festen Stamm. Gesunde erfahren den selbstverständlich gewordenen Kontakt mit Behinderten als Bereicherung, diese stehen mit großen und offenen Augen und staunen über die Arbeit von Menschen und Robotern in der Autofabrik.

Allmonatlich kommt der „Monatsbrief der Kirchengemeinde St. Johannes" in jeden Haushalt. Er birgt die Möglichkeit, die Gemeinde auf dem laufenden zu halten über die Termine der Gruppen und Kreise, vor allem auch der Gottesdienste. Schon in seinem äußeren Erscheinungsbild verbindet der „Monatsbrief" die beiden Gemeindezentren Johannes und Jakobus und ruft damit in Erinnerung, was seit Jahren als das Hauptanliegen der Gemeinde gelten kann: das geschwisterliche Neben- und Miteinander der Jünger Jesu auch heut in einer von vielen Unterschieden gezeichnete Welt erlebbar werden zu lassen. In einer relativ jungen Gemeinde ist es nötig, erkennbar werdende Traditionen zu fördern. Der zweite Sonntag im Oktober wird seit 25 Jahren als Kirchweihsonntag gefeiert. Gemeindegruppen und Einrichtungen begehen und gestalten ihn mit unterschiedlichen Akzenten.

Das heutige Erscheinungsbild der Johanneskirche, nachdrücklich geprägt durch die Innenrenovierung von 1984, beweist, wie sehr eine Gemeinde mit ihrem Kirchbau unterwegs durch die Zeit ist. Das Deckengemälde von Hubert Distler, das den großen Kirchenraum, die Orgel und den Altar, das

Das bronzene Altarkreuz von Karlheinz Hoffmann in der Johanneskirche

Seiten- und das Altarrelief zu einer Einheit zusammenfaßt, ist sichtbares Zeichen dieses Weges. Ursprünglich von Theo Steinhauser in strenger Sichtbeton-Architektur entworfen, die die Arbeitergemeinde auch in ihren Gottesdiensten an Alltagswirklichkeit der Fabrikhalle denken ließ, vermittelt der Kirchbau nun Großzügigkeit und mehr Wärme.

Das bronzene Altarkreuz, auf das die Gemeinde in ihren Gottesdiensten blickt, ist ein Werk von Karl-

St. Jakobus Wettstetten

heinz Hoffmann und zeigt eine thronende Gestalt. Sie hält in der Linken ein Buch mit A und O, die Rechte ist zum Segen erhoben. Der zum Gericht kommende Christus, von dem es in der Offenbarung des Johannes heißt „Ich bin das A und das O, der Anfang und das Ende", ruft zu Buße, Umkehr und Entscheidung. Er tut dies nicht ohne Zuspruch und Trost, denn dies deutet die zum Segen ausgebreitete und einladende Hand an.

Die 1984 von Deiniger und Renner erbaute Orgel ist ein gutes Beispiel für das Bemühen um eine Synthese von Raum und Klang. Das Instrument lädt geradezu dazu ein, nicht nur wohltemperierte Orgelmusik erklingen zu lassen, sondern auch zeitgenössischen Klangvorstellungen Mühe und Aufmerksamkeit zu widmen.

Der Chronist der Jakobus-Baugeschichte, Pfarrer Günter Uwe Thie, hat alles, was sich in den Jahren 1976 bis 1982 bezüglich des zweiten Gemeindezentrums ereignete, unter das Wort gestellt „. . . so wird euch solches alles zufallen . . ." (Mt 6, 33). In der Richtfest-Urkunde vom 24. Mai 1981 heißt es unter Bezugnahme auf den positiven Baubescheid des Landeskirchenamtes von 1980: „Der Dachstuhl des alten Bauernhauses, eines typischen steingedeckten Jurahauses, ist ein kaum noch zu übertreffendes Beispiel archaisch-bajuwarischer Zimmermannskunst." Was war der Errichtung der Jakobuskirche vorausgegangen? Friederike Kißling, Kirchenvorsteherin aus Etting, hatte sich an einen Spielraum ihrer Kindheit erinnert und vermutet, dieser könne noch stehen. Man schloß mit dem Eigentümer des Bauernhauses in Baumfeld, August Maurer, am 25. Mai 1980 einen Kontrakt auf kostenfreie Überlassung des Balkenwerkes zur Wiederverwendung beim Bau des Gemeindezentrums Wettstetten. Man fand in Georg Küttinger (Technische Universität München) einen vom Zimmermannshandwerk herkommenden Architekten, der sich in liebevoller und phantasievoller Weise an eine kreative Aufbereitung und Ausgestaltung des Gebälkes von Gut Baumfeld machte.

Die weiteren „Zu-fälle": das Lazarus-Fenster von Hubert Distler, das in der evangelischen Kapelle des alten Krankenhauses Ingolstadt liturgischer Mittelpunkt war, die alte schlesische Glocke (gegossen in Breslau 1720), die Orgel (Neubau 1984), von Deininger und Renner bestens in die Gegebenheiten des Raumes eingepaßt.

So ist und bleibt das hübsche kleine Gemeindezentrum Jakobus Wettstetten hoffentlich für mehrere Generationen ein gelungenes Beispiel für heutigen

Kirchbau, der sich auf althergebrachte Handwerkskunst besinnt (Gut Baumfeld wurde 1732 errichtet) und mutige Gestaltung nicht scheut.

Neben Kirchbauten und Gemeindezentren ist der Kindergarten St. Johannes die größte Einrichtung der Gemeinde. Im Jahr 1989 besuchen 75 Kinder diese diakonische Einrichtung. Sie werden in drei Gruppen betreut. Viele Kinder bleiben auch über Mittag und bekommen ein warmes Essen. Der Kindergarten nahm seinen Betrieb 1958 auf. Im Oktober 1988 konnte also auf 30 Jahre Kindergarten St. Johannes zurückgeblickt werden. Bedenkt man, daß in all den Jahren etwa 2250 Kinderjahre in dieser Einrichtung verbracht wurden, ist dies Anlaß, darüber nachzudenken, welche Aufgabe einer Gemeinde damit zukommt.

Martin Strack

Die Pfarrer in St. Johannes Ingolstadt

1964–1966	Wilhelm Scheuerpflug
1966–1975	Ludwig Förster
1975–1986	Günter Uwe Thie
seit 1986	Martin Strack

ST. PAULUS

Helferkreis: Fast nur Frauen

Die Kirchengemeinde St. Paulus, entstanden durch Teilung der zu groß gewordenen Kirchengemeinde St. Lukas im März 1964, umfaßt den Nord-nordost-Sektor des Stadtgebiets mit Ober- und Unterhaunstadt sowie die Außenorte Kösching, Kasing, Lenting und Hepberg. Das Gemeindezentrum St. Paulus an der Theodor-Heuss-Straße mit Kirche (350 Sitzplätze), diversen Gemeinderäumen, Kindergarten, Mesner- und Kindergärtnerinnenwohnung und Pfarrhaus wurde 1966 nach den Plänen der Architekten Lichtblau und Bauer fertiggestellt.

Neben den Gottesdiensten an jedem Sonn- und Feiertag jeweils um 10 Uhr mit gleichzeitigem Kindergottesdienst und Abendmahl an jedem ersten Sonntag im Monat und an den ersten Feiertagen in der St.-Paulus-Kirche werden alternierend jeden zweiten Sonntag jeweils um 9 Uhr in Lenting in der dortigen Montagekirche und in Kösching in der Kapelle des Kreiskrankenhauses Gottesdienste gehalten.

Die Seelenzahl der Kirchengemeinde, bis dahin ziemlich genau bei 3000, erhöhte sich im Lauf der letzten fünf bis sechs Jahre auf 3500; offenbar eine Folge der regen Bautätigkeit in der unmittelbaren Umgebung der St.-Paulus-Kirche und – wenn auch in geringerem Umfang – in den Außenorten. Signifikant ist in den letzten Jahren der Anteil der Aussiedlerfamilien, insbesondere aus Rumänien, angestiegen.

Soziologisch bietet die Kirchengemeinde ein durchschnittliches, also alters- und berufsmäßig gemischtes Bild mit Tendenz zu mittelständischer Prägung. Der Gottesdienstbesuch entspricht ebenfalls den durchschnittlichen Erfahrungswerten, also rund drei Prozent regelmäßige Kirchgänger.

St. Paulus Ingolstadt

Es gibt einen Frauenkreis, der sich in vierwöchigem Turnus trifft. Eine Frauengruppe und ein Bibelkreis kommen jede zweite Woche zusammen. Die Vorbesprechung der Kindergottesdienste mit den drei Helferinnen findet in unregelmäßigen Abständen je nach Bedarf statt. Das gleiche gilt für die Kirchenvorstandssitzungen.

Ein bedauerlicher Rückgang ist in den ursprünglich über lange Jahre hinweg recht respektablen kirchenmusikalischen Aktivitäten zu verzeichnen.

Während der Kirchenchor, zunächst als reiner Frauenchor, sich wieder zu etablieren beginnt, leidet der Posaunenchor an, wie es scheint, unlösbaren Nachwuchsproblemen. Guten Zuspruchs erfreut sich ein Offener Jugendtreff für den Stadtteil, der vor allem Berufsschüler- und Industriejugendarbeit betreibt. Über die Tatsache hinaus, daß die Kirchengemeinde dafür die nötigen Räumlichkeiten zur Verfügung stellt, besteht allerdings keinerlei Beziehung zum sonstigen Gemeindeleben.

Schwierigkeiten bereitet auch die Ergänzung des aus Alters- und Gesundheitsgründen zum Abnehmen tendierenden Helferkreises. Dankenswerterweise wird jedoch das Dekanatsbezirksblatt „der monat" durch die Mitglieder – fast ausschließlich Frauen – immer noch fast flächendeckend ausgeteilt. Auch die von ihnen durchgeführten kirchlichen Sammlungen bringen im allgemeinen recht erfreuliche Ergebnisse.

Die Bereitschaft einer nennenswerten Zahl von Gemeindegliedern, unvermeidliche Belastungen mitzutragen, die sich für die Kirchengemeinde ergeben, hat sich auch bei der notwendig gewordenen Anschaffung einer neuen Orgel bewährt, die 1984 erbaut werden konnte. Ein Kindergartenanbau wurde im September 1985 in Betrieb genommen. Seitdem umfaßt er drei volle Gruppen mit 75 Kindern, die von drei Erzieherinnen und zwei Kinderpflegerinnen betreut werden.

In der Kirchengemeinde war von 1964 bis 1972 Pfarrer Horst Höß tätig. Ihm folgte Pfarrer Hanspeter Schamel. 1985 wurde eine Pfarrstelle z. A. errichtet.

Hanspeter Schamel

BRUNNENREUTH

Viele junge Menschen

Brunnenreuth ist nach St. Matthäus die älteste Kirchengemeinde im Stadtbereich Ingolstadt. Entlang des Flüßchens Sandrach im Südwesten des jetzigen Stadtgebietes erstreckte sich der sogenannte Spitalwald, den im Jahre 1816 der Neuburger Advokat Dr. Brunner erwarb und an Siedler aus dem Donaumoos, aus Württemberg und der Pfalz verkaufte. So entstand längs der Sandrach 1821 die politische Gemeinde Brunnenreuth, bestehend aus den Ortschaften Oberbrunnenreuth, Spitalhof und Unterbrunnenreuth. Die Siedlergemeinde wurde von der Stadt Ingolstadt aus seelsorgerlich betreut. Von 1857 bis 1908 wirkten hier in raschem Wechsel 16 Vikare, die dem Pfarramt Ingolstadt unterstellt waren. 1908 wurde Brunnenreuth selbständige Pfarrei.

1972 wurde die politische Gemeinde Brunnenreuth in die Stadt Ingolstadt eingemeindet. Das ehemalige Dorfschulhaus in der Nähe der Kirche wurde zu einem zweigruppigen Kindergarten umgebaut, der seit seiner Eröffnung ununterbrochen bis auf den letzten Platz besetzt ist. Eine dritte (Not-)Gruppe ist seit 1986 eingerichtet und soll in Kürze zur Normalgruppe erweitert werden. Kindergartengrundstück und -gebäude wurden von der Stadt Ingolstadt angekauft. Ein Anbau für die dritte Gruppe soll in Kürze entstehen. Brunnenreuth hat als einzige Ingolstädter evangelische Kirchengemeinde einen eigenen Friedhof, der im Jahre 1981 erweitert worden ist.

Zum alten Siedlungsgebiet Brunnenreuth kamen im Laufe der Zeit weitere Ortschaften (heute Stadtteile) hinzu: West-Haunwöhr, Knoglersfreude, Hundszell, Hagau, Zuchering im Stadtgebiet; außerdem wurde ab 1965 die frühere Matthäus-Filiale Ebenhausen der Kirchengemeinde zugeschlagen,

Die zu St. Paulus gehörende Montagekirche in Lenting

Die Martinskirche in Spitalhof

so daß heute das Gebiet der Pfarrei sich von Norden nach Süden ca. 15 km und von Westen nach Osten ca. 11 km ausdehnt. Der Süd- und Ostteil der Gemeinde liegt im Bereich des Landkreises Pfaffenhofen, der Westteil im Bereich des Landkreises Neuburg/Donau, der Nordteil im Bereich der Stadt Ingolstadt.

Mit den im Gemeindebereich liegenden katholischen Kirchengemeinden besteht je nachdem ein schiedlich-friedliches oder gutnachbarliches oder freundschaftliches Verhältnis.

Die Kirchengemeinde hat zwei Gotteshäuser: die Martinskirche in Spitalhof, erbaut 1877, innenrenoviert 1970/71 (ca. 400 Sitzplätze), die Dreieinig-

keitskirche in Ebenhausen-Werk, an der Stelle einer ehemaligen Wehrmachtsbaracke, erbaut 1964 (ca. 125 Sitzplätze).

In der Martinskirche finden an jedem Sonntag Gottesdienste und Kindergottesdienste, in der Dreieinigkeitskirche jeden zweiten Sonntag Gottesdienste statt.

Drei Probleme vor allem bewegen die Verantwortlichen der Kirchengemeinde:

1. Die große räumliche Ausdehnung in der Pfarrei, die weite Fahrten notwendig macht.

2. Das Nebeneinander alter, traditionsbewußter evangelischer Siedler und ständig neu zuziehender Gemeindeglieder in allen Bereichen der Gemeinde, die andere oder gar keine kirchliche Tradition mitbringen.

3. Es fehlt zur Zeit immer noch an der nötigen Raumausstattung: In Spitalhof ist ein einziger Gemeinderaum für etwa 60 Personen, in Ebenhausen ein Gemeinderaum für etwa 30 Personen vorhanden. Gruppen und Kreise der Gemeinde müssen sich zum Teil in Wohnungen oder bei Großveranstaltungen im Gasthaussaal treffen. In nächster Zukunft soll nördlich der Martinskirche ein neues Pfarrhaus entstehen. Das bisherige Pfarrhaus wird zum Gemeindehaus aus- und umgebaut. Dadurch werden für die Gruppen der Gemeinde neue Räume gewonnen. Für später ist der Anbau eines größeren Gemeindesaales für 80 bis 100 Personen geplant.

Hauptamtlich arbeiten in der Gemeinde der Pfarrer und eine Diakonin der Rummelsberger Diakoniegemeinschaft. Seit 1979 werden in der Gemeinde Vikarinnen und Vikare ausgebildet. Eine zweite Pfarrstelle wäre angesichts der räumlichen Ausdehnung der Gemeinde und einer Seelenzahl von jetzt 3600 dringend nötig, zumal mit einem weiteren Anwachsen der Gemeinde in den nächsten Jahren zu rechnen ist.

Dreieinigkeitskirche Ebenhausen

Es ist erfreulich, daß in der Gemeinde eine große Zahl von ehrenamtlichen Mitarbeitern sich einsetzt und daß sich deren Zahl ständig vermehrt. Erfreulich ist ferner der verhältnismäßig gute Kirchenbesuch und die Teilnahme auch vieler junger Leute am kirchlichen Leben.

Angebote, Gruppen, Aktivitäten: Posaunenchor, Kirchenchor, Jungschar, Jugendkreise, Frauenkreis, Frauengesprächskreis, Bibelabendkreis, Hauskreise, Erwachsenen- und Jugendfilmarbeit.

Erhard Rahm

Pfarrer in Brunnenreuth

1908-1917 Ludwig Mühlhäußer
1917-1929 Ernst Preu
1929-1935 Alfred Rieß
1935-1936 Friedrich Löblein, Pfarrverweser
1936-1940 Erhard Seitler (gefallen 1945)
1946-1952 Alfred Lettenmeyer
1952-1965 Kurt Medicus
1966-1969 Folker Hesse
1969-1975 Rudolf Weiß
seit 1976 Erhard Rahm

ÖKUMENE IN INGOLSTADT

Ein persönlicher Rückblick

Blickt man auf die letzten Jahrzehnte kirchlichen Lebens in Ingolstadt zurück, so erinnert man sich dankbar daran, wie Schritt um Schritt ökumenisches Denken auch in unserer Stadt gewachsen ist. Was uns heute selbstverständlich erscheint, wie die Einweihung öffentlicher Gebäude durch Vertreter beider Konfessionen, mußte sich erst allmählich einspielen. Und doch ist Derartiges nur ein Indiz für einen tiefergreifenden Wandel. Im Zuge eines näheren Sichkennenlernens sind Vertrauen und Hochschätzung gewachsen, auch für den jeweils anderen Weg. Jahrhunderte umspannende eigenständige Entwicklungen haben eine unterschiedliche Ausprägung von Lehre, Liturgie und Lebensgefühl gebracht, die in ihrer Vielfalt auch Reichtum bedeuten, an den man keineswegs unbedacht die Axt legen sollte.

Ein paar Zahlen seien in Erinnerung gerufen; 1936 zählte man in Ingolstadt 30 016 Einwohner, näherhin 26 224 Katholiken, 3501 Protestanten und 291 Sonstige; 1961: 54 715 Einwohner mit 41 193 Katholiken, 10 467 Protestanten und 1745 Sonstigen. 1980 waren von 90 103 Einwohnern 69 447 katholisch und 17 336 protestantisch bei 10 116 Sonstigen.

In Ingolstadt hatte man seit dem späten 18. Jahrhundert gelernt, miteinander zu leben. Der Wiederaufbau nach 1945 war ein gemeinsames Werk gewesen, es wäre wohl niemandem eingefallen, hierbei katholisch und evangelisch säuberlich zu trennen. Dennoch gab es mehr oder minder abgetrennte Bereiche – verwiesen sei auf das Schulwesen und das kirchliche Leben im engeren Sinne –, doch sollte man sich auch hier vorschneller Urteile enthalten. Auch waren die Abgrenzungen keineswegs absolut, man blieb füreinander offen in gegenseitiger Rücksichtnahme, hatte freilich auch einen Prozeß des Lernens erst noch zu durchlaufen. Äußeres Zeichen für die neue Vielfalt wurden die Kirchbauten nach dem letzten Krieg. Der Turm des ersten evangelischen Kirchenbaus in Ingolstadt nach dem Kriege antwortet demjenigen von St. Anton; die seinerzeitigen Diskussionen um den Standort seien vergessen.

Als ich 1960 als junger Archivar katholischen Bekenntnisses nach Ingolstadt kam, hatte sich mir eine erste freundschaftliche Hand von evangelischer Seite in Pfarrer Dr. Saalfeld geboten. Wir hatten fortan gemeinsam versucht, die Geschichte Ingolstadts, das einst ein Bollwerk der Gegenreformation gewesen war, aus katholischer und evangelischer Sicht zu verstehen, nicht urteilend, sondern nach den Motiven fragend. Ich erinnere mich sehr wohl, wie sehr es der Ingolstädter Luthergegner Dr. Johannes Eck dem Theologen Dr. Saalfeld angetan hatte, aber auch, wie sehr ihm die Geschichte der evangelischen Kirche in Ingolstadt am Herzen gelegen war. Aus der Geschichte zu begreifen, schien uns ein legitimer Weg zum gegenseitigen Verstehen, gerade auch zum Verstehen des jeweils anderen Wegs.

Blickt man auf die letzten drei Jahrzehnte in Ingolstadt zurück, dann wird einem bewußt, wie vieles einem bereits entfallen ist; ökumenische Gebetsgottesdienste etwa, ich erinnere mich an solche in St. Markus und St. Augustin, auch Bemühungen um Ökumene in kleinen Kreisen. Hier wurde Boden aufgebrochen, nicht plakativ, sondern eher in der Stille.

Ein ökumenisches Unterfangen von damals scheint mir nach wie vor besonders wichtig. Pfarrer Altmann von St. Markus hatte den Anstoß gegeben, Anlaß waren gelegentlich atmosphärische Störungen, die samt und sonders nicht auf Bösartigkeit zurückzuführen waren, sondern eher darauf, daß man zuweilen – etwa bei öffentlichen Aktionen – aus dem eigenen Besitzstand heraus argumentierte, aber nicht daran dachte, daß sich Gutgemeintes aus

Dekan Heinz Gruhn im Gespräch mit dem Eichstätter Bischof Dr. Karl Braun

einer anderen Perspektive ganz anders ausnehmen konnte, ja, daß man manchmal des anderen schlichtweg vergessen hatte. Es fand sich – es war um 1965 – ein Kreis aus evangelischen und katholischen Geistlichen und Laien zusammen, der sich mehr oder minder regelmäßig traf. Motor war auf evangelischer Seite Pfarrer Altmann, auf katholischer Seite Pfarrer Wilhelm Reitzer.

Jedes Zusammentreffen hatte mit einem Referat begonnen, das eine Mal aus evangelischer, das andere Mal aus katholischer Sicht, eine Diskussion schloß sich jeweils an, die allmählich in örtlich Aktuelles hinüberglitt. Das Anliegen war, den jeweils anderen aus seinem Denken zu begreifen zu lernen, um dadurch in die Lage versetzt zu werden, bei eigenem Handeln die jeweils andere Perspektive mitzudenken. Die praktische Ebene vor Ort wurde bewußt nicht ausgeklammert, etwa die pastorale Fürsorge für Mischehen von beiden Seiten her, die früher nicht selten Anlaß zu Mißverständnissen gegeben hatte. Der Kreis hatte viele Jahre Bestand und im Blick auf Ökumene in Ingolstadt eine historische Funktion. Daß er ein Ende fand, lag vielleicht am Mangel an Konfliktstoff, vielleicht auch daran, daß eine damals erreichbare Ebene gewonnen war und Weitergehendes aus katholisch-theologischer Sicht noch nicht entscheidungsreif war bzw. ist.

Ich selbst hatte diesem Kreis viel verdankt, gerade auch in den Jahren, in denen ich Vorsitzender des Dekanatsrats war. Es war damals gewiß nicht um Spektakuläres gegangen, aber aus persönlicher Kenntnis, ja Freundschaft hatte man eigentlich stets versucht, für die andere Seite wenigstens etwas mitzudenken, im vollen Wissen, daß vieles in den brennenden Fragen der Zeit uns alle, evangelisch wie katholisch, betraf. Es waren Jahre, in denen uns mit der evangelischen Kirche – etwa unter Dekan Munzer wie heute unter Dekan Gruhn – mehr verband, als man in der Öffentlichkeit ahnen mochte. Erinnern möchte ich auch an die Einführung der christlichen Gemeinschaftsschule an Stelle der Konfessionsschulen im Jahre 1969. Wir Ingolstädter Katholiken waren im Vorfeld der Auseinandersetzung bewußt nicht auf die Straße gegangen, mehr ahnend als wissend, was die Stunde geschlagen hatte. Dennoch sei in Erinnerung gebracht, daß Konfessionsschulen, die selbstverständlich nicht mehr herbeigeredet werden sollen, auch positive Seiten hatten. Allein die Benennung von Schulen wie nach Luther, Melanchthon und Paul Gerhardt bedeutete eben doch mehr als ein bloßes Spiel mit Namen, stand letztlich eben doch für Reichtum in Vielfalt.

Einen Meilenstein setzte wohl auch die von Oberbürgermeister Peter Schnell und Dekan Gruhn initiierte und seit 1983 jährlich im evangelischen Dekanat durchgeführte gemeinsame Veranstaltung, bei der jeweils ein evangelischer, ein katholischer und ein jüdischer Theologe, seit Beginn Pinchas Lapide, über grundsätzliche Fragen sprachen bzw. sprechen.

Dankbar sei an Gesten der evangelischen Kirche erinnert, die fast symbolischen Charakter trugen: den Vortrag des katholischen Kirchenhistorikers Professor Schwaiger über Johann Michael Sailer am 17. 9. 1982 etwa, oder die Tatsache, daß ich am 31. 10. 1985 zum Reformationsgedenktag über „Dr. Johannes Eck, der Seelsorger, der Reformator, der Gegenreformator" sprechen durfte. Ich hatte mich damals verpflichtet gefühlt, wenigstens im Historischen Verein Ingolstadt Herrn Professor von Loewenich zu einem Vortrag über Luther (am 13. 10. 1983) einzuladen. Die Vorträge von Herrn Dr. Theodor Straub über Themen der Geschichte der evangelischen Kirche in Ingolstadt habe ich stets als Ausweis ähnlichen ökumenischen Bemühens empfunden.

Was es derzeit an inoffiziellen ökumenischen Gesprächskreisen in Ingolstadt gibt, ist schwer festzustellen, ökumenisches Denken ist oft in der Stille gewachsen. Ein Kreis sei besonders genannt, weil er auf städtischer, pfarreienübergreifender Ebene wirkt: derjenige, den Dekan Gruhn und Münsterpfarrer Meyer im Anschluß an eine Fernsehreihe ins Leben gerufen hatten.

Daß es Gebiete gibt, die für uns Katholiken noch nicht zu Ende gedacht sind – ich nenne als Beispiel die Interkommunion –, möge man nicht als ein grundsätzliches Sichversagen sehen, hier möge man unsere Bitte um Verständnis nicht als Absage werten. Ökumene lebt von der Bereitschaft zum gegenseitigen Verstehen, auch dort, wo einer der Partner Schwierigkeiten hat, die einem selbst vielleicht schwer verständlich sind. Ökumene bedarf der Zeit.

Man sollte darüber freilich nicht vergessen, daß wir vielleicht noch weit mehr gemeinsam tun könnten, als wir tatsächlich tun: in gemeinsamen Wortgot-

Podiumsdiskussion über Ökumene bei der Dekanatssynode 1986: (von links) Hildegard Schmutz, Mitglied des Präsidiums der Dekanatssynode, Dr. Wolfgang Dietzfelbinger, damals Prodekan in Nürnberg, heute Rektor des Pastoralkollegs Neuendettelsau, der katholische Pfarrer Manfred Bummele aus Augsburg, die Ingolstädter Ärztin Dr. Elfriede Imhoff, eine ökumenische engagierte katholische Christin, und Dekan Heinz Gruhn.

tesdiensten, im gemeinsamen Bekenntnis und Handeln angesichts drängender Fragen der Zeit, generell oder auch von „nur" Ingolstädtischer Relevanz.

Doch sei über das Gemeinsame die geschichtlich gewachsene Vielfalt nicht vergessen, die nicht zuletzt auch Reichtum bedeutet. Dieser Reichtum muß keinesfalls nur als kirchlich in engerem Sinn verstanden werden, eine Institution wie der Bach

Chor, der bei St. Matthäus beheimatet ist, hat vielleicht mehr zur Ökumene beigetragen als manches vollmundige Bekenntnis.

Ökumene sollte eigentlich nicht etwas sein, was man sich mühsam abringt, sondern etwas, was aus Freude und Überzeugung geschieht. Christen haben Grund genug zur Freude, sie sind aber auch zu konsequentem gemeinsamem Handeln gefordert, auch in Ingolstadt.   *Siegfried Hofmann*

Gemeinde mit Bindestrich

Wie der Gemeindename mit dem Bindestrich schon andeutet, ist dies keine einheitliche, organisch gewachsene Gemeinde, sondern ein Gebilde aus sehr verschiedenen Teilen. Von den 3041 Gemeindegliedern (Stand vom 1. 11. 1988) wohnen 928 im Ingolstädter Stadtteil Friedrichshofen (Gesamtbevölkerung: 3866), 1102 im Markt Gaimersheim (Gesamtbevölkerung: 7074) und die übrigen 1011 in fünf weiteren Stadtteilen von Ingolstadt und sechs Ortschaften des Landkreises Eichstätt.

Friedrichshofen war bis 1969 selbständige Gemeinde und zählte bei der Eingemeindung nach Ingolstadt 474 Einwohner. Der evangelische kgl.-bayer. Regimentsquartiermeister Friedrich Schultheiß (1791–1864) hatte die Ansiedlung gegründet mit dem Ziel, für evangelische Bauern aus vorwiegend katholischen Gegenden Bayerns eine Existenzgrundlage zu schaffen. 1832 kamen die ersten Siedler aus Mainfranken und der Rheinpfalz. Bis zum Ende des Zweiten Weltkrieges blieb Friedrichshofen ein rein evangelisches Dorf. Erst die Ströme der Heimatvertriebenen und Aussiedler veränderten das konfessionelle Gepräge des Ortes. Der Ortsname wurde nach dem Vornamen des Gründers gebildet, an dessen Nachnamen erinnert noch die Schultheißstraße.

Umgekehrt war die konfessionelle Lage im Markt

Altarbild in der Friedenskirche Gaimersheim, geschaffen 1936 von dem Bildhauer von Rechenberg. Das Relief befand sich ursprünglich in Seeshaupt.

Fenster von Karlheinz Hoffmann mit einem Wort aus Apostelgeschichte 2, 38 f. in der Thomaskirche Friedrichshofen

Gaimersheim: In der ansonsten rein katholischen Gemeinde lebten vor 1945 nur acht evangelische Familien. Eine evangelische Gemeinde entstand erst, als sich eine größere Zahl protestantischer Heimatvertriebener, vorwiegend aus Jugoslawien, auf dem Kraiberg südöstlich des Marktes ansiedelte. Ähnlich wie in Gaimersheim verlief die Entwicklung in den übrigen elf Orten des Gemeindegebietes: In dem ehemals geschlossenen katholischen Raum ließen sich nach dem Zweiten Weltkrieg immer mehr evangelische Zuwanderer aus ganz Deutschland und dem europäischen Osten nieder – allerdings mit der Ausnahme, daß hier der evangelische Bevölkerungsanteil unter zehn Prozent blieb. In Gaimersheim beträgt er immerhin 16, im Stadtteil Friedrichshofen 24 Prozent.

Eine selbständige Kirchengemeinde Friedrichshofen-Gaimersheim gibt es erst seit 1971. Bis dahin war das Gebiet ein von Vikaren betreuter Sprengel der Gemeinde St. Matthäus Ingolstadt. Ein eigen-

Friedenskirche Gaimersheim am Kraiberg

ständiges Gemeindeleben hatte sich jedoch schon viel früher entwickelt. Äußere Zeichen davon sind die beiden Kirchen: Schon 1957 wurde auf Drängen der Heimatvertriebenen und mit ihrer tatkräftigen Hilfe die Friedenskirche auf dem Kraiberg gebaut, 1963 folgte die Thomaskirche in Friedrichshofen. 130 Jahre lang waren die Friedrichshofener zu Fuß, mit dem Pferdegespann oder auf dem Fahrrad nach Ingolstadt in die Kirche St. Matthäus gepilgert.

Zu allen Zeiten wurde regelmäßig Gottesdienst gehalten, und wenn kein Pfarrer da war, sprangen Lektoren ein. Ein Kirchenchor entstand, ein Bibelkreis fand sich zusammen. Für die Ausstattung der Kirchen sammelten jahrelang freiwillige Helfer Spenden und Beiträge. Als 1971 der erste Pfarrer, Helmuth Wunderling (bis August 1974), aufzog, mußte er nicht erst eine Gemeinde aufbauen, sie war schon da.

Wie sieht es heute, im Jahre 1989, in der Gemeinde aus? Noch immer ist der Kirchenchor die lebendige Brücke, welche die so verschiedenartigen Gemeindeteile miteinander verbindet. Seit 1983 gibt es auch einen Posaunenchor. Beide, Sänger und Instrumentalisten, gestalten festliche Gottesdienste und geben Kirchenkonzerte. Ein aktiver Frauenkreis betreibt Altenarbeit und organisiert Gemeindefeste. Der Kreis der Gemeindehelfer verteilt das Dekanatsblatt „der monat" und führt die Sammlungen durch.

Ehrenamtliche Helfer halten regelmäßig in beiden Kirchen Kindergottesdienste, einmal im Jahr werden Kinderbibeltage veranstaltet, die mit einem Familiengottesdienst schließen. Der Bibelkreis konnte 1988 sein 25jähriges Bestehen feiern. Die Konfirmanden leisten allerlei praktische Dienste im Gemeindeleben. Den Gottesdienst, in dem sie der Gemeinde vorgestellt werden, dürfen sie selbst gestalten.

Außer in Friedrichshofen und Gaimersheim, wo allsonntäglich Gottesdienste stattfinden, wird zweimal im Monat in Hitzhofen ein Predigtgottesdienst gehalten, zu dem sich eine kleine, aber treue Gemeinde in einem Klassenzimmer der Schule trifft. An den hohen Festtagen versammelt man sich in der alten katholischen Kirche von Hitzhofen, die von der dortigen Gemeinde kostenlos zur Verfügung gestellt wird. Das Gottesdienstangebot wird ermöglicht durch die regelmäßige Mitarbeit eines Prädikanten.

Große Ereignisse im Leben der Gemeinde waren die Einweihungen neuer Orgeln in beiden Kirchen: 1981 erhielt die Thomaskirche ein Instrument der Firma Steinmeyer, 1983 baute die Firma Walcker eines für die Friedenskirche. Die Gemeinde wächst ständig weiter; die Zahl der Gemeindeglieder hat sich seit 1971 verdoppelt.

Hubert H. Vogt

Ein Fort wird Friedenskirche

Bevor im Jahre 1869 der erste Protestant in Manching aufkreuzte, bevor 1939 die ersten evangelischen Familien sich ansiedelten, lange vorher war einmal ganz Manching evangelisch.

Es begann mit dem Religionsedikt vom 22. Juni 1542. Pfalz-Neuburg öffnete sich der Reformation Martin Luthers, und die Kirchengewalt lag nun beim Landesherrn, bei Ottheinrich. Er ordnete die Durchführung der Reformation in seinem Fürstentum an. Dazu gehörte seit 1505 neben den Hohenwarter Kapitelspfarreien Baar, Ebenhausen, Oberstimm, Weichering, Zuchering auch Manching. Wenn auch nur allmählich, so haben die Pfarrer die „neue Lehre" ohne großen Widerspruch angenommen. Auch dem Pfarrvolk schien es mehr oder minder gleichgültig zu sein, ob man das Abendmahl unter einer oder zweierlei Gestalt nahm und ob der Pfarrer eine Frau hatte oder nicht. Man war in Neuburg weitsichtig genug, nach Manching, vor den Toren Ingolstadts, dem geistigen Zentrum der Gegenreformation, gelegen, herausragende Pfarrer zu schicken. Unter ihnen Sigmund Knittinger und Jakob Dachser, der Herausgeber des „2. Augsburger Gesangbuches".

75 Jahre währte dieser Zustand protestantischer Exklave in katholischem Umfeld, der sich letztlich aber doch nicht im Bewußtsein der Manchinger verankern konnte. Zu nüchtern war ihnen nach dem Bildersturm die schmucklose Kirche geworden, und zu aufgesetzt muß ihnen der strenge Katechismus-Unterricht vorgekommen sein. Als unter dem katholisch gewordenen Pfalzgraf Wolfgang Wilhelm 1617 der Katholizismus wieder zur Landesreligion erhoben wurde, begann die Rekatholisierung. Jede Familie wurde überprüft, die meisten erklärten sich mit Handschlag bereit, bis zum nächsten Osterfest die Beichte „more catholico" (nach katholischem Brauch) abzulegen. Elf Manchinger waren damals bereit, um des protestantischen Glaubens willen Hab und Gut zu verkaufen und wegzuziehen. Einer trennte sich deswegen gar von seiner Frau: Thomas Appl.

Als im April 1938 der Fliegerhorst Manching, ein militärischer Stützpunkt für die deutsche Luftwaffe, seiner Bestimmung übergeben wurde, hatte dies einen rapiden Einwohnerzuwachs zur Folge: von 1950 Einwohnern auf 4500 innerhalb von fünf Jahren. Für die evangelische Gemeinde bedeutete dies den Neuanfang überhaupt.

Unter dem Flugplatzpersonal und den dazugehörigen Versorgungseinheiten befanden sich nicht wenige Evangelische, so daß das kleine Häuflein schon bald aus seinem Schattendasein heraustrat. Religionsunterricht für die Kinder wurde eingeführt, ein Bibelkreis in der Wohnung der Familie Hinz und Gottesdienste, abgehalten in einem Schulsaal, in Lokalen des Ortes und schließlich in einem geeigneten Raum im Fliegerhorst, führten die kleine Gemeinde zusammen; wenn auch zunächst in nur recht bescheidenem Maße.

Dies änderte sich aber mit dem Zuzug der aus den deutschen Ostgebieten geflüchteten und vertriebenen Glaubensgenossen, die in Manching eine zweite Heimat fanden. Einige hundert Flüchtlinge verschlug es nach Wolnzach und Rohrbach. Sie alle warteten auf eine kirchliche Betreuung.

In Manching war inzwischen der Ruf nach einem gottesdienstlichen Raum nicht mehr zu überhören, und fürs erste übernahm eine am heutigen Festplatz nahe der Paar gelegene Baracke diese wichtige Aufgabe. Man war glücklich damals über den Betsaal und den Jugendraum. Marie Hinz – sie betreute die Kirchenbaracke – erzählt heute noch begeistert von den regelmäßigen Heimabenden der örtlichen Jugend und den mehrwöchigen Ferienlagern, an denen sich oft bis zu 50 Jugendliche aus Ingolstadt beteiligten und für die sie kochte.

Freilich war die Räumlichkeit nur eine vorübergehende Lösung. Bald regnete es durchs Dach, und als eines Tages nach einem Wirbelsturm die Baracke zusammenfiel, war die Gemeinde zum Umzug in das freundlicherweise zur Verfügung gestellte katholische Jugendheim gezwungen.

In dieser Notlage reifte der Entschluß, eine der Größe der Gemeinde entsprechende Kirche zu bauen. In Dekan Christoph Simon fand sich ein verständnisvoller und eifriger Befürworter. Ein geeigneter Grund konnte am „Vorwerk", dem Fort VIII der ehemaligen bayerischen Landesfestung Ingolstadt, erworben werden. Im Lauf seines Bestehens war dieses Fort Geschützstand mit Wall und Graben (die beiden Teiche hinter der Friedenskirche sind Reste des Ringgrabens), Munitionsdepot und Offiziersgefangenenlager, Wehrmachtsuntersuchungsgefängnis, in dem gegen Ende des Zweiten Weltkriegs 76 Todesurteile vollstreckt wurden, und nach dem Krieg Internierungslager für etwa 2000 SS-Angehörige, bis es 1946 von den amerikanischen Besatzungstruppen gesprengt wurde.

Mit der Planung der neuen Kirche wurde der weit über Bayerns Grenzen hinaus bekannte Architekt Olaf A. Gulbransson beauftragt. Das Baumaterial lieferte das zerstörte Vorwerk. Unter der fleißigen Mitarbeit vieler Gemeindeglieder entstand die Friedenskirche, die am 20. Juli 1958 unter großer Beteiligung der ganzen Bevölkerung von Oberkirchenrat Schabert eingeweiht wurde.

In der Zwischenzeit wurde Manching 3. Pfarrstelle von St. Matthäus Ingolstadt, und damit war die Betreuung der tief in die Hallertau hineinreichenden Diasporagemeinde gesichert. Schwerpunkte kirchlichen Lebens wurden in dem etwa 70 Quadratkilometer großen Gemeindegebiet neben Manching die Hopfenmetropole Wolnzach und später auch das an der Bahnlinie Ingolstadt–München gelegene Rohrbach. Gottesdienste und evangelischer Religionsunterricht wurden abgehalten.

Zunächst stand den Wolnzacher Protestanten dafür der Sitzungssaal im Rathaus zur Verfügung. Mit den regelmäßigen Zusammenkünften festigte sich auch die Gemeinschaft untereinander, und der Bau einer eigenen Kirche stand an. Am 4. Dezember 1966 weihte der Münchner Oberkirchenrat Hans Schmid die evangelische Kirche an der Kellerstraße ein. Und der Architekt Franz Lichtblau, München, mußte sich angesichts der damals nicht üblichen Fertigbauten die spaßig gemeinte Frage gefallen lassen, „ob denn das Holzkistl auch halten werde".

Es hat gehalten. Es wurde zum Treffpunkt der Evangelischen in der Diaspora. Vieles geschah durch ehrenamtliche Mitarbeit der Gemeindeglieder. Für die rund 450 Evangelischen in und um Wolnzach ist die Kirche heute Ort für Gottesdienste und in zunehmendem Maße Möglichkeit, sich zu treffen zum Bibelkurs und Frauenkreis, zum monatlich stattfindenden „Nachmittag der Gemeinde", zu Jugendgruppen und Gemeindefesten.

In Verbindung mit der Niederlassung der Firma Messerschmitt-Bölkow-Blohm, der Erprobungsstelle der Bundeswehr auf dem ehemaligen Flugplatzgelände und einer Luftwaffeneinheit im benachbarten Oberstimm kamen ab 1960 wiederum viele evangelische Familien nach Manching. Westlich der Autobahn München–Nürnberg wurde darum das „Donaufeld", eine Siedlung für ca. 1500 Menschen, aus dem Moosboden gestampft.

Dieser Entwicklung folgend, hielt Dekan Christoph Simon den Bau eines Gemeindezentrums mit Kindergarten, Kirche, Jugend- und Gemeinderaum sowie Pfarr- und Mesnerwohnung für unumgänglich. Nachdem die Finanzierung durch die Landeskirche und einen Zuschuß des Bundes gesichert war, wurde nach Plänen des Münchner Architekten Werner Eichberg nach dreijähriger, nicht immer einfacher Bauzeit das Gemeindezentrum am 15. März 1970 durch Dekan Karl Heun eingeweiht und seiner Bestimmung übergeben.

Die Christuskirche steht auch der Militärgemeinde

Die Friedenskirche Manching, erbaut 1958 von Olaf A. Gulbransson, eines der architektonisch interessantesten Gotteshäuser im Dekanatsbezirk

Oberstimm und der katholischen Kirchengemeinde zur Verfügung, die hier wöchentlich samstags zur Vorabendmesse zusammenkommt. Die Altarbibel stiftete der damalige Bundespräsident Gustav Heinemann. In die Zeit, in der in verschiedenen Bauabschnitten das Gemeindezentrum entstand, fällt die mit Beschluß des Evang.-Luth. Landeskirchenrates vom 20. Mai 1968 genehmigte Errichtung der selbständigen Pfarrei Manching.

Heute zählt die Kirchengemeinde etwa 2100 Seelen, davon ca. 1400 in Manching, 450 in Wolnzach und 250 in Rohrbach. Angehörige der Bundeswehr, Beschäftigte der Großbetriebe MBB und Audi Ingolstadt, Flüchtlinge aus Schlesien, Ostpreußen, Sudetendeutsche und Volksdeutsche aus Siebenbürgen, Ungarn und Jugoslawien sowie in jüngster Zeit Umsiedler aus der DDR prägen das Bild der vielgestaltigen Gemeinde. Während die Struktur

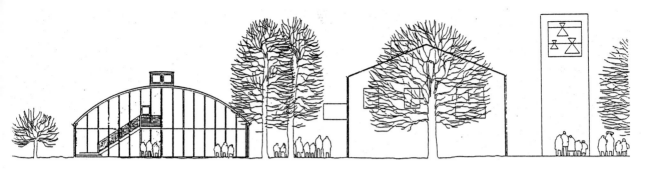

Gemeindezentrum Christuskirche Manching mit dem Entwurf des neuen Kindergartens (links) von Prof. Theodor Hughues, München

der Gemeinde in Manching in der Mehrzahl von Arbeitern und Angestellten, Beamten und Soldaten bestimmt wird, sind es im südlichen Teil der Gemeinde zunächst Rentner und – aufgrund der günstigen Bahnverbindung zum Großraum München – in zunehmendem Maße junge Familien in den Neubaugebieten Wolnzachs, vor allem aber Rohrbachs.

In Rohrbach mußte man sich im kleinen Kreise mit einfachsten Bedingungen für den monatlich stattfindenden Gottesdienst begnügen. Daß sich in bemerkenswerter Weise Gemeindeglieder dort für das Gemeindeleben einsetzen, bescherte nicht nur einen erfreulichen Gottesdienstbesuch von ungefähr 15 Prozent, sondern auch die Aussicht, daß die Evangelischen in Rohrbach in der noch zu renovierenden alten katholischen Kirche eine würdige Gottesdienststation erhalten werden.

Die Grenzen der Pfarrei verlaufen von Manching östlich und westlich der Autobahn nach Süden bis zur Abzweigung am Holledauer Dreieck, über Geroldshausen bis Dürnzhausen und wieder nach Norden über Gebrontshausen, Ober- und Niederlauterbach, westlich an Geisenfeld vorbei über Forstwiesen nach Manching. Der südlichste Ort ist vom Pfarramt 35 km entfernt.

Gottesdienste werden regelmäßig in Manching, Wolnzach und Rohrbach gehalten. Die etwa 30 Wochenstunden Religionsunterricht werden vom Pfarrer, Religionspädagoginnen und Lehrkräften erteilt. Die Gemeinde, die keine nennenswerte Tradition aufzuweisen hat, kann und muß neben den klassischen Aktivitäten wie Gottesdienst und Unterricht, Taufen, Trauungen, Beerdigungen und Konfirmandenunterricht nach Wegen suchen, wie sich christliche Existenz unter heutigen Bedingungen verwirklichen läßt.

Dazu können beitragen die Jugendgruppen und Frauenkreise, der Kirchenvorstand und der Besuchsdienst für Senioren, die Gemeindeausflüge und Gottesdienste mit der Möglichkeit der Begegnung untereinander, die „Konzerte in der Friedenskirche" ebenso wie die ökumenischen Gottesdienste. Der Neubau eines zweigruppigen Kindergartens im Donaufeld gehört dazu wie die Bereitschaft, die Gemeinderäume der Bevölkerung im Donaufeld zu öffnen.

Der Pfarrer (bis 1970 Friedrich Hofmann, bis 31. Mai 1983 Adolf Daut, bis 31. August 1984 als Vertretung Ludwig Emmerling, ab 1. September 1984 Ludwig Scherer) kann dabei Impulse setzen, begleiten und fördern.

Ludwig Scherer

Foto linke Seite: Altarraum der Friedenskirche Manching.
Foto nächste Seite: Altarraum der Christuskirche Manching-Donaufeld

VOHBURG

Gottesdienst im Wartesaal

Die Evang.-Luth. Kirchengemeinde Vohburg ist die jüngste der 19 Gemeinden des Dekanates Ingolstadt. Die 1550 Evangelischen sind über 49 Ortsteile verstreut und wohnen im nördlichen Teil des Landkreises Pfaffenhofen. Von den Nachbarlandkreisen Eichstätt gehören Pförring und von Kelheim Schwaig noch zur Kirchengemeinde. Die Orte Rottenegg – Zell bilden die südliche und die Orte Ernsgaden – Pleiling – Ettling die westlich/nördliche Grenze. Vor der Gebietsreform waren es 28 Orte mit eigenem Bürgermeister. Als schwierig für die gemeindliche Arbeit erweist sich, daß es keinen Hauptort gibt. In Vohburg, Geisenfeld und Münchsmünster wohnen jeweils fast gleich viel Evangelische.

Die Kirchengemeinde hat vier Gottesdienststationen: Vohburg (550 Gemeindemitglieder), Geisen-

Altar der St.-Johannes-Kirche in Vohburg

feld (500), Münchsmünster (350), Ernsgaden (150), wo jeweils alle 14 Tage Gottesdienste stattfinden. In Ernsgaden kann die römisch-katholische Kirche benutzt werden. Religionsunterricht wird an den Teil-, Grund- und Hauptschulen in Ernsgaden, Geisenfeld und Münchsmünster und an der Realschule Geisenfeld durch vier Lehrerinnen und einen Pfarrer gehalten.

Der erste Evangelische im heutigen Gemeindebereich war der Kaufmann Rall, der 1807 nach Geisenfeld zog und es bald wieder verließ. Doch Gottesdienste gab es erst nach dem Ersten Weltkrieg: 1934 in Geisenfeld im Amtsgerichtssaal, etwas früher schon in Münchsmünster im Bahnhof-Wartesaal 1. Klasse. 1936 wurde in Münchsmünster eine Holzkapelle mit 90 Plätzen errichtet, obwohl die Zahl der Evangelischen gerade bei 30 lag. Doch hatten immerhin einige evangelische Landwirte in der erst jüngst hochwassersicher gemachten Gegend von Münchsmünster Höfe gekauft. Durch die Vertreibung 1945 kamen rund 1500 Evangelische in das Gebiet der heutigen Gemeinde. Es wurde 1946 in Geisenfeld am Wasserturm eine Wehrmachtsbaracke aufgestellt, die 25 Jahre als Betsaal benutzt wurde.

Die Zahl der Evangelischen sank in den 50er Jahren wieder auf 780. Zwanzig Jahre lang – von 1945 bis 1965 – wurde die Gemeinde von Ingolstadt aus durch Pfarrer Dr. Saalfeld betreut.

Seit 1966 zunächst als Vikar, dann als Pfarrer ist Reiner Schotte für diesen Bezirk zuständig. Die ersten drei Jahre betreute er dieses Gebiet von Ingolstadt, seit 1969 von Vohburg aus. Da er sich weigerte, sich nach dem 2. Examen um eine andere Pfarrstelle zu bewerben, wurde er mit fast acht Jahren Vikarszeit Bayerns dienstältester Vikar in dem Bemühen, aus dem Vikarsbezirk der 20 km entfernten St.-Matthäus-Kirche Ingolstadt eine eigene Kirchengemeinde Vohburg zu schaffen. Dies gelang trotz großer Widerstände 1973; im folgenden Jahr wurde die Pfarrstelle Vohburg geschaffen.

In der Zwischenzeit war die Gemeinde durch die BP-Raffinerie, Isar-Amperwerke und die Petrochemie Münchsmünster wieder auf 1500 Evangelische angewachsen. 1969 wurde die Kirche in Vohburg und 1971 die in Geisenfeld errichtet, 1979 das Pfarrhaus. Vohburg wurde Sitz des neugegründeten Pfarramtes.

Die extreme Diasporalage von nur sechs Prozent Evangelischen bedeutet für Seniorenkreis, Posaunenchor, Konfirmandenunterricht, Singkreis und Jugendgruppen Abholungen mit dem Kirchenbus oder Fahrgemeinschaften. Das Leben der gemeindlichen Kreise und der Besuch der Gottesdienste leiden durch die Entfernungen. Viele Gemeindemitglieder engagieren sich in örtlichen Kreisen und Vereinen, weil sie den weiten Weg bis Vohburg scheuen. An allen drei Hauptorten gleiche Kreise aufzubauen ist ganz unmöglich.

Durch Gemeindefeste und -ausflüge wird versucht, die Gemeindemitglieder aus den einzelnen Orten zusammenzuführen, um ein Bewußtsein für die Gesamtgemeinde Vohburg zu schaffen, obwohl es sehr schwierig ist, zentrale Veranstaltungen für die entfernten Orte durchzuführen.

Sehr erfreulich ist der große und gut geführte Posaunenchor mit derzeit über zwanzig Bläsern, der schon eine Camping-Mission an der Nordsee durchführte, enge Verbindung zur Partnergemeinde in der DDR hält und sehr vielseitig in Gottesdiensten sowie bei Konzerten und Feiern mitwirkt. Überraschend gut bewährt sich auch der neu gegründete Singkreis.

Eine Besonderheit der Gemeinde dürfte auch eine Vorreiterrolle im Dekanat auf gottesdienstlichem Gebiet sein. Die neue Liturgie, die Osternachtsfeier und die weiße gottesdienstliche Gewandung des Pfarrers waren hier zuerst zu erleben.

Der Reichtum unserer Gemeinde sind die über 100 Mitarbeiterinnen und Mitarbeiter, die als Gemeindehelfer monatlich jedes Haus mit dem Gemeindeblatt besuchen und sammeln, im Posaunenchor,

Evangelische Kirche in Münchsmünster

Singkreis und den Jugendgruppen, als Kirchenvorsteher, Mesner und Organisten mitarbeiten. Günstig für Gemeindeaufbau und Kontinuität der Seelsorge dürfte sich ausgewirkt haben, daß in 40 Jahren nur zwei Seelsorger die Gemeinde betreuten. Als vor 20 Jahren die Gemeinde gegründet werden sollte, hatte sie nur 780 Mitglieder, und die Skepsis bei Dekan und Kirchenleitung, sogar bei den Kirchenvorstehern war groß. Wie sollte sich die Gemeinde erhalten? Heute steht die Gemeinde auf eigenen Füßen und hat doppelt so viele Mitglieder wie vor 20 Jahren. Dank der günstigen Mieten und Baulandpreise wächst die Gemeinde noch weiter. Zukunftsplanung sind Glockenträger für Vohburg und Geisenfeld neben den Fertigbaukirchen. Mission und Diakonie sollen durch eigene Feste besonders betont werden, denn missionarische und diakonische Gemeinden sind auch lebendige Gemeinden. Auf diesen Weg möchte sich auch die evangelische Gemeinde Vohburg begeben.

Reiner Schotte

Aufeinander angewiesen

Es war zu Beginn des vorigen Jahrhunderts, daß zum ersten Mal nach der Gegenreformation wieder evangelische Christen nach Neuburg kamen. Die Herzoginwitwe Amalie zog protestantisches Personal an ihren Hof. Am Appelationsgericht waren evangelische Beamte tätig. Geschäftsleute und Handwerker kamen dazu und auch Soldaten – in die hierher verlegte Garnison.

Nach dem Zweiten Weltkrieg kamen viele evangelische Flüchtlinge nach Neuburg und Umgebung. So entstand zur Stadtgemeinde eine große, weitreichende Diasporagemeinde. Schließlich kamen in den fünfziger Jahren wieder zwei Einheiten der Bundeswehr hierher. Aus diesen verschiedenen Gruppen setzt sich heute die Gemeinde zusammen. Seit 1930 hat sie in der Christuskirche eine eigene Pfarrkirche, der 1957 ein Gemeindehaus hinzugefügt wurde. Gottesdienste werden außerdem in Oberhausen, Rennertshofen und in der Kapelle des Seniorenheimes an der Richard-Wagner-Straße gehalten. Im Sommerhalbjahr kommen Gottesdienste in der Schloßkapelle und in Giethausen (einmal monatlich) dazu. Zur Kirchengemeinde gehören eine Pfarrstelle und ein Vikariat, das jetzt erstmals mit einer Pfarrerin z. A. (zur Anstellung) besetzt wurde. Daß bei der Vielzahl der Gottesdienststationen und bei häufigen langen Vakanzen im Vikariat der Einsatz von Lektoren notwendig ist, erscheint keineswegs allen Gemeindegliedern einsichtig. Zur Zeit helfen drei Lektoren und eine Lektorin bei dieser Aufgabe mit.

Seit einigen Jahren hat die Kirchengemeinde einen rührigen Organisten und Kantor. Er führt nicht nur den Posaunenchor weiter, der jetzt 40 Jahre besteht, sondern er hat auch wieder einen Kirchenchor und einen Kindersingkreis gegründet. Beide Gruppen wachsen. Wie in vielen Gemeinden im Land hat der Kindergottesdienst Nöte. Es kommen meist nur wenige Kinder. Ein Kreis von sechs Mitarbeitern betreut ihn.

Die Kinderbibelwoche, zu Beginn des Schuljahres gehalten, erfreut sich großer Beliebtheit, auch über die Gemeindegrenzen hinaus. Sie hat aber auf den Kindergottesdienst keine nennenswerte Auswirkung.

Es bestehen ein Frauen-, ein Seniorenkreis und ein Soldatenbibelkreis. In der Gemeinde gibt es einen Diakonieverein, der diakonische Maßnahmen wie Seniorenerholung und Hilfe für kranke Gemeindeglieder in Zusammenarbeit mit dem Diakonischen Werk des Dekanatsbezirkes durchführt.

Die Gemeinde hat etwa 3100 Seelen, von denen ungefähr 500 in der Umgebung wohnen. Die Gemeindeglieder in der Diaspora leiden an dem häufigen Wechsel im Vikariat und unter manchmal recht langen Vakanzen. Hier liegen besonders dringende Aufgaben, zumal nur etwa alle vier Wochen ein Gottesdienst gehalten werden kann. Aber andere Möglichkeiten der Gemeindearbeit können versucht werden. Unser Gemeindehaus ist ideal hinter der Kirche gelegen. So kommen Selbsthilfegruppen wie die „Anonymen Alkoholiker" und die „Multiple-Sklerose-Gruppe" gerne hierher. Außerdem unterhält das Diakonische Werk des Dekanatsbezirkes bei uns eine „Unterkunft für Frauen in Not".

1988 konnte das Gemeindehaus umgebaut und erheblich erweitert werden. In einem Neubau ist ein schöner, großer Gemeindesaal mit 100 qm Fläche entstanden. Darunter befinden sich im Untergeschoß zwei Gruppenräume, ein Vorplatz und eine kleine Küche für die Jugendlichen. Der alte Saal mit 60 qm wurde renoviert. Außerdem sind im Altbau noch eine schöne Küche und ein Konferenzraum mit 20 qm. Ganz besonders gelungen ist die Verbindung zwischen Alt- und Neubau durch einen Glasgang, in dem man gerne zu Unterhaltun-

Christuskirche Neuburg in einer alten Zeichung

Frauen, ökumenische Bibelwochen und gemeinsame Gottesdienste zur Weltgebetsoktav sind selbstverständlich. Daß der katholische Frauenbund insgesamt 10 000 Mark für die „Unterkunft der Frauen in Not" gestiftet hat, mag als ein Zeichen für das ökumenische Klima gesehen werden.

Manche gemeinsamen Aufgaben werden gesehen, können aber nur wenig angepackt werden, wie z. B., daß Christen sich um Ausländer und Asylanten annehmen.

Wichtig ist für die Gemeinde, daß die Christen wieder entdecken, daß sie zusammengehören, aneinander gewiesen und aufeinander angewiesen sind. Daß die Gemeinde lebt und ihren Glauben bezeugen kann, ist Sache des Heiligen Geistes, um den sie bittet.

Johannes Braun

gen vor und nach Gottesdiensten und anderen Veranstaltungen zusammensitzt. Hinter dem Neubau befindet sich ein „Amphitrion", ein Halbrund, abgestuft zum Untergeschoß, für Freilichtveranstaltungen im Sommer ideal geeignet.

Sehr wichtig war dem Kirchenvorstand, daß es auf der gesamten Erdgeschoßebene von der Kirche bis zum Pfarramtsbüro nicht eine Stufe mehr gibt. Außer den genannten Gemeindekreisen und Selbsthilfegruppen gibt es seit der Einweihung des Gemeindehauses auch wieder eine Jugendarbeit. Die Arbeitsgemeinschaft für Arbeitnehmerfragen in der Evang.-Luth. Kirche in Bayern (afa) hat eine rührige Gruppe und eine eigene starke Frauengruppe.

Das Verhältnis zu den katholischen Gemeinden ist unterschiedlich – aber sehr gut mit der Gemeinde St. Peter. Auch auf der Ebene der Bildungswerke ist die Zusammenarbeit intensiv. Weltgebetstag der

Die Pfarrer in Neuburg-Christuskirche

1854–1857 Johannes Saubert
(seit 1846 als Vikar)
1858–1900 Johann Heinrich Walter
1901–1904 Georg Emil Kneule
1905–1934 Andreas Schwindel
1935–1946 Carl Boeckh
1946–1972 Johannes Zwanzger
1973–1989 Johannes Braun

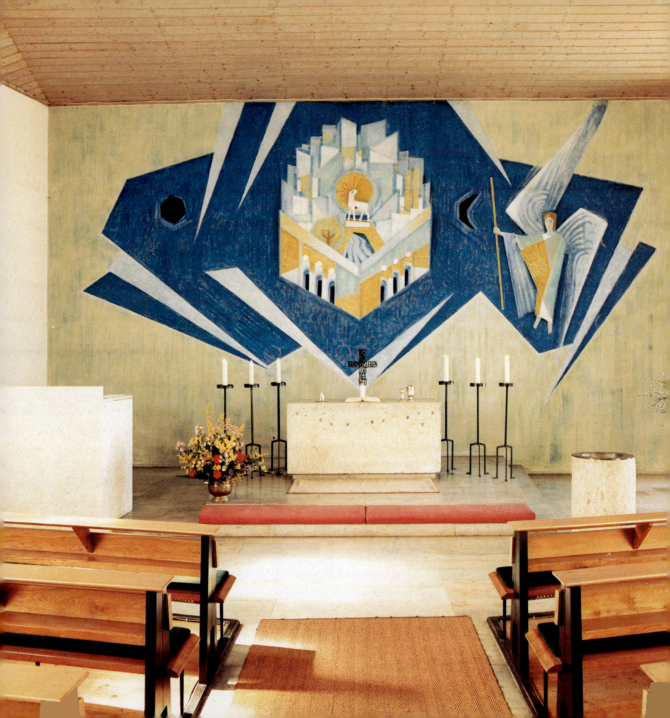

APOSTELKIRCHE NEUBURG

Menschen sammeln

Nur die steinernen zwölf Apostel am Haupteingang sind eine sichtbare Zierde. Sonst ist die Apostelkirche sicherlich die „geringste" unter den anderen, zum Teil berühmten Kirchen in Neuburg a. d. Donau. Und doch ist der Neubau aus dem Jahre 1964 für viele Menschen der Stadt zu einer stillen Zuflucht geworden. Wo 1949 auf wüstem und feuchtem Gelände noch Notbehausungen für Flüchtlinge standen, da erhebt sich heute ein Zentrum mit eigener Ausstrahlung. Im Einzugsgebiet dieser Kirche fehlt ein städtebauliches Zentrum. Dafür sind die Apostelkirche und die benachbarte katholische St.-Ulrich-Kirche zu echten Mittelpunkten dieses großen Siedlungsgebietes geworden.

Es hat lange gedauert, bis die Apostelkirche auch als Kirche angenommen wurde. Vielleicht deshalb, weil die Mutterkirche im Stadtkern Neuburg, die Christuskirche, wirklich ein sakraler Raum ist. Im Jahr 1967 wurde die Gemeinde selbständig. Seither ist der Kirchenvorstand ständig bemüht, aus einem kalten Betonhaus eine wärmende „Stube" zu machen. Die Schlichtheit ist die Schönheit.

Der Architekt, Johann Prechter aus Harburg, hat in diesem Bau eine interessante Komposition von Theologie und Architektur verwirklicht. Der Grundriß ist so ausgelegt, daß die hohen seitlichen Außenwände als die behütenden und beschützenden Hände Gottes zu sehen sind. Diese Hände weisen auf das mächtige, die gesamte Stirnwand ausfüllende Altarbild hin: ein großartiges Werk des Künstlers Danco. Der riesige Fisch trägt in sich viele Aussagen aus der Offenbarung. In der Mitte des Bildes wird Christus als das Lamm dargestellt. Sein Blut ist der Mittelpunkt der drei Achsen, die sich, von außen kommend, dort vereinen. Ergänzt

wurde die künstlerische Ausgestaltung der Kirche durch neue Fenster. Eine Predigtreihe von Pfarrer Weyermann lieferte die Grundlage für die Entwürfe von Schwester Christa-Maria Schröter. So sind heute das Lichtband über den Händen Gottes aus 14 quadratischen Fenstern und das Altarbild eine stille Predigt zu jeder Zeit.

Noch sind nicht alle 500 Sitzplätze jeden Sonntag gefüllt. Doch die Zahl der Gottesdienstbesucher steigt beständig. Die Gemeinde erfüllt damit einen Auftrag, der ihr eigen ist: Menschen zu sammeln, damit Gott ihnen dienen kann mit seiner Botschaft. Es sind ja gerade viele Menschen in dieser Gemeinde aus verschiedenen Teilen Europas. Zuerst waren

Die Apostelkirche Neuburg, auf dem Foto links der Altarraum

es nach dem Zweiten Weltkrieg die Vertriebenen, die hierher kamen. Später Aussiedler aus Polen, Rußland und Siebenbürgen. Entwurzelte Menschen brauchen eine neue, tragende Kraft.

Als Neuburg Industriestadt wurde, kamen neue Ströme ins Land; besonders junge Leute aus norddeutschen Industriezentren. Mit diesen Bewegungen ist eine starke Fluktuation unter den Familien verbunden. Alle diese Gegebenheiten sind in der Gemeinde zu spüren. In diesem „Völkergemisch" ist noch eine Gruppe vertreten, die unsere Stadt prägt: die Soldaten. Für sie ist die Apostelkirche Garnisonskirche. Die Einheimischen, sie wohnen vorwiegend in den Außenorten Heinrichsheim, Marienheim, Herrenwörth und Gut Rohrenfeld, sind zwar zahlenmäßig eine Minderheit, aber gerade ihnen verdankt die Gemeinde viel. Sie sind wie der gewachsene Boden auf einem Umbruchland. Sie waren es von Anfang an und sind es noch heute, die ein offenes, ein weites und einladendes Herz für alle haben, die zur Gemeinde kommen.

Baulich mit der Kirche verbunden sind das Pfarrhaus und das Gemeindehaus. Etwas abgedeckt vom Lärm der Hauptstraße steht im großen Gelände der neue Kindergarten für zwei Gruppen.

Sind die steinernen zwölf Apostel ein bescheidener, stummer Schmuck an einer Außenmauer der Kirche, so geben die vielen Mitarbeiter ein lebendiges Zeugnis vom Leben in der Gemeinde. Verschiedene Kreise, Chöre, Gebets- und Dienstgemeinschaften setzen ihre Kräfte ein, um Menschen für Jesus Christus zu gewinnen.

Klaus Weyermann

Die Pfarrer in Neuburg-Apostelkirche

1964–1965 Friedrich Mailänder
(seit 1959 auf der Pfarrstelle
Neuburg II)
1965–1973 Hermann Herold
seit 1973 Klaus Weyermann

UNTERMAXFELD

Schuß in das Pfarrhaus

Mitten im bayerischen Donaumoos befindet sich Untermaxfeld. In der regionalen Kirchengeschichte erscheint es als die älteste Pfarrei des heutigen Dekanatsbezirks Ingolstadt und damit als eine der ersten evangelischen Pfarreien, die im altbayerischen Gebiet entstanden sind. Bis gegen Ende des 18. Jahrhunderts war das Sumpfgebiet südlich der Donau unterhalb von Neuburg unbewohnt geblieben; mitten hindurch verlief die Grenze zwischen den beiden Territorien Pfalz-Neuburg und Herzogtum Bayern, die von verschiedenen Linien der Wittelsbacher regiert wurden. Erst nachdem Kurfürst Karl Theodor im Jahre 1777 das gesamte Gebiet unter seiner Herrschergewalt vereinigt hatte, konnte daran gedacht werden, das Donaumoos urbar zu machen.

Das aufwendige und kostspielige Projekt nahm natürlich einige Zeit in Anspruch. In dessen Folge kam es dann um die Jahrhundertwende und danach zu einer planmäßigen Besiedelung. Der nachfolgende Landesherr, Kurfürst Max Joseph IV. von Kurpfalz-Bayern (1799–1806; dann bis 1825 erster bayerischer König), rief auswärtige Siedler ins Land. Die ersten von ihnen waren evangelische Familien aus der Rheinpfalz, zumeist aus der Gegend von Heidelberg. Sie gründeten in den Jahren 1801/02 die Orte Untermaxfeld, Obermaxfeld und Neuschwetzingen. Bereits einige Jahre vorher, 1795, waren am damaligen oberen Ende der planmäßig entstandenen Mooskolonie nahe an der Ach in Verbindung mit einem kleinen Gangwerk (Mühle) einige Häuser erbaut worden als Urzelle für die spätere Ortschaft Stengelheim.

Zu der allgemeinen Härte der Anfangszeit in der neuen Heimat gesellte sich für jene erste Generation von Kolonisten alsbald die Sorge um die kirchliche Versorgung und die Schulbildung der Kinder. Gab es doch zunächst weder einen Pfarrer noch einen Lehrer am Ort. Als erstes fand sich in Johann Schuch ein provisorischer Schullehrer in Obermaxfeld. Dieser hat in den Jahren 1803/04 auch die ersten Taufen vorgenommen, die in den Kirchenbüchern der Pfarrei verzeichnet sind.

Erst nach eingehenden und wiederholten Bitten an den kurfürstlichen Hof in München kam es in der Folge zur Lösung der weiteren Probleme. Am 15. Juni 1803 war der Hof- und Kabinettsprediger Friedrich Ludwig Schmidt ins Donaumoos gereist und hatte in einer Scheune den ersten evangelischen Gottesdienst in Untermaxfeld gehalten. Im darauffolgenden Jahr bekam dann die Gemeinde Untermaxfeld ihren ersten ständigen Pfarrer mit der Installation von Albrecht Friedrich Meyer aus Ulm am 2. Juli 1804 und wurde in den nachkommenden Jahrzehnten zum Mittelpunkt einer immer weiter sich ausdehnenden Pfarrei.

In dieser Zeit entstanden auch nach und nach die kirchlichen Gebäude. Als erstes war 1812 das alte Pfarrhaus bezugsfertig; außer der Pfarrerwohnung enthielt es auch einen Betsaal sowie ein Schulzimmer im Erdgeschoß. Am 15. Oktober 1828 wurde dann die Kirche von dem seinerzeit zuständigen Dekan Krauß aus Augsburg eingeweiht; die handgeschriebene Widmung in der damals überreichten Bibel erinnert unter anderem an diesen denkwürdigen Tag.

Die im klassizistischen Stil des königlichen Bayern erbaute Kirche war wie zuvor schon das Pfarrhaus mit staatlichen Mitteln finanziert worden. Einige Jahre darauf kam es zum Bau des Mesnerhauses; dieses zeigt sich heute noch – wie auch die Kirche – in der ursprünglichen Gestalt. Erst später erhielten die Ortschaften Obermaxfeld und Untermaxfeld eigene evangelische Schulhäuser. Für die am 1. November 1838 eingeweihte evangelische Schule in Obermaxfeld stand zur baulichen Finanzierung das Ergebnis einer landeskirchlichen Kollekte zur Verfügung. Nach der Schulreform der letzten Jahrzehnte dienen diese Gebäude heute anderen Zwecken. Der evangelische Friedhof von Untermaxfeld wurde etwa einen halben Kilometer nördlich der Kirche in freier Landschaft angelegt. Die Aussegnungshalle entstand erst in neuerer Zeit.

Ab 1838 verlor die bis dahin sehr weit ausgedehnte Pfarrei Untermaxfeld nach und nach die Gebiete der selbständig gewordenen Tochtergemeinden Karlshuld, Neuburg und Ludwigsmoos. Auch die 1848 gegründete evangelisch-reformierte Gemeinde Marienheim ist in diesem Zusammenhang zu nennen. Mancherlei Auseinandersetzungen um das Bekenntnis waren vorausgegangen. Die vom Oberkonsistorium erlassene Anordnung, den Gottesdienst nach lutherischer Lehre zu halten, stieß bei den Evangelischen im Donaumoos, die ja nebst ihren Vorfahren zumeist aus calvinistisch geprägten Gebieten stammten, weithin auf Unverständnis. Als Pfarrer Gottfried Friedrich Nagel sich 1846 weigerte, das Abendmahl weiterhin auf reformierte Weise auszuteilen, wurde nachts (laut Pfarrbeschreibung) „in sein Schlafzimmer mit scharfer Ladung geschossen"!

Seit der Zeit vor der Jahrhundertmitte hatten sich in Untermaxfeld und in anderen Orten des Donaumooses auch zahlreiche Katholiken angesiedelt, was in der damaligen Zeit gleichermaßen zu manchen Reibereien mit den zuvor schon ansässigen Evangelischen führte, zumal diese ja eine andere landsmannschaftliche Herkunft hatten. Im Jahre 1866 kam es einen Kilometer westlich (an der Ach aufwärts) von der evangelisch-lutherischen Kirche in Untermaxfeld zum Bau einer katholischen Kirche. Diese wurde vor wenigen Jahren wegen Baufälligkeit abgetragen und ist nun durch einen stattlichen Neubau ersetzt, der im Oktober 1988 unter den veränderten Voraussetzungen eines freundschaftlichen ökumenischen Miteinanders der im Moos lebenden Christen geweiht worden ist. Zum Dekanat Ingolstadt ist die Evangelisch-Lutherische Kirchengemeinde Untermaxfeld erst verhältnismäßig spät gelangt. Es geschah dies 1948 im Zuge der Neuordnung südbayerischer Diasporaverhältnisse gemeinsam mit Neuburg und den anderen Moospfarreien.

Nach den bewegten ersten Jahrzehnten scheint dann das ortskirchliche Leben in ruhig geordneten Bahnen verlaufen zu sein. Gewisse Traditionen für den Gottesdienst und das Gemeindeleben konnten sich herausbilden; sie werden bis heute sorgsam bewahrt und geben der Gemeinde Untermaxfeld weithin ein konservatives Gepräge. In der Reihe der Pfarrer, die einander ablösten, hat mancher sich auch um die Allgemeinheit in diesem und jenem Bereich besonders verdient gemacht.

Die Kirchenchronik verschweigt jeweils auch nicht die vielen entbehrungsreichen Zeiten der Gemeinde. Es gab Mißernten durch Naturkatastrophen. Besonders gefürchtet waren Hochwasser in dem feuchten Moosgebiet, auch Nachtfröste und Reif. Hagelwetter und nasse Sommer konnten oft die Ernte zum großen Teil vernichten. Erst die planmäßige Donaumoosentwässerung von 1927 brachte eine Eindämmung der Überschwemmungsgefahr. Heutigentags stellt sich erneut die Frage einer effektiven Donaumoossanierung, zumal der Boden weiterhin jährlich um einen bis zwei Zentimeter absinkt.

Größere Veränderungen, nicht zuletzt auf dem baulichen Sektor, brachte die Amtszeit des vorherigen Pfarrers Klaus Fohrn (1971–84) mit sich. Das alte Pfarrhaus von 1812 mit seinen Nebengebäuden, darunter eine für das Moos so typische Torfhütte (Lagerstätte für das Brennmaterial), wurde abgebrochen und durch einen Neubau ersetzt. Gleichzeitig wurde daneben ein Gemeindehaus mit geräumigem Saal, Nebenraum und Küche sowie Jugendräumen im Keller errichtet. Zum 150jährigen Jubiläum im Jahre 1978 ist dann die Kirche von Grund auf instand gesetzt worden. Schließlich kam es zu Beginn der achtziger Jahre noch zu einer

Renovierung des Mesnerhauses, wobei es sich weitgehend um die Sanierung des ansehnlichen alten Gebäudes handelte.

Für den heutigen Betrachter gruppieren sich um den von Linden bestandenen Kirchplatz Kirche, Pfarrhaus, Gemeindehaus und Mesnerhaus als wahrnehmbare Mitte des örtlichen evangelisch-lutherischen Gemeindelebens. Von den rund 750 Gemeindegliedern wohnen 80 Prozent in den Donaumoos-Ortschaften Untermaxfeld, Obermaxfeld mit Rosing, Stengelheim mit Oberstengelheim und in Obergrasheim. Seit der Gebietsreform der siebziger Jahre bilden die hier genannten Orte mit anderen weiter westwärts gelegenen (vor allem Ludwigsmoos und Klingsmoos) die politische Gemeinde Königsmoos.

Weitgehend bestimmt noch die Landwirtschaft das soziale Gefüge, wenngleich der bäuerliche Anteil der Bevölkerung mehr und mehr zurückgeht. Viele Gemeindeglieder, vor allem jüngere, sind in Neuburger, Ingolstädter und Schrobenhausener Industriebetrieben tätig und somit täglich als Berufspendler unterwegs.

Außerhalb des Mooses wohnen einige Familien, die zur Gemeinde gehören, sodann in den Weilern Altmannstetten und Neustetten auf Neuburg zu. Über 100 Personen bilden schließlich in den angrenzenden Gemeindegebieten von Rohrenfels (im Nordwesten) und Berg im Gau (im Süden) eine evangelische Minderheit.

Mittelpunkt des Gemeindelebens ist nach wie vor der Hauptgottesdienst an jedem Sonn- und Feiertag; er beginnt normalerweise um 9 Uhr früh. Seit Anfang 1986 ist parallel dazu ein Kindergottesdienst eingerichtet, um den sich mehrere ehrenamtliche Helferinnen annehmen. Einmal monatlich trifft sich im Gemeindesaal ein Altenclub, der durchwegs aus Frauen besteht; gelegentlich stehen dabei auch Fahrten auf dem Programm. Landjugendgruppen aus konfirmierten jungen Leuten hat es bis in die jüngste Zeit gegeben. Seit einem Jahr

Die Kirche in Untermaxfeld, links Mesnerhaus, rechts Pfarrhaus, dazwischen vor der Kirche das Gemeindehaus

119

besteht die Jugendarbeit jedoch in Form einer zahlenmäßig kleinen Jungschargruppe. Der seit 1951 musizierende Posaunenchor umfaßt etwa 20 Bläser aller Altersstufen. Zu Beginn des Jahres 1986 begründete der Ortspfarrer aus einem offenen Singen heraus den Kirchenchor, der mit seinen rund 20 Mitgliedern seither rege im Einsatz ist.

Seit September 1985 hat die Pfarrstelle Rudolf Sommer inne, gebürtig aus Hof in Oberfranken. Als 19. in der Reihe der evangelischen Pfarrer von Untermaxfeld kam er damals aus dem Raum Nürnberg/Erlangen.

Bestrebungen zu noch mehr Ausweitung kirchengemeindlicher Aktivität scheitern immer wieder an den für das Donaumoos typischen kilometerweiten Entfernungen der Wohnungen zu Kirche und Gemeindehaus, bedingt durch die vorgegebene Siedlungsstruktur. Erschwerend auf jegliche Zielgruppenarbeit wirkt sich außerdem auch die Rückläufigkeit der ohnedies schon kleinen Zahl in den einzelnen Bereichen der Gemeinde aus. Als recht erfreulich hingegen ist nicht zuletzt das derzeitige gute Verhältnis zur katholischen Kirche anzusehen, wodurch es immer wieder zu fruchtbaren ökumenischen Begegnungen kommt.

Rudolf Sommer

Die Pfarrer in Untermaxfeld

1804–1811	Albert Friedrich Meyer
1811–1817	Wilhelm Friedrich Zierlein
1817–1826	Johann Georg Friedrich Roth
1826–1831	Karl Friedrich Mayer
1832–1837	Karl Friedrich Wachter
1837–1844	Gottlieb Wilhelm Heinrich Brock
1844–1846	Gottfried Friedrich Nagel
1847–1852	Johann Geywitz
1852–1859	Verwesung durch die Kandidaten Julius Müller und Pfalzer
1859–1863	Richard Fürchtegott Seuss
1864–1893	Alfred Carl Heinrich Dorfmüller
1894–1912	Leonhard Kühhorn
1912–1914	Markus Ammon
1914–1915	Verwesung durch Pfarrer W. Stahl (Karlshuld)
1915–1921	Markus Ammon (zurückgekehrt)
1921–1932	Wilhelm Dietzell
1932–1946	August Lessner
1946–1950	Siegfried Reuter
1950–1960	Herbert Last
1961–1971	Erwin-Eugen Richter
1971–1984	Klaus Fohrn
1984–1985	Verwesung durch Pfarrer Otto Zakis (Ludwigsmoos)
seit 1985	Rudolf Sommer

Erweckung im Moos

Das Donaumoos zählt zu den ältesten protestantischen Siedlungsgebieten Oberbayerns. Als Ende des 18. Jahrhunderts unter Kurfürst Karl Theodor sowie unter Kurfürst Maximilian I. Joseph das Donaumoos trockengelegt und besiedelt wurde, gab es in Karlshuld keine Protestanten. Diese neugegründete Ortschaft (nach Carl Theodor benannt) war seit 1804 eine rein katholische Urpfarrei, während Untermaxfeld (nach Max Joseph benannt) ebenfalls seit 1804 bereits als protestantische Urpfarrei galt.

Etwa gut 1000 Seelen zählte die katholische Gemeinde, als am 23. August 1826 der katholische Pfarrvikar Johann Evangelist Georg Lutz in Karlshuld eintraf. Der am 12. März 1801 in Burg bei Ursberg, zwischen Augsburg und Ulm, geborene bayerische Schwabe fand alles andere als eine Traumstelle für einen Pfarrer vor. Die seit über drei Jahren verwaiste Pfarrei glich nicht nur äußerlich einem Sumpf. Das Pfarramtshäuschen war 1824 abgebrannt, das Bretterkirchlein war morsch, die Gemeinde war arm und verkommen.

Als Lutz mit seiner alten Mutter Karlshuld erblickte, überfiel die Mutter ein Schrecken, und sie sagte: „Mein Sohn, wir kehren wieder um!" Doch Lutz blieb. Das ihm zugewiesene Haus wurde ausgebessert und, um aufrecht stehen zu können, ca. 30 cm tief ausgegraben.

Das Elend, das dem Vikar hier begegnete, übertraf in seinen tiefsten Tiefen, nach Lutzens eigenen Worten, „jegliche Vorstellung" ... „Hat denn der Mensch keine höhere Bestimmung, als im Erdenschlamm zu wühlen? ... Das innere religiöse, sittliche Leben unter Alt und Jung ist verwüstet; das moralische Verderben hat einen furchtbaren Grad erreicht." Dies alles war für ihn keine Abschrekkung, sondern eher Ansporn, seinen Auftrag zu erfüllen. Den allerdings sah er in zweifacher Hinsicht: einerseits darin, der äußeren Not zu begegnen, er half mit Rat und Tat, mit Speise, Kleidung, Geld, Sammlungen, seine Einfälle waren unerschöpflich; andererseits, der inneren Not Abhilfe zu schaffen, er predigte, er half mit Bibelworten, Seelsorge, Schriftzeugnissen, Bußrufen, mit seinem eigenen Christusglauben.

Sehr angetan war Lutz vom damaligen (aus Aresing bei Schrobenhausen stammenden) Regensburger Bischof, Johann Michael Sailer (1751–1832), den er als Ökumeniker und Menschen mit einem Weitblick für kirchliche Angelegenheiten sehr verehrte. Geprägt wurde der junge Theologe außerdem durch erweckliche Erbauungsschriften von Boos, Goßner, Thomas von Kempen und Martin Luthers „Schatzkästlein", das er auf einem Augsburger Trödelmarkt erworben hatte. Sein persönliches Schriftstudium kam hinzu, so daß er hinsichtlich seiner Wortverkündigung mehr und mehr Predigten rein evangelischen Inhalts hielt.

Eine kleine Erweckung brach an. Außer sonntags predigte er an weiteren zwei bis drei Wochentagen und hörte Beichten oft bis in die späte Nacht hinein. Die Erweckten beteten oft stundenlang, andere weissagten. Bis schließlich ein katholischer Nachbarpfarrer ihn beim bischöflichen Ordinariat wegen Schwärmerei denunzierte. Er sollte versetzt werden. Er reichte Widerspruch ein, doch ohne Erfolg. Sein inzwischen gefaßter Entschluß, mit Hilfe seiner eigens verfaßten Bekenntnisschrift eine eigene apostolisch christliche Gemeinde zu gründen, etwa im Stil der Herrenhuter Brüdergemeinde, blieb ebenfalls ohne Erfolg. Sein Antrag wurde vom Ministerium abgelehnt. So bat er im Januar 1832 um Aufnahme in die evangelische Kirche und wurde nach bestandener Prüfung im April ordiniert.

Inzwischen waren an die 600 Männer, Frauen und Kinder seinem Schritt gefolgt und aus der katho-

Die Christuskirche in Karlshuld

lischen Kirche ausgetreten. Sie ließen sich im Evang.-Luth. Pfarramt Untermaxfeld einschreiben. Lutzens Plan, in Karlshuld Pfarrer sein zu dürfen, ging jedoch nicht auf. Die Anordnung, ab 1. Juli 1832 in Wassertrüdingen die zweite Pfarrstelle anzutreten, veranlaßte ihn, bereits am 9. Juli wieder aus der evangelischen Kirche auszutreten. Nun war die Gemeinde vollends verunsichert. Während Lutz im Oktober 1832 seine Wiederaufnahme in die katholische Kirche beantragte, traten ein Großteil der Konvertiten wieder aus der evangelischen Kirche aus. Die meisten kehrten zum katholischen Glauben zurück, viele blieben nicht nur ratlos, sondern auch konfessionslos. Doch etwa gut 200 Karlshulder hielten allen Stürmen zum Trotz der protestantischen Lehre die Treue. Das war der Anfang der protestantischen Gemeinde in Karlshuld. Der bereits im März 1832 als Pfarrvikar nach Untermaxfeld gesandte Georg Pächtner hatte nun alle Hände voll zu tun. Die durch die Übertritte auf 1300 Seelen angewachsene Gemeinde Untermaxfeld war für den kranken Pfarrer Mayer zuviel.

Pächtner trat Lutzens Erbe in Karlshuld an. Er sollte Ruhe in die aufgescheuchten Seelen bringen. Viel schwieriger war es jedoch, nun als Minderheit zu bestehen. Beschimpfungen, Drohungen, Werfen mit Erdschollen auf Protestanten, all das war an der Tagesordnung.

Aber Pächtner handelte entschlossen. Eine Scheune wurde erworben und als Interimskirche umgebaut. So konnte als erstes evangelisches Gotteshaus diese Bretterkirche am 30. September 1832 eingeweiht werden. In dem inzwischen ebenfalls erworbenen Pfarrhaus war ein Schulzimmer vorhanden. Man drohte das Kirchlein niederzubrennen und zu zerstören. Der Haß war groß, doch Pächtners Wille und der seiner Gemeinde auch.

Rastlos trieb er die Pläne für den Bau einer Kirche voran. Er initiierte Sammlungen im ganzen Land. Der 1832 gegründete Gustav-Adolf-Verein vergab seinen ersten Zuschuß nach Karlshuld. Der Kaiserswerther Pfarrer Theodor Fliedner und sein Barmer Amtsbruder W. Leipold gaben einen Predigtband heraus mit dem Titel „Ein Herr ein Glaube", durch dessen Verkaufserlös der Kirchbau ebenfalls mitfinanziert wurde.

Pächtner war ein Pionier, ein Mann der Tat. Neben der bereits erwähnten Scheunenkirche legte er 1834 den Friedhof an, baute 1838 ein Pfarrhaus. Im selben Jahr wurde die bis dahin als Vikariat von Untermaxfeld geführte Gemeinde mit königlichem Schreiben zur selbständigen Pfarrei erhoben. Gleichzeitig wurde Pächtner zum Pfarrer ernannt. Im Jahr 1840 baute er eine Schule und begann im Jahr 1845 mit dem Bau der Karlshulder Christuskirche, deren Vollendung mit dem Einweihungsgottesdienst am 21. November 1847 feierlich begangen wurde. Dieser Gottesdienst war gleichzeitig sein Abschied von Karlshuld. 15 Jahre des Aufbaus, der Konsolidierung und Stabilisierung waren Pächtners Werk.

Es ist hier nicht möglich, das Wirken und die Dienste der einzelnen Pfarrer ausführlich zu entfalten. Dennoch muß eines Stelleninhabers besonders gedacht werden, nämlich Gottlieb Zahns, der von 1876 bis 1881 Pfarrer in Karlshuld war. Sein Dienst fiel genau in die Zeit, in der J. G. Lutz noch einmal im Donaumoos auftauchte: nun als inzwischen von der katholischen Kirche Exkommunizierter und zum irvingianischen Glauben übergetretener Wanderprediger (katholisch-apostolische Kirche).

Wieder gelang es Lutz, ca. 100 Anhänger um sich zu scharen und in Grasheim (Ortsteil von Karlshuld) eine katholisch-apostolische Gemeinde zu gründen, mit eigenem Pfarrhaus und eigener Kirche. Es kostet Zahns ganze Kraft und letztlich auch seine Gesundheit, um die von Lutz erneut verursachten Turbulenzen abzuwehren und die inzwischen gewonnene Stabilität und Treue der Gemeinde nicht wieder zu verlieren. Der Einsatz von Gottlieb Zahn war so intensiv, daß er seine Gesundheit aufopferte. Er starb am 30. Mai 1881 in Karlshuld und wurde hier beerdigt. Sein Grab ist bis heute erhalten.

Während der Zeit nach dem Zweiten Weltkrieg bis zum Jahr 1984 stand im derzeitigen Pfarrhaus (im Jahre 1927 erbaut) ein Raum von ca. 25 Quadratmetern für die Gemeindearbeit zur Verfügung. Hier spielte sich alles ab, Posaunenchorproben, Kirchenchor, Präparanden- und Konfirmandenunterricht, Sitzungen, Gespräche usw. Bereits in den Jahren 1979 bis 1981 während der Vertretung durch Pfarrer Fohrn wurde die Idee geboren, ein Gebäude für die seit Oktober 1977 bestehende Diakoniestation zu errichten, bei dem möglicherweise ein großer Gemeinderaum angehängt sein sollte.

Konkrete Schritte wurden im Jahr 1982 (während der Amtszeit von Pfarrer Wendel) unternommen. Ein Gemeindezentrum mit Diakoniestation wurde geplant, finanziert und errichtet. Eine größere Zuwendung aus dem Pachelbel-Nachlaß (J. Pachelbel, Dekan in Würzburg von 1898 bis 1922), verwaltet vom Gustav-Adolf-Werk, kam der Gemeinde wie gerufen. So hat das am 7. Oktober 1984 feierlich eingeweihte Gemeindehaus den Namen Johann-Pachelbel-Haus.

Die inzwischen zahlreich gewordenen Gruppen sind Ausdruck eines regen Gemeindelebens unterschiedlicher Ausprägung. Sowohl für die Kinder- und Jugendarbeit (z. B. Pfadfinder oder Kindergottesdienst) als auch für die Erwachsenengruppen wie Kirchen- und Posaunenchor, andere Musikgruppen, Gesprächskreise, Frauenkreis, aber auch Gemeindebücherei und kirchliche Unterrichtsgruppen ist dieses Haus zur Heimat geworden und nicht mehr wegzudenken.

Die Zusammenarbeit von Kirchengemeinde und Diakonie wird nicht nur durch ein gemeinsames Haus dokumentiert, sondern ist auch durch viele andere Gemeinsamkeiten gegeben und hat sich als unverzichtbar bewährt. Unsere Schwestern verrichten ihren Dienst in einem großen Einzugsgebiet auch weit über das Donaumoos hinaus. Vieles von dem, was im Bewußtsein der Öffentlichkeit an Po-

pularität und positivem Eindruck entstanden ist, verdankt die evangelische Kirchengemeinde u. a. der Arbeit der Diakoniestation.

Der Mittelpunkt des Gemeindelebens ist nach wie vor der Gottesdienst. Die in den Jahren 1987 und 1988 renovierte und vergrößerte Kirche bietet hierzu den entsprechenden äußeren Rahmen. Der in den Jahren 1982 bis 1988 amtierende Kirchenvorstand darf wohl (läßt man die Anfangsjahre außer acht) als der Kirchenvorstand der Baumaßnahmen in die Geschichte eingehen. Mit großem persönlichem Einsatz verstanden es die Kirchenvorsteher, einen großen Teil der Gemeinde nicht nur zu interessieren, sondern auch zu mobilisieren. Trotzdem fand der Kirchenvorstand neben all den baulichen Maßnahmen noch Zeit, sich mit konzeptionellen Fragen des Gemeindeaufbaus zu befassen, z. B. auf jährlich stattfindenden Kirchenvorstehertagungen, zu denen je nach Thema verschiedentlich Referenten und Tagungsleiter eingeladen waren.

Manches trägt schon Früchte, so wird z. B. der monatlich stattfindende Abendgottesdienst (an Stelle eines Sonntagvormittagsgottesdienstes) sehr

Pachelbel-Haus Karlshuld: Gemeindehaus und Diakoniestation unter einem Dach

gut und gerne angenommen, vor allem von Jugendlichen und jungen Erwachsenen. Oder der systematische Aufbau eines Mitarbeiterkreises, an den inzwischen bereits verantwortungsvolle Aufgaben delegiert werden konnten. Eine wichtige Rolle spielt die regelmäßige Information in jedem evangelischen Haushalt. Diese geschieht durch den von einem Redaktionsteam gestalteten, zweimonatlich erscheinenden Gemeindebrief.

Für die heute über 1000 Gemeindemitglieder zählende Gemeinde gab es in den letzten Jahren immer wieder Höhepunkte. Da war der erste Donaumooskirchentag 1982 in Untermaxfeld, bei dem als Prediger Oberkirchenrat Theodor Heckel im Donaumoos weilte. Anlaß dieses Kirchentages für Karlshuld war der 150. Jahrestag der Einweihung der ersten evangelischen Kirche (Bretterkirche) in Karlshuld. Hier zeigte sich exemplarisch die Zusammengehörigkeit der Donaumoosgemeinden.

Neben den schon erwähnten Einweihungen des Gemeindehauses 1984 und der neurenovierten Kirche 1987 durch Dekan Heinz Gruhn gab es im Jahr 1988 einen bisher einmaligen Höhepunkt. Es kam Landesbischof D. Dr. Johannes Hanselmann ins Donaumoos. Noch nie vorher hatte ein evangelischer Bischof unsere Gemeinden besucht. Der zweite evangelische Donaumooskirchentag war Grund für den Bischof, nach Karlshuld zu kommen. Der Kirchentag stand unter dem Motto „Glaube überwindet". Anlässe gab es gleich vier: die Kirchweihjubiläen 120 Jahre Ludwigsmoos und 160 Jahre Untermaxfeld, des weiteren 140 Jahre selbständige Pfarrei der reformierten Gemeinde Marienheim und 150 Jahre Selbständigkeit der Evang.-Luth. Gemeinde Karlshuld. Gemeindegrenzen wurden durchlässiger, evangelischer Glaube wurde zeichenhaft öffentlich bekannt, und dies in besonderer Weise auch durch die Predigt unseres Landesbischofs über das Wort aus 1. Joh. 5, 4: „Unser Glaube ist der Sieg, der die Welt überwunden hat."

Treppenaufgang zur Karlshulder Kirche

So gesehen ist das Motto des 2. Donaumooskirchentages in zweifacher Hinsicht bedeutsam. Einmal in der Rückschau als Ausdruck der Dankbarkeit darüber, daß aus der Kraft des Glaubens heraus kleine und große Schwierigkeiten überwunden werden konnten. Zum anderen ist es ein Programm für die Zukunft, auf das zu besinnen sich nicht erst dann lohnt, wenn wir mit unserem Latein am Ende sind, sondern dessen fundamentale Bedeutung nicht zu unterschätzen ist, vor allem dort, wo es darum geht, Konzepte und Strategien zu entwickeln.

Karl-Heinz Wendel

Die Pfarrer in Karlshuld

1838–1847 G. Pächtner
1847–1855 Emil Hörner
1856–1859 Reinhold Koeberlin
1859–1862 Ernst Friedrich Ott
1862–1866 Wilhelm Glaser
1867–1872 Vikar Gotthilf Pächtner (Sohn des ersten Karlshulder Pfarrers, ab 1867 Pfarrer)
1872–1875 Vakanzvertretung durch Pfarrer Dorfmüller (Untermaxfeld)
1875–1876 Theodor Lankmeyer
1876–1881 Gottlieb Zahn
1881–188? Vakanzvertretung durch Pfarrer Dorfmüller (Untermaxfeld) und Pfarrer Ruff (Marienheim)
188?–1886 Wilhelm Laible
1886–1890 Predigtamtskandidat Hezner und Vikar Johannes Gruen, danach kurzfristige Verwesung durch Pfarrer Christian Poehlmann
1890–1895 Karl Dörfler
1895–1898 Georg Günther
1898–1899 Wilhelm Pfeiffer, Predigtamtskandidat
1899–1907 Friedrich Carl
1907–1907 Joseph Ruck, zunächst als Vikar, ab 1907 als Pfarrer
1908–1914 Dr. phil. Georg Pickel
1914–1923 Wilhelm Stahl
1923–1923 Otto Ruprecht, Pfarrverweser
1923–1935 Friedrich Oberhauser
1935–1935 Gustav Maeger, Pfarrverweser
1935–1938 Pfarrer Denninger (Er wurde am 3. 3. 1938 amtsenthoben.)
1938–1938 Christian Gollwitzer, Pfarrverweser
1938–1938 Erwin Poeschl, Pfarrverweser
1938–1942 Ernst Hirschmann
1942–1946 August Lehmann
1946–1947 Vakanzvertretung durch Pfarrer Fritz (Ludwigsmoos)
1947–1948 Hannes Ott
1948–1956 Heinrich Kaeppel
1956–1959 Johannes Hahmann
1959–1970 Adolf Daut
1970–1979 Ludwig Fink
1979–1981 Vakanzvertretung durch Pfarrer Klaus Fohrn (Untermaxfeld)
seit 1981 Karl–Heinz Wendel, zunächst als Pfarrverwalter im Vorbereitungs- und Probedienst, ab 1. März 1987 Übertragung der Pfarrstelle und Ernennung zum Pfarrer (sem.)

Anekdoten aus Karlshuld

Lutherische Zipfel

Als nach den Massenaustritten der Karlshulder aus der katholischen Kirche die erste evangelische Leiche zu bestatten war, hatte man noch keinen eigenen evangelischen Friedhof. Also setzte man sich in Richtung des katholischen Friedhofs in Bewegung. Dies ist den frischgebackenen Protestanten nicht sonderlich gut bekommen. Denn einige Katholiken meinten, sie müßten den lieben Gott vertreten und gegenüber den „lutherischen Zipfeln" die göttliche Strafe herbeiführen, um ihre Abtrünnigkeit zu rächen. Sie bewarfen den Leichenzug mit Steinen. Die „Geschosse" waren so stark, daß die Beerdigungsgesellschaft kehrtmachte und ihre Leiche – damit sie in Frieden ruhen konnte – auf dem vier Kilometer entfernten Friedhof zu Untermaxfeld bestattete.

Hinterbänkler

Der ehemalige Pfarrer von Ludwigsmoos betitelte einstmals die Karlshulder Gottesdienstbesucher als „Hinterbänkler", weil diese in der Kirche immer ganz hinten saßen. Der Karlshulder Pfarrer befragte daraufhin seinen Kollegen – es war gerade Winterzeit –, was er denn mit seinen Leuten mache, damit diese vorne in der Kirche sitzen. „Weißt du", sagte der, „wir haben nur zehn Bankheizungen, und die sind in den vorderen Reihen. Diese Methode wirkt aber nur im Winter." So brachte der Karlshulder Pfarrer diese Neuigkeit in die nächste Kirchenvorstandssitzung. Weil in der Karlshulder Kirche Heizungen an allen Bänken waren, stieß die Ludwigsmooser Idee auf große Zustimmung. „Des mach ma aa!" meinte ein Kirchenvorsteher. „Ja, waas?" fragt ein anderer. Die Antwort: „Im Winter vorn hoaz'n und im Sommer hint'n!"

Islam im Moos

Im Religionsunterricht einer Karlshulder Schulklasse behandelte der Pfarrer das Thema „Islam". „Wer von euch kann mir sagen, was sind Moslems?" Ein Schüler schlagfertig: „Ganz einfach, Herr Pfarrer, im Moos leb'n s'."

Zeit ist relativ

Nicht zu unterschätzen ist die Pünktlichkeit der Mösler beim Gottesdienst. Zehn Minuten, manches Mal fünfzehn Minuten vor Gottesdienstbeginn trifft man sich vor der Kirche zum Ratschen. Zu den Vertretern dieser Pünktlichkeit gehören allerdings nicht die „Reingschmeckten", wie die Neuzugezogenen genannt werden. Nun war da ein von allen geschätzter und geachteter Mann, der Müllerwirt aus Grasheim, er konnte nicht mehr so gut gehen, deshalb fuhr er im hohen Alter mit dem Auto zum Gottesdienst. Er ist wegen seiner noch pünktlicheren Pünktlichkeit bereits eine halbe Stunde früher da, und das an jedem Sonntag. So geschah es auch an dem Sonntag, als die Sommerzeit auf Winterzeit umgestellt wurde und aus einer halben Stunde gleich eineinhalb Stunden wurden. Der Pfarrer beobachtete dies von seinem Fenster aus und eilte zum Fahrzeug, um den Müllerwirt höflich darauf aufmerksam zu machen. „Wollen Sie nicht noch einmal nach Hause fahren? Sie haben sich um eine Stunde geirrt." Müllerwirt: „Weg'n dene paar Minut'n fahr i nimma hoam!"

Läuteordnung

Schon von jeher läuten die Glocken eine Viertelstunde vor Gottesdienstbeginn und dann direkt zum Gottesdienstbeginn. Außerdem sind täglich am Mittag das Zwölfuhrläuten und abends um 18 Uhr das Gebetläuten. An einem wunderschönen Julitag saß die Gemeinde nach einem Familiengottesdienst bei Gegrilltem und beim Bier beisammen. Gegen Abend waren noch einige Stücke Leberkäs und Steaks übrig. Der eifrige Grillmeister drehte seine Runde und pries die Köstlichkeiten an. Die Mesnerin, die immer etwas übrig hat für die schönen Dinge des Lebens, vereinbarte mit ihm: „Wenn's fertig ist, dann schreist!" Als nach zehn Minuten die Glocken läuteten, war die Mesnerin zunächst überrascht, ahnte dann aber, daß das Geläute ihr selber galt. Der Grillmeister hatte die Vereinbarung mißverstanden, statt „Wenn's fertig ist, dann schreist", verstand er „Wenn's fertig ist, dann leitscht (läutest)". Seither gibt es in Karlshuld einen neuen Punkt in der Läuteordnung, mindestens einmal im Jahr das „Leberkäsläuten".

K.-H. W.

LUDWIGSMOOS

Armut der Gründerjahre

Um das Jahr 1831 entstanden die politischen Gemeinden Ludwigsmoos und Klingsmoos. Damit war die Urbarmachung des Mooses abgeschlossen, die 1790 mit der Gründung von Karlskron und Karlshuld begonnen hatte. In einer zweiten Besiedlungswelle waren 1801/02 überwiegend evangelische Siedler aus der Pfalz gekommen, die den Ort Untermaxfeld gründeten. Es waren auch hauptsächlich die Nachkommen dieser Kolonisten, die das „obere Moos" besiedelten. Kirchlich wurden die Evangelischen dieser neuen Gemeinden weiterhin von Untermaxfeld betreut. Das bedeutete für die Gläubigen einen mehrstündigen Anfahrtsweg auf schlechten Straßen. Abhilfe war dringend geboten. Doch während die Walhalla und andere Prunkbauten König Ludwigs I. entstanden, war für ein Kirchlein der armen Protestanten im oberen Moos kein Geld vorhanden.

1848 mußte König Ludwig abdanken. 1849/50 wurde eine evangelische Schule in Ludwigsmoos gebaut. Diese brannte schon 1854 ab. Im Jahr 1855 wurde sie wieder aufgebaut. Auch Klingsmoos erhielt 1857 eine evangelische Schule. Nach vielfältigen Bemühungen bekam Ludwigsmoos am 5. Mai 1857 mit Adalbert Seyfert einen eigenen Vikar. Er blieb jedoch nur wenige Monate. Als zweiter Vikar zog Wilhelm Hoch ins Dachstüblein der Schule ein. Die Frau des Lehrers Zeller sorgte für seine Kost. Vikar Hoch hat sich um die Gemeinde sehr verdient gemacht. Er brachte zuwege, daß die Abendmahlsfeiern und Konfirmationen für die Ludwigs- und Klingsmooser an den Vikariatsort Ludwigsmoos verlegt wurden. Die Gottesdienste fanden sonntäglich im Schulsaal statt. Sicher waren das in wenigen Jahren beachtliche Fortschritte. Eine Dauerlösung konnte dies jedoch nicht sein. Zu eng und stickig war der Schulsaal. Die Kinder mußten stehen und die Erwachsenen, wenn sie überhaupt einen Platz fanden, auf Kinderbänken sitzen.

Für alle stand fest: Eine Kirche muß her. Der dritte Vikar, Friedrich Wilhelm Pietsch (1863–68), sah sich vor allem vor die Aufgabe gestellt, für den Bau einer Kirche zu sorgen. 1864 wurden die Fundamente in den sechs Meter tiefen Torfgrund gebaut. Die Arbeiten müssen sehr sorgfältig durchgeführt worden sein, da noch heute die Kirche ohne Risse dasteht. Die etwa gleich alte Kirche der katholischen Gemeinde in Untermaxfeld mußte vor ein paar Jahren abgebrochen werden, weil die Fundamente das ganze Bauwerk nicht mehr hielten. Die Bauarbeiten in Ludwigsmoos begannen ohne behördliche Genehmigung, und an die Grundsteinlegung dachte man, als der Rohbau 1865 schon ziemlich fertig war. Aber dann tat sich drei Jahre lang gar nichts mehr.

Der Staat hatte zwar die Kosten für den Rohbau übernommen, die Innenausstattung mußte von der Gemeinde getragen werden. Diese war jedoch einfach zu arm, um das Geld aufzubringen. Aus Franken und Schwaben kamen Kollekten, ja sogar aus dem fernen Sachsen gingen reiche Spenden ein. Wenn unsere Gemeinde 1987/88 für ein Baugerüst für die Landeskirche in Sachsen die Summe von 15 000 DM aufbrachte, so war dies ein später Dank für die damals erwiesene Hilfe.

1868 konnte endlich an die Einweihung der Kirche gedacht werden. Vikar Pietsch, der übrigens die ganzen Jahre im Schulhaus von Klingsmoos wohnte, durfte die Früchte seiner Mühen nicht mehr selber ernten. Im Frühjahr 1868 erhielt er eine eigene Pfarrstelle.

Am 19. August 1868 konnte Vikar Ludwig Wilhelm Köberlin das neue, auf 196 Baumstämme gegründete Pfarrhaus beziehen. Eine reiche Kollekte von 3357 fl und andere Liebesgaben haben den Bau möglich gemacht. Für den bescheidenen Parterrebau mußten allein 1950 fl für den Pfahlrost ausgege-

Kirche in Ludwigsmoos

ben werden. Die Einweihung der Kirche fand am 8. September 1868 statt. Das war ein Dienstag und der damals noch gehaltene katholische Feiertag Maria Geburt. Auf diese Weise konnten an dem Fest 14 evangelische Geistliche aus zum Teil weit entfernten Gemeinden teilnehmen. Die Predigt hielt Vikar Köberlin über den 5. Vers des 93. Psalmes „Dein Wort ist eine rechte Lehre, Heiligkeit ist die Zierde deines Hauses ewiglich". Diese Predigt wurde spä-

ter gedruckt und zum Zweck der Schuldentilgung für die Einrichtung der Kirche verbreitet.

120 Jahre später, am 11. September 1988, hat Pfarrer i. R. Albrecht Köberlin, ein Enkel von „ELWEKA" (Ludwig Wilhelm Köberlin), den Kirchweihgottesdienst bei uns gehalten. Der Enkel hat den Großvater noch persönlich gekannt, der im Jahre 1917, ein Jahr bevor „seine" Kirche in Ludwigsmoos ihr 50jähriges Jubiläum begehen konnte, starb.

Dieser Gedenktag fiel in das fünfte Jahr des Ersten Weltkrieges, der kurze Zeit später zu Ende ging und so viel Leid und Elend über fast jede Familie der Gemeinde gebracht hatte.

Dabei waren die vergangenen 50 Jahre auch ohne Krieg schon schwer genug gewesen, die Not in vielen Häusern war unbeschreiblich. Über den Krieg 70/71 gibt unser Archiv keine Auskunft. Aber darüber, daß im Jahre 1870 ein solch großer Futtermangel herrschte, daß manche Leute ihre Strohdächer abdeckten, um damit das Futter für die Tiere zu strecken.

Zwischen 1878 und 1889 war die Vikarstelle nicht besetzt. Pfarrer Dorfmüller aus Untermaxfeld war der einzige Pfarrer für das ganze Moos – bei den damaligen Verkehrsbedingungen eine unvorstellbare Aufgabe.

1901 wurde das neue Schulhaus errichtet, das heute noch steht und nun den Kindergarten Königsmoos beherbergt. Die Trägerschaft liegt bei unserer Gemeinde. 1912 wurde Ludwigsmoos endlich zur selbständigen Pfarrei erhoben.

Das 75jährige Kirchweihjubiläum am 12. September 1943 mußte wieder im fünften Jahr eines Weltkrieges begangen werden. Dekan Bogner war aus Augsburg angereist und hielt die Festpredigt über Klagelieder 3, 22–26. Wie viele bange Gedanken mögen damals zwischen unserer lieben Kirche und den verschiedenen Kriegsschauplätzen hin- und hergegangen sein. So mancher ruhte schon in fremder Erde, und man ahnte wohl, daß noch viele bis zum Ende des Krieges ihr Leben verlieren würden. Welch ein Gegensatz zu diesem bedrückenden Fest war die Feier zum 100. Kirchweihfest, genau am 8. September 1968. In der frisch renovierten Kirche hielt Dekan Karl Heun die Festpredigt über Amos 8, 11–12. Zur Feier am Nachmittag im Küblersaal konnte Vertrauensmann Christian Stelzer eine stolze Erfolgsbilanz über die Leistungen der vergangenen fünf Jahre ablegen: Neubau der Leichenhalle, Neubau des Pfarrhauses mit Gemeindesaal, Neu-

Die evanglische Kirche in Pöttmes

bau der Kirche mit Mesnerwohnung in Pöttmes und schließlich Innen- und Außenrenovierung der Kirche.

Inzwischen hat der Zahn der Zeit sichtbar am Verputz der Ludwigsmooser Kirche genagt. Die Hauptaufgabe des neuen Kirchenvorstandes wird es sein, dafür zu sorgen, daß unsere Kirche bis zum 125jährigen Jubiläum in neuem Glanz erstrahlt. Ich bin überzeugt, das wird geschehen.

Unser Gemeindezentrum wird sich dann harmonisch einfügen in das stattliche Ortsbild unserer Gemeinde Königsmoos, zumal die Gemeindeverwaltung einen großzügigen Ergänzungsbau zum Kindergarten plant. Wer dann unsere Gemeinde besucht, kann sich wohl kaum vorstellen, daß das

Moos fast 150 Jahre das „Armenhaus Bayerns" war. Reich sind wir geworden; jedoch vom Kinderreichtum unserer Vorfahren sind wir weggekommen. Aus Ludwigsmoos und Klingsmoos kam bei Schuljahrsbeginn im Vorjahr nur ein einziges Kind in die 1. Klasse . . .

Manfred Hofstetter

Die Pfarrer in Ludwigsmoos

Bis 1912	Besetzung durch Vikare
1857	Adalbert Seyfert
1858–1863	Friedrich Hoch
1863–1868	Friedrich Wilhelm Pietsch
1868–1871	Ludwig Wilhelm Köberlin
1871–1874	Ludwig Phil. Seiler
1874–1876	Gottlieb Zahn
1876–1878	Rudolf Rosenbauer
1878–1889	Verwesung durch Pfarrer Dorfmüller (Untermaxfeld)
1889–1894	Leonhard Kühhorn
1894–1895	Alfred Mehl
1896–1896	Hermann Günther
1896–1902	Adolf Frenz
1902–1906	Heinrich Dietrich
1906–1907	Ludwig Kollert
1907–1907	Dr. Ernst Friedrich Maurer
1907–1924	Josef Paul Ruck (ab 1912 Pfarrer)
1924–1925	Friedrich Zapf
1925–1930	Karl Eberle
1930–1931	Hermann Söllner, Pfarrverweser
1931–1931	Hermann Schaller, Pfarrverweser
1931–1940	Kurt Grämer
1940–1957	Helmut Friedrich Fritz
1957–1962	Christian Neunhoeffer
1963–1972	Johannes Braun
1973–1979	Siegfried Hogrefe
1979–1988	Otto Zakis
seit 1989	Gustav Setsman

SCHROBENHAUSEN

Anfang im Gefängnis

Die Reformation, die am 31. Oktober 1517 mit dem Thesenanschlag an der Schloßkirche zu Wittenberg ihren Anfang genommen hatte, fand auch in der Schrobenhausener Gegend Anhänger. Die regierenden Herzöge in Bayern taten jedoch alles, um das Land beim katholischen Glauben zu halten. Der Augsburger Bischof, Kardinal Otto Truchseß von Waldburg, beschwerte sich am 25. März 1559 bei Herzog Albrecht V. von Oberbayern offiziell über „Mißstände in Schrobenhausen".

Aufgrund dieser Beschwerde war an den Land- und Stadtrichter in Schrobenhausen, Bernhard Kopfmüller, landesherrliche Weisung ergangen, darüber zu berichten und einzugreifen. Alle „Ketzerischen" waren daraufhin sofort ins Gefängnis geworfen worden. In den folgenden Verhören gaben die meisten klein bei und gelobten reumütige Rückkehr zum alten Glauben. Nur die alte Frau Hörmann und ihre Tochter blieben standhaft. Durch gütiges Zureden gelang es dem Pfarrer Paulus Zettel, die Mutter Hörmann zum Widerruf zu bewegen. Die Tochter war jedoch weiterhin standhaft und blieb in Haft. Am 27. März 1560 wurde sie freigelassen und aus Schrobenhausen ausgewiesen. Damit war die reformatorische Bewegung in Schrobenhausen gescheitert, das Gebiet wieder rein katholisch.

„Auf Weisung vom 20. vorigen, präs. 6. dieses Monats wird hiermit angezeigt, daß in hiesiger Stadt, 7 Individuen protestantischer Religion, und zwar 6 männliche und eine weibliche wohnen." Dies ist der erste amtliche Nachweis von Protestanten in der Stadt Schrobenhausen, er datiert vom 7. Dezember 1826 und wurde vom Verfasser aufgestöbert im Hauptstaatsarchiv in München.

Die Evangelischen waren dem Vikariat Kemmoden zugeordnet, das zum Pfarramt München gehörte. Mit Urkunde vom 21. März 1859 wurden die Protestanten links des Paarflusses und in der Stadt Schrobenhausen in das Vikariat Ludwigsmoos umgepfarrt. Grund hierfür war, daß Ludwigsmoos zu Schrobenhausen günstiger liegt als Kemmoden. Das Vikariat Ludwigsmoos war 1857 errichtet worden und gehörte zur Pfarrei Untermaxfeld.

Im Jahre 1873 lebten in Schrobenhausen zehn bis zwölf evangelische junge Männer, die bei Ämtern und bei der Eisenbahn-Bausektion, vereinzelt auch in Gewerbebetrieben beschäftigt waren. Zum Besuch des Gottesdienstes mußte man nach Ludwigsmoos. Der frühere Stadtsekretär Johann Heinzmann erzählte aus jenen Tagen: „Ich erinnere mich noch recht gut an Ostern 1874, als wir auf einem mit Sitzbrettern belegten Leiterwagen zu Gottesdienst und Abendmahlsfeier nach Ludwigsmoos fuhren. Das Wetter war naßkalt und die Fahrstraße nicht zum besten. Recht erfroren, aber befriedigt und guten Mutes kamen wir am Abend wieder nach Hause."

Gründungsurkunde der „Protestantischen Vereinigung Schrobenhausen"

Kein Wunder, daß die Evangelischen bestrebt waren, in Schrobenhausen Gottesdienste abzuhalten. Aber es fand sich kein Raum dafür, weil jedem Saalbesitzer wirtschaftlicher Boykott angedroht wurde, wenn er einen Saal zu diesem Zweck zur Verfügung stellen würde. Mit Eröffnung der Eisenbahn Ingolstadt–Augsburg am 15. Mai 1875 wurde es zwar etwas besser, weil man nun mit dem Zug nach Augsburg oder nach Ingolstadt zum Gottesdienst fahren konnte, aber es blieb umständlich und beschwerlich.

Am 7. Dezember 1885 schlossen sich die Evangelischen zur „Protestantischen Vereinigung Schrobenhausen" zusammen, um den Zusammenhalt in der Diaspora zu fördern und um nach außen hin geschlossen auftreten zu können.

Nach diesem Zusammenschluß erreichte es Pfarrer Alfred Dorfmüller von Untermaxfeld, der von 1878 bis 1889 auch das verwaiste Vikariat Ludwigsmoos betreute, daß vom Finanzministerium im Amtsgerichtsgefängnis drei kleine Räume zur Verfügung gestellt wurden. Durch Herausbrechen der Zwischenwände schuf man so einen kleinen Betsaal. Endlich hatten die Schrobenhausener Evangelischen einen Raum für ihre Gottesdienste.

Am 9. September 1888 war es dann soweit: Der erste evangelische Gottesdienst in Schrobenhausen konnte stattfinden. Auch aus dem Raum Aichach nahmen Evangelische daran teil, denn dort gab es noch keinen Gottesdienst. Der Chronist berichtet uns sogar, welche Lieder in diesem Gottesdienst gesungen wurden. Zur Ausgestaltung der Gottesdienste im Betsaal diente ein Harmonium, das der Gemeinde im Jahre 1887 vom Gustav-Adolf-Verein geschenkt worden war.

Am 1. Januar 1900 lebten nach Angaben des Bayerischen Statistischen Jahrbuches 50 Protestanten in der Stadt Schrobenhausen. Eine Konfirmation fand erstmals am Ostermontag, dem 31. März 1902, im Betsaal statt: Zwei Kinder wurden konfirmiert. Allerdings war dieser Betsaal im Amtsgerichtsge-

Der Betsaal im Amtsgerichtsgefängnis, der von 1888 bis 1934 der Gemeinde Schrobenhausen als Gottesdienstraum diente.

fängnis nur ein Notbehelf, der Gefängnisbetrieb wirkte sich äußerst störend auf die Gottesdienste aus, zumal der Betsaal im zweiten Stock des Gebäudes lag und die Eingangstür immer gleich wieder abgeschlossen werden mußte. Man war deshalb bestrebt, einen Betsaal oder eine Kirche zu bauen. Zu diesem Zweck gründete man am 23. Februar 1908 einen Kirchenbaufonds, dem am 14. Februar 1909 die Gründung eines Kirchenbauvereins folgte.

Am 7. Oktober 1928 wurden die evangelischen Christen Schrobenhausens der besseren Versorgung wegen nach Ingolstadt umgepfarrt und eine Tochterkirchengemeinde Schrobenhausen errichtet. Von dieser Zeit ab wurde das Ziel, eine eigene Kirche zu bauen, intensiver denn je verfolgt. Zwar hatte die Inflation des Jahres 1923 das kleine angesparte Vermögen aufgefressen, aber man hatte kurz darauf erneut angefangen für das große Ziel zu sparen. Unterstützung fanden die Schrobenhausener durch den Ingolstädter Dekan Gottfried Mein-

zolt; er war ein tatkräftiger Förderer der Schrobenhausener Belange.
So mußten die Schrobenhausener Evangelischen
tatsächlich nahezu ein halbes Jahrhundert regelmäßig „ins Gefängnis" (zum Gottesdienst). Manchen
Spott mußten sie sich gefallen lassen. „Was soll aus
einer Ehe werden", so konnte man am Stammtisch
gefragt werden, „die im Gefängnis geschlossen
wird, und aus Kindern, deren erster Gang (zur Taufe) dorthin führt, wohin ein anständiger Mensch
nie in seinem Leben kommen will?"
Am 15. August 1933 war man einen großen Schritt
weiter: Der Grundstein für eine evangelische Kirche in Schrobenhausen konnte durch Kreisdekan
Oberkirchenrat Baum aus München gelegt werden.
Er weihte die Kirche dann auch bereits am 23.
September 1934 ein.
Die Einweihung fand im Rahmen des Landestref-
fens des Gustav-Adolf-Vereins statt, das an jenem
Wochenende in Ingolstadt abgehalten wurde. Ein
Sonderzug mit 600 Teilnehmern kam aus Ingolstadt nach Schrobenhausen. Und so ist auch erklär-
lich, daß an der Einweihung der neuen Kirche in
Schrobenhausen 70 evangelische Geistliche im Ta-
lar, an der Spitze drei Kreisdekane, teilnahmen.
Daß man die Einweihung während dieses Landes-
treffens vornahm, war ein Ausdruck des Dankes an
den Gustav-Adolf-Verein. Denn ohne dessen tat-
kräftige finanzielle Mithilfe wäre der Bau der Kirche nicht möglich gewesen. Die kleine evangelische
Gemeinde war zwar sehr opferwillig, aber allein
hätte sie das Wagnis des Baues eines Gotteshauses
nicht übernehmen können.
Bereits im Jahre 1942 wurden zwei von den drei
Glocken, die erst acht Jahre zuvor ihren Platz im
Turm erhalten hatten, wieder heruntergeholt: Sie
wurden für Rüstungszwecke eingeschmolzen.
Durch die große Zahl von Flüchtlingen und Heimatvertriebenen, die im Raum Schrobenhausen
eine neue Heimat gefunden hatten, wuchs die Zahl
der Evangelischen auf nahezu 2000 an, gegenüber

302 im Jahre 1939. Dies machte die ständige Anwesenheit eines Pfarrers notwendig. Mit Pfarrer
Friedrich E. Kohls erhielt die Gemeinde am 1. Juni
1945 ihren ersten eigenen Pfarrer. Die bisherige, der
Pfarrei Ingolstadt angeschlossene Tochterkirchen-
gemeinde wurde mit Urkunde vom 27. Mai 1949 in
die selbständige „Evangelisch-Lutherische Kir-
chengemeinde Schrobenhausen" umgewandelt.
Am 7. August 1949 wurde diese neugeschaffene
Pfarrstelle an Pfarrer Kohls übertragen.
Am 4. August 1951 konnte das neuerbaute Pfarr-
haus eingeweiht und bezogen werden. Zuvor war
der Pfarrer mit seiner Familie noch notdürftig im
Turm der Kirche untergebracht gewesen. Auch das
Pfarrhaus war vom Erbauer der Kirche, Architekt
Leopold E. Kalbitz, erbaut worden. Die Einwei-
hung erfolgte durch Oberkirchenrat Daumiller,
München. 1952/1953 erhielt die Kirche den Namen
„Christuskirche".
Nach fast zwölfjähriger Tätigkeit verließ Pfarrer
Friedrich E. Kohls Schrobenhausen im April 1957,
er war nach Garmisch-Grainau berufen worden.
Sein Nachfolger wurde Pfarrer Richard Konhäu-
ser, er trat seinen Dienst im September 1957 an.
Sechzehn Jahre nach Ende des Zweiten Weltkriegs
und neunzehn Jahre nach Abnahme der Glocken
vom Turm konnte die Gemeinde ihr Geläute wieder vervollständigen. Die Weihe der drei neuen
Glocken erfolgte am 19. März 1961. Sogar eine Orgel konnte die opferwillige Gemeinde 1971 für ihre
Kirche beschaffen, nachdem beim Bau der Kirche
hierfür kein Geld vorhanden gewesen war.
Nach 16½jähriger Tätigkeit in Schrobenhausen ver-
starb Pfarrer Richard Konhäuser am 11. Januar
1974. Nach einjähriger Vakanz erhielt die Gemeinde mit Pfarrer Wolfgang Jaehnert wieder einen eigenen Seelsorger. Das bedeutendste Ereignis in
dieser Zeit war der Bau des Gemeindehauses, das
am 16. Oktober 1977 von Kreisdekan Oberkirchenrat Bürckstümmer seiner Bestimmung übergeben
werden konnte. Es wurde zum Mittelpunkt des ge-

Die Christuskirche in Schrobenhausen

samten gemeindlichen Lebens. Nach nur 5½jähriger Tätigkeit schlug erneut die Abschiedsstunde: Pfarrer Wolfgang Jaehnert verließ im November 1980 Schrobenhausen. Er hatte einen Ruf als Militärseelsorger nach Amberg erhalten. Am 13. September 1981 wurde der jetzige Seelsorger, Pfarrer Walter Last, nach wiederum fast einjähriger Vakanz in sein Amt eingeführt.

Den 50. Jahrestag der Einweihung der Kirche feierte die Gemeinde am 23. September 1984. Zu diesem Anlaß wurde die Kirche innen renoviert. Die Gemeinde umfaßt heute etwa 1650 Gemeindeglieder. Im Jahre 1962 war die Zahl bereits auf 1300 abgesunken. Die räumliche Ausdehnung ist noch nahezu die gleiche wie bei Errichtung des Pfarramts 1949, von Freinhausen bis Gollingkreut, von Niederfarnbach bis Sattelberg.

Zum 50. Jahrestag der Einweihung der Christuskirche wurde vom Verfasser dieses Artikels eine Chronik der Schrobenhausener Gemeinde handschriftlich erstellt. Ebenfalls zum Jubiläum wurde eine Festschrift herausgegeben. Zu einem unentbehrlichen Informations- und Kommunikationsmittel in unserem ausgedehnten Diasporabezirk hat sich der Gemeindebrief entwickelt. Im Oktober 1976 zum erstenmal erschienen, stellt er mit jährlich vier bis fünf Ausgaben und Sonderausgaben zu besonderen Anlässen eine wichtige Verbindung der Gemeindeglieder dar.

An jedem Sonn- und Feiertag ist um 9.30 Uhr Gottesdienst in der Christuskirche, der mindestens einmal im Monat mit der Feier des Heiligen Abendmahles verbunden ist. An jedem letzten Samstag im Monat wird eingeladen zum Samstag-Abendgottesdienst mit Feierabendmahl. Auch die Senioren treffen sich einmal im Monat zum Gemeindenachmittag für die ältere Generation, ebenso findet einmal im Monat eine Kirchenvorstandssitzung statt. Jeden Mittwoch treffen sich nachmittags der Bastelkreis und abends der Singkreis. Der Dienstagnachmittag gehört dem Mini-Club (Mütter mit Kindern bis zu drei Jahren). Erfreuliche Fortschritte macht in den letzten Jahren die Ökumene. Die Jugendarbeit ist in Schrobenhausen – wie überall – einem ständigen Auf und Ab unterworfen.

Hans-Joachim Pittius

Die Pfarrer in Schrobenhausen

1949–1957	Friedrich E. Kohls (seit 1945 Amtsaushilfe)
1957–1974	Richard Konhäuser
1975–1980	Wolfgang Jaehnert
seit 1980	Walter Last

136

KEMMODEN

Das Seine treu tun

Bedächtig und gründlich im Denken, gesellig und fröhlich im Feiern, sorgsam an den überlieferten Werten und Normen der Tradition ausgerichtet und doch zugleich dazu frei, sich in persönlicher Verantwortung über Uneinsichtiges hinwegzusetzen – so begegnen einem die mittlerweile alteingesessenen Gemeindeglieder um Kemmoden und Lanzenried.

Seit den Anfängen evangelischen Gemeindelebens in diesem noch fast zum „Ludwig-Thoma-Land" gehörenden Gebiet zwischen Dachau, Altomünster, Schrobenhausen und Pfaffenhofen a. d. Ilm legten die kurz nach 1800 aus der Rheinpfalz und dem Elsaß Eingewanderten großen Wert auf alle Belange, die mit der Schaffung einer eigenen, neuen Heimat inmitten eines gänzlich katholischen Landes zu tun hatten. Der ihnen zugewiesene Grund mußte in jahrelanger mühseliger und harter Arbeit erst urbar gemacht werden.

Um heimisch werden zu können, bedurfte es auch der Möglichkeit, die eigene religiöse Tradition pflegen und ihr nachgehen zu können. Daher bemühten sich die „Rheiner" bereits um 1822/23 beim zuständigen Landrat um Baugrund und -erlaubnis für einen Kirchenbau. Als ihnen dann 1827 vom Mennoniten Dahlem in Kemmoden ein Kirchenbauplatz geschenkt wurde und wenig später der Grund für den Friedhof durch den Wirt Lang in Kemmoden dazukam, ließen sie mit ihren Kirchenbauplänen nicht mehr locker.

Im Jahre 1828 erfolgte die Grundsteinlegung für die jetzige Kirche in Kemmoden. Bereits 1829 hielt der erste Vikar, Georg Bauer aus Stein bei Nürnberg, seinen Einzug in das Gebäude. Im Erdgeschoß befanden sich ein Schulzimmer, zwei Wohnkammern und eine Küche, im Obergeschoß die eigentliche

In den ersten Jahren bis zum Baubeginn hatten sich die Evangelischen in der Kapelle des damaligen Wirtshauses Lang zu Gebet und Gottesdienst unter eigener Regie versammelt. Seelsorgerlich betreut wurden die Evangelischen durch Geistliche aus der Pfarrei in München. Das sah konkret so aus, daß etwa einmal im Jahr einer der dortigen Pfarrer nach Kemmoden reiste, um die seit dem letzten Besuch geborenen Kinder zu taufen und das Heilige Abendmahl zu spenden. Konnten oder wollten die Eltern nicht so lange warten, so kam es in wenigen Fällen vor, daß man mit dem Kind bis nach München hineinzog und dort einen Gottesdienst besuchte oder zum Teil die Kinder von einem katholischen Pfarrer taufen ließ.

Etwa 1824 tauchte in der Gemeinde ein vom Militär entlassener Korporal namens Lörch auf, der von Lanzenried aus begann, Kindern Unterricht zu erteilen. Dazu trafen sie sich auf dem Hammerhof (heute der Weiß-Bauer in Stachusried), meistens jedoch auf dem Tafelhof (heute der Landwirt Bucher in Tafern). Als 1825 die behördliche Erlaubnis zur Erteilung des Unterrichtes vorlag, begann man, die Planung für den Schul- und Kirchenbau unnachgiebig voranzutreiben.

In Lanzenried lag dem Gemeindeglied Daniel Walter die Gemeindebildung und ein entsprechender Schul- und Betsaalbau besonders am Herzen. Er stellte der Gemeinde den Grund für den Bau, den Garten und den Friedhof zur Verfügung. Die Einweihung dieses Gebäudes in Lanzenried feierte man im Jahre 1840. Wie in Kemmoden, so war auch dieses ein „Mehrzweckgebäude": im Erdgeschoß Schulraum und kleine Lehrerwohnung, im Obergeschoß Betsaal. Natürlich wünschten die Gemeindeglieder in der Lanzenrieder Gegend, daß auch hier nun regelmäßig Gottesdienste gefeiert wurden – nach Kemmoden hatten sie von Kleinschwabhausen oder Senkenschlag immerhin rund zwölf Kilometer zu Fuß zu überwinden. Nach vielem und langem hin und her wurden ab 1865 die Gottesdien-

Die Kirche in Kemmoden, im Untergeschoß ursprünglich Schule und Wohnung, oben der Betsaal

Kirche, der „Betsaal". Erst nach und nach konnten Schulraum und Betsaal eingerichtet werden. So erhielt man ein halbes Jahr später Tafeln und Tische für die Schule sowie eine Art Kanzel für den Betsaal (nachdem zunächst ein alter Fensterladen als Kanzelersatz gedient hatte), dann zwei Glöckchen aus der Kapelle vom Wirt Lang, wiederum später einen Dachreiter, 1833 die Orgel und 1888 den Taufstein.

Die Kirche in Lanzenried, ähnlich gebaut wie die in Kemmoden

ste dann jeweils vierzehntägig in Kemmoden und Lanzenried gehalten.

An den Lehrer Vischer, der 1904 in Kemmoden einzog und – anders als seine zahlreichen Vorgänger und auch Vikare – seßhaft wurde, erinnert sich noch manches unserer alten Gemeindeglieder. Lehrer Vischer spielte die Orgel während der Gottesdienste. Da der Vikar oder auch der Lehrer oftmals Gemeindeschreiber waren, kam es – selten zwar – zu diesem Kuriosum: Ein katholisches Brautpaar mußte zur standesamtlichen Trauung zum evangelischen Vikar, um dann die kirchliche Trauung beim katholischen Pfarrer vornehmen zu lassen.

Wenn auch manche Pfarrer und Lehrer hier und da stöhnten, weil junge wie alte Gemeindeglieder teilweise nur sehr mühsam oder auch gar nicht zu neuen und ungewohnten Aktivitäten zu gewinnen waren, so gab es doch, damals wie heute, ungezwungenes, frohes Feiern, das teilweise auch die Grenzen uneinsichtig gewordener Regeln durchaus

zu überschreiten sich traute. Das liest sich in den altehrwürdigen Berichten dann so: „Fast unmöglich erscheint es", schreibt Pfarrer Cohen, „die jungen Leute zu einem Radausflug mitzunehmen. Der Lehrer plante eine zweitägige Wanderung auf den Herzogstand, es scheiterte. Ich hatte für einen jungen Burschen bereits die Erlaubnis des Vaters erwirkt, mit mir nach München zur Verkehrausstellung zu fahren; da sagte er, er habe keine Lust. Aber zum Oktoberfest fahren sie nach München, die Jungen allein, ohne ältere Erwachsene, Burschen und Mädchen, auf zwei Tage, in diesem Jahr 1925 vielleicht gleich 20 auf einmal." Und der zweite Pfarrvikar namens Aures teilt in seiner Pfarrchronik 1834 mit: „Auch die unglaubliche Leichtfertigkeit kam vor, daß am Tauftage eines unehelichen Kindes dessen Großmutter den Reigen eröffnete und tanzte."

Auch heute noch wird gern und fröhlich gefeiert – mit gemeinsamen Spielen für jung und alt, Theaterstückchen, einfachen Volkstänzen für jedermann, Tombola usw., beim Sommerfest und zu anderen Anlässen.

Damals wie heute – ähnlich ist auch dieses: Wandern, Zuzug, neue Heimat suchen und finden. Aus der Zeit um 1800 ist folgendes Beispiel überliefert: Ein junger Soldat aus rheinischem Gebiet kam in den napoleonischen Kriegen auf dem Durchzug in die Gegend von Ainhofen, wo er gutes, billiges Land entdeckte. Die Armut in der Heimat trieb ihn später, hierher zurückzukehren. Anderen erging es ähnlich. Fast ausschließlich Bauern waren es, die sich im Gebiet von Kemmoden und Lanzenried ansiedelten – mitten in Altbayern. Die Orts- und infolgedessen auch Gemeindenamen wie Großkarolinenfeld im Dekanat Rosenheim und Ober- und Untermaxfeld im Donaumoos geben Aufschluß

Zeugnis aus dem Jahr 1889 der evangelischen Schule in Kemmoden (1828-1918) mit der Bemerkung über einen Bauernbuben: „Ein schläfriger Mensch".

Zeugnis

über die
Entlassung aus der Sonn- und Feiertagsschule.

Joh. Schneider Saumschneider [handwritten]

geboren den *18. Februar* 18*73* zu *Kirchenpreißen Bezirk* [handwritten] *Freising*

Bezirksamts _____ , _____ Confession, hat nach erfolgter Entlassung

aus der Werktagsschule die Sonn- und Feiertags-Schule und den damit verbundenen öffentlichen

Religionsunterricht mit *genügendem* [handwritten] Fleiße besucht, sich *sehr*

geringe [handwritten] Kenntniße erworben, ein *sehr lobenswürdiges* [handwritten] Betragen

gepflogen und wird nach Erfüllung der Vorbedingungen aus der Sonn- und Feiertagsschule entlassen.

In den einzelnen Lehrgegenständen hat sich *derselbe* bei der Entlassung folgende Noten

erworben :

Religion :	III.	Aufsätze :	IV
Lesen :	IV.	Mündlich Rechnen :	IV
Deutscher Sprachunterricht :	III.	Schriftlich Rechnen :	IV
Schönschreiben :	III	Gemeinnützige Kenntniße :	IV
Rechtschreiben :	IV	Zeichnen :	

Bemerkungen : *ein schüchtiger Mensch* [handwritten]

Kimmerstein am *7.* Mai 1889

Adolf Lindner Pfr. [handwritten]   *Lochner* [handwritten]

Lokalschulinspektor.   Schullehrer.

Mitgezeichnet *Kimmerstein* den *7.* Mai 1889.

[signature] [handwritten]

Distriktsschulinspektor.

über diesen seltsamen Tatbestand protestantischer Siedler in altbayerischem Gebiet: König Maximilian I. hatte Prinzessin Karoline aus der Pfalz zur Frau genommen – und die war evangelischen Bekenntnisses. Um 1819/20 waren ganze Familiengruppen vertreten – in Kemmoden gleich sieben. Weitere Orte, an denen sie sich niederließen: Langwaid, Fränking, Eck, Schachach, Steinkirchen, Neuried, Senkenschlag, Lanzenried, Berg bei Lanzenried, Wengenhausen, Erlbach, Kleinschwabhausen, Mannried, Triefing . . .

Bis 1835 siedelten in diesem Bereich ca. 100 Familien. Sie hingen nicht alle dem lutherischen Bekenntnis an. Sehr viele waren Reformierte und Mennoniten. Weil für jede Gruppe ihre Traditionen zum heimisch Fühlen dazugehörten, kam es notwendigerweise zu Diskussionen um die „richtige" Gottesdienstform und Liturgie sowie um die rechte Weise der Abendmahlsfeier. Nun heirateten die Siedler ausschließlich untereinander. Gleichzeitig wollte jedoch niemand sein Lutherisch- oder Reformiertsein aufgeben. So praktizierte man folgende innerevangelische Ökumene: War die Mutter lutherisch, so wurden es die Töchter auch. Folgte der Vater dem reformierten Bekenntnis, so galt dies für die Buben. Wenn nun Abendmahl gefeiert wurde, reichte es der Pfarrer ein ums andere Mal wechselnd lutherischem und reformierten Ritus entsprechend. Im Lauf der Zeit setzte sich dann der lutherische Ritus durch.

Viele Siedler zogen auch wieder fort; einige wanderten nach Amerika aus. In dem Zeitraum von 1850 bis 1870 fand der wohl größte Schrumpfungsprozeß von 57 auf 38 Familien statt. Die Gebliebenen hatten einigermaßen Fuß fassen können, wirtschaftlich wie emotional. Zu den Nachbargemeinden ins Moos und nach Allershausen bestanden rege verwandtschaftliche Kontakte, die zu pflegen man wohl bedacht war und noch ist. Es ist nicht verwunderlich, noch in der Pfarrchronik von 1829 bezüglich einer 35 Kinder starken Schule zu lesen:

„Mitunter hatte die Schule in Lanzenried nahezu 20 Kinder mit dem Namen Hirschler."

Heute zählt die Gemeinde Kemmoden knapp 3000 Mitglieder. Infolge des ersten und zweiten Weltkrieges kamen sehr viele Flüchtlinge und Heimatvertriebene evangelischen Bekenntnisses nach Bayern – ihrerseits meistens vormals Siedler, vor allem in Jugoslawien, Ungarn, Rumänien und den „deutschen Ostgebieten". Häufig verdingten sie sich zunächst bei den Bauern der Umgegend, bevor sie andere Arbeit fanden.

Besonders durch den Neu- und Wiederaufbau der Industrie im Großraum München kamen und kommen sehr viele Familien aus anderen Gebieten Deutschlands, vor allem aus Norddeutschland. Sie wohnen vorwiegend in den großen Siedlungsgebieten der politischen Gemeinden Petershausen, Weichs, Markt Indersdorf, Hilgertshausen/Tandern, Gerolsbach und Vierkirchen/Esterhofen. Zahlenmäßig stellen sie den größten Teil der Kirchengemeinde Kemmoden dar. Überwiegend sind sie in technischen Berufen als Facharbeiter und Ingenieure tätig. Rund 80 Prozent der Konfirmanden haben Väter mit der Berufsbezeichnung „Dipl. Ing." Fast alle kommen aus unierten Landeskirchen und erleben die hiesige Gottesdienstordnung und Liturgie als „völlig katholisch".

Für das Miteinander von Alteingesessenen und „Zuagroasten" stellt sich die Frage nach der „richtigen" Gottesdienstform in den letzten Jahren in neuer Weise. Anstelle des Lösungsversuches in der damaligen Zeit hat sich in den letzten Jahren diese Praxis bewährt: Zusätzlich zu den agendarischen Gottesdiensten finden regelmäßig Familiengottesdienste, Kinder-, Meditations- und Begegnungsgottesdienste statt, die gerne angenommen werden. Nicht jedem entspricht jede Gottesdienstform und die Art der Lieder; das wissen Befürworter wie Kritiker dieses Lösungsversuches. Jedoch hat in den letzten Jahren in mühsamer Kleinarbeit gegenseitiges Verstehen und Akzeptieren begonnen, das auch darin zum Ausdruck kommt, daß Alteingesessene und auch „Zuagroaste" hier wie dort anzutreffen sind.

Damals wie heute – es ist die eine Gemeinde Kemmoden. Schon vor knapp 180 Jahren siedelten die ersten Gemeindeglieder nicht an einem Fleck, sondern über etliche Kilometer hinweg in verschiedenen Orten. Von Ost nach West finden wir bereits dieselbe Weite wie heute – von Langwaid bei Scheyern bis über Senkenschlag hinaus nach Reichertshausen und Pipinsried bei Altomünster. Von Nord nach Süd schaut es ähnlich aus: Von Gerolsbach bis Petershausen, Vierkirchen und Markt Indersdorf gab und gibt es Evangelische.

Waren sie früher im Familienkreis auf diesen oder jenen Ort beschränkt und im wesentlichen nur im Kemmoden und Lanzenried herum zu mehreren beieinander, ansonsten weit verstreut, so stellte die leibliche Verwandtschaft ein starkes Bindeglied zur Einheit dar. Heute konzentriert sich der Zuzug im wesentlichen auf die oben genannten politischen Gemeinden, von denen Vierkirchen/Esterhofen und Petershausen mit ihren Bahnstationen noch im S-Bahn-Bereich von München liegen. Verwandtschaftliche Bande gibt es unter diesen „Siedlern" und zu den inzwischen Einheimischen sehr selten. Die angedeutete, völlig unterschiedliche soziologische Struktur macht die Arbeit in dieser Kirchengemeinde nicht nur beschwerlich, sondern auch sehr reizvoll.

Gab es früher „nur" die beiden Zentren Kemmoden und Lanzenried, so haben sich in den vergangenen 40 Jahren drei weitere herausgebildet: Markt Indersdorf, Vierkirchen/Esterhofen und Petershausen. Schon lange finden hier in 14tägigem Turnus Gottesdienste und Kindergottesdienste statt. War man zunächst in den Schulhäusern versammelt, erhielt man später seitens des zuständigen katholischen Pfarramtes die Erlaubnis, im katholischen Gotteshaus die Gottesdienste feiern zu dürfen. Das bedeutete einen riesigen Fortschritt nach

sehr vielen Jahren oft konfrontativen Miteinanders und zuweilen auch Gegeneinanders.

Nachdem in Vierkirchen/Esterhofen 1978 ein sehr schönes Gemeindehaus errichtet werden konte, in Markt Indersdorf Räume angemietet wurden und in Petershausen der Kauf des ehemaligen Raiffeisenbankgeländes möglich gewesen und der Umbau in ein stattliches Gemeinde- und Pfarrhaus 1983 abgeschlossen war, konnten sich die Menschen leichter zusammenfinden. Es entstanden verschiedene Gruppen für Frauen, Kinder, Jugendliche, Senioren, Bibelgesprächskreise, zu christlicher Meditation und Meditationstanz . . .

Hatten sich früher bestimmte Auseinandersetzungen auf Kemmoden und Lanzenried beschränkt, so werden diese nun auch in den anderen Gemeindeteilen mitgeführt. Manchmal erscheint es nicht so einfach, das Bewußtsein dafür, *eine* Gemeinde zu sein, wach und lebendig zu halten. Für manche Mitglieder ist es schon aufgrund der nach wie vor weiten Distanzen nicht möglich, Gottesdienste und Veranstaltungen in einem anderen Gemeindeteil zu besuchen. Wer von Gerolsbach aus z. B. an einem Gottesdienst teilnehmen möchte, muß nach Kemmoden oder Lanzenried als nächstgelegener Gottesdienststation fahren und dazu nach wie vor knappe zehn Kilometer – bis Petershausen 15 – zurücklegen.

Das Bemühen, dennoch den Gedanken der einen Gemeinde Kemmoden lebendig zu erhalten, findet seinen Ausdruck nicht nur in dem eigenen Gemeindebrief, sondern z. B. auch darin, daß das Sommerfest alljährlich in Lanzenried, das Erntedankfest in Vierkirchen, die Adventmusik in Kemmoden stattfindet. Ebenso bilden Kirchen-, Posaunen- und Flötenchor ein Band der Einheit, indem sie immer wieder in jedem Gemeindeteil zugegen sind und die Teilnehmer aus dem gesamten Gemeindegebiet kommen.

Eine Besonderheit liegt noch in dem Besuchsdienstkreis der Gemeinde. Jedes Gemeindeglied,

Das evangelische Gemeindehaus in Vierkirchen

das 18 Jahre und älter ist, erhält zu seinem Geburtstag jedes Jahr eine Karte mit Zeichnung, Photo oder Bild und einem vom zuständigen Pfarrer (oder der Pfarrerin) entworfenen Text. Diese Karte wird von Mitarbeiterinnen des Besuchsdienstkreises übermittelt.

Getragen wird die gesamte Gemeindearbeit von rund 100 ehrenamtlichen Mitarbeiterinnen und Mitarbeitern, die in jedem Bereich anzutreffen sind. Als hauptamtliche Mitarbeiter gibt es den/die Inhaber/-in der Pfarrstelle Kemmoden mit Sitz in Petershausen und den/die Pfarrer/-in z. A., wohnhaft in Markt Indersdorf. Nebenamtlich beschäftigt sind eine Pfarramtssekretärin, zwei Organistinnen und etliche Katechetinnen.

Undenkbar war es vor knapp 180 Jahren schon, die Bauvorhaben und inhaltlichen Belange des Ge-

meindelebens ohne den unermüdlichen Einsatz der einzelnen Mitglieder durchzuführen. Ganz ähnlich war solche Mitarbeit in den letzten Jahren selbstverständlich, als es um den Bau des Gemeindehauses in Vierkirchen/Esterhofen und den Umbau in das jetzige Gemeinde- und Pfarrhaus in Petershausen ging. Auch die Pflege der Gebäude und die unzähligen Aufgaben im Gemeindeleben stehen in den Händen ehrenamtlicher Mitarbeiterinnen und Mitarbeiter.

Um die zehn Jahre ist es her, daß bei Sanierungsarbeiten der Kemmodener Kirche eifrige Gemeindeglieder tatkräftig mit anpackten. Auf dem Dachboden der Kirche wurde ebenfalls gründlich ausgeräumt und saubergemacht. Unter anderem stieß man auf ein riesiges, unförmiges und ziemlich verstaubtes Gebilde, dessen Herkunft und Funktion sich niemand der Anwesenden zu erklären vermochte. Da es viel zu groß war, um es als Ganzes zu beseitigen, zerschnitt man es in zwei große Teile. Als am darauffolgenden Sonntag die Orgel auch nicht einen leisen Ton von sich gab, schwante dem ein und anderen schon der Grund des Übels: Bei dem unförmigen Etwas auf dem Dachboden hatte es sich um den Blasebalg der Orgel gehandelt. Nun wären unsere Kemmodener eben nicht unsere Kemmodener, wenn nicht auch hier jemand sehr geschickt die beiden Teile wieder hätte miteinander verbinden und die Orgel zum Klingen hätte bringen können. Als vor zwei Jahren die Orgel aus anderen Gründen repariert werden mußte, entlockten der Anblick des Blasebalges und die dazugehörende Geschichte dem Orgelbauer nicht nur Worte der entsetzten Verwunderung, sondern auch anerkennenden Lobes für die hervorragende handwerkliche Leistung der Reparatur.

Etwa zur selben Zeit wollten einmal Fremde die Kirche in Kemmoden besichtigen. Die Mesnerin sperrte ihnen auf. Die Fremden verschwanden im Gotteshaus und blieben für lange Zeit unsichtbar. Dies erschien der Mesnerin ein wenig merkwürdig, und als die Fremden nach geraumer Zeit wieder in der Eingangstür auftauchten, sahen sie sich nicht nur der Mesnerin, sondern noch zwei weiteren Dorfbewohnern gegenüber, die – gerade von der Arbeit gerufen – mit Hacke und Rechen dort standen und ihnen ein sorgsam schauendes, freundliches „Grüß Gott" boten. Jene Fremden waren erst kurz zuvor in einem der neuen Siedlungsgebiete zugezogen und in den folgenden Jahren an Arbeits- wie an Festtagen stets zuverlässige Mitarbeiter.

So ist in der Gemeinde Kemmoden jedes von den aktiven Mitgliedern sehr darauf bedacht, das seine treu auszuführen und in einem nie konflikfreien, aber sehr lebendigen Miteinander verbunden zu bleiben.

Beate Schörner

Die Pfarrer in Kemmoden

1829–1832	Georg Bauer, Pfarrverweser
1832–1838	Bockh
1834–1838	Friedrich Schmid
1839–1852	Christian Georg Seyferth, Vikar
1853–1857	Dr. Johann Wilhelm Schick
1857–1862	Ferdinand Schmidt, Vikar
1863–1869	Joseph Pöppel
1869–1874	Oskar Hoffmann
1875–1881	Johann Richter, Vikar
1881–1882	Rudolf Kern, Vikar
1882–1884	Karl Düll
1884–1886	Georg Werlin
1886–1889	Adolf Lindner
1889–1895	Leonhard Schroth, Pfarrvikar
1895–1899	Michael Dannenbauer
1899–1901	Friedrich Bauer, Pfarrvikar
1901–1922	Georg Heydner
1923–1939	Julius Cohen
1930–1932	Gustav Kramer
1932–1951	Friedrich Wilhelm Walter
1951–1961	Hermann Schläfer
1961–1964	Herbert Windhövel
1964–1975	Eberhard Mehl
1975–1977	Rainer Menzel
1977–1984	Hans Auner
1985–1989	Beate Schörner
seit 1989	Bernhard Götz

Streit um das Lamm

Die ersten evangelischen Christen gab es etwa um 1800 in unserer Stadt. Aus den umliegenden lutherischen Siedlergemeinden Kemmoden, Oberallershausen, Brunnenreuth und den Donaumoosgemeinden kamen durch Heirat oder berufliche Veränderungen Evangelische nach Pfaffenhofen. 1802 wurde erstmals einem Protestanten das Bürgerrecht verliehen. 1826 waren es schon 25, im Jahr 1900 lebten 67 Evangelische in Pfaffenhofen. Die Anfänge evangelischen Gemeindelebens waren gesetzt.

Um 1895 kommt es zur Gründung des Vereins „Evangelische Diaspora Pfaffenhofen-Mainburg und Umgebung". Am 21. März 1897 fand der erste evangelische Gottesdienst anläßlich des 100. Geburtstags von Kaiser Wilhelm I. im Rathaussaal durch den Vikar aus Kemmoden statt. Die ersten Geistlichen waren dann Hilfsgeistlicher Griesmaier und später Köberlin. Sie kamen entweder aus Kemmoden oder Ingolstadt.

Im Jahre 1898 wird mit einem Grundkapital von 50 Mark ein Betsaalfonds gegründet. Ein erster Familienabend wird 1900 im Franzbräu abgehalten. Im selben Jahr fand auch durch Pfarrer Ringler aus Ingolstadt die erste Taufe statt. Mit der Hilfe des Gustav-Adolf-Werks konnten bis September 1909 11 600 Mark zusammengetragen werden. Durch Verfügung der Regierung des Königreiches Bayern wurde im dritten Quartal 1913 eine Sammlung in allen „Protestantischen Kirchen rechts des Rheins" für die Erbauung einer protestantischen Kirche in Pfaffenhofen a. d. Ilm durchgeführt. 1914 wurde das Kirchengrundstück an der Münchner Straße gekauft. Krieg und Inflation ließen das angesparte Kapital wertlos werden.

Endlich konnte 1925 die Grundsteinlegung gefeiert werden. Genau ein Jahr später, am 29. Juni 1926, dem Tag Peter und Paul, wurde die Kirche durch den Kreisdekan Oberkirchenrat Baum aus München eingeweiht. Daß dieser Tag ein bedeutender in der Geschichte Pfaffenhofens ist, sieht man daran, daß der Photoband „Pfaffenhofen in alten Ansichten" mit einem Bild vom Festzug zur evangelischen Kirche endet. Die Kirche war anfangs ganz schlicht gehalten, nur mit Schablonenmalerei ausgestaltet. Bald wurde ein großes Holzkruzifix gestiftet und die Ausmalung im Stil der Zeit von 1930 vorgenommen. Prof. H. Röhm aus München hat die Gemälde „Geburt Christi", „Kreuzigung Christi" und „Auferstehung Christi" geschaffen. Ein Lamm in der Apsis, das heute verdeckt ist, hatte damals zu Auseinandersetzungen geführt, die im Rückblick erahnen lassen, welche Zeiten auch auf die Gemeinde in Pfaffenhofen zukamen.

Man stritt mit dem Künstler darum, daß das Lamm nicht „herrisch" genug gemalt sei. Stadtvikar Stätter aus Ingolstadt beklagt in den Jahren nach 1933 die Auseinandersetzungen unter den Gemeindegliedern. Bei einem Erntedankfest wird ein Erntekranz mit Hakenkreuzemblemen am Altar niedergelegt.

Als nach 1945 die Flüchtlingswelle Pfaffenhofen erreichte, wurde die Gemeinde übergroß. Als Flüchtlingspfarrer wurde der Gemeinde Pfarrer Rönsch, der selbst ein Vertriebener war, zugeteilt. Die Gemeinde erreichte eine Größe, wie sie sie heute wieder hat. Mit dem Motorrad, Bibel, Kreuz und Abendmahlgerät im Rucksack, fuhr Pfr. Rönsch zu den Außenorten und hielt mit den der Heimat beraubten, hoffnungslosen Menschen Gottesdienst. Ein Pfarrhaus gab es damals noch nicht. Die Pfarrersfamilie bewohnte eine Zweizimmerwohnung. Bei Traugesprächen mußten dann die schlafenden Kinder in den anderen Raum umquartiert werden.

Schon 1945 wurde der Kauf einer Orgel beschlossen, aber erst 1959 konnte das Instrument einge-

Kreuzkirche Pfaffenhofen

weiht werden. Zuerst wurden 1950 die Kriegsschäden an der Kirche ausgebessert. Dann wurden zu der alten, von der evangelischen Gemeinde Rosenheim 1926 günstig erworbenen Glocke, gegossen 1886, noch zwei weitere Glocken zu einem schönen Geläut dazuerworben. Wer genau hinhört, merkt, daß unser Geläut mit dem der katholischen Kirche abgestimmt wurde. Im Jahr 1955 verläßt Pfr. Rönsch Pfaffenhofen, die Gemeinde wird nun von Pfr. Reuter geleitet. In diesem Jahr wird ein Haus als Pfarrhaus erworben. 1964 wurde dann eine gründliche Kirchenrenovierung durchgeführt. Die Kirchengemeinde ist nach dem Wegzug mancher Heimatvertriebener auf das Maß von etwa 1500 Gemeindemitgliedern gesunken.

Im Jahre 1972 übernimmt Pfr. Löbermann die Pfarrstelle. Sie zählt nun 1800 Mitglieder. Die Stadt Pfaffenhofen beginnt zu wachsen, wobei die An-

Gemeindezentrum Pfaffenhofen

zahl der Evangelischen überproportional zunimmt. Sehr bald wird der Bau eines eigenen Gemeindehauses angestrebt. Um neben dem gottesdienstlichen Leben auch dem Konfirmandenunterricht, Jugendgruppen, einem Seniorenkreis, dem Kirchenchor und später dem Posaunenchor Platz zu geben, werden 1974 im Untergeschoß des katholischen Kindergartens St. Michael zwei Räume angemietet. Dort baut sich die Gemeinde im Laufe der Jahre weiter auf. Hier wird auch sonntäglich Kindergottesdienst gehalten. Die Gemeinde wird regelmäßig durch einen Gemeindebrief informiert. Pfarrer Löbermann übernimmt 1979 eine Aufgabe in Tansania.

Nach einer längeren Vakanzzeit mit ihren Problemen übernimmt Pfarrer Otto die Gemeinde. Sie hat mittlerweile ca. 2300 Gemeindemitglieder. Der Bau des Gemeindezentrums wird vorangetrieben. Im Sommer 1985 wird es mit einem festlichen Gottesdienst eingeweiht. Die Landeskirche hat zusammen mit dem Evangelischen Siedlungswerk zugleich 23 altersgerechte Wohnungen errichtet.

Im Gemeindezentrum entsteht blühendes Leben. Heute treffen sich dort neben den traditionell üblichen Gruppen, wie Kirchenchor, Posaunenchor, Konfirmanden und Präparanden, Kirchenvorstand und Senioren, vier Mutter-Kind-Gruppen, die Gruppe der Mütter gegen Atomkraft, Handarbeitskreis, Jugendgruppe. Einen besonderen Schwerpunkt bildet die Seniorenarbeit. Es gibt einen Seniorentagesraum mit einem vielfältigen Angebot wie Seniorennachmittage mit Programm, Romméspielen, Gymnastik, sogar einmal wöchentlich einen Mittagstisch.

Zum Aufgabenbereich unserer Gemeinde gehört auch die Betreuung des neuen Kreiskrankenhauses. Eine Gruppe von Krankenseelsorgehelfern besucht regelmäßig die evangelischen Patienten. Einmal wöchentlich findet eine Andacht in der Krankenhauskapelle statt.

1986 wird die Kirche einer grundlegenden Innen- und Außenrenovierung unterzogen. Sie wird farblich und künstlerisch neu gestaltet. Die Arbeiten führen der Kirchenmaler Hubert Distler und der Bildhauer Karlheinz Hoffmann aus. Am Turm wird der „Traum der Vorfahren", eine Turmuhr, verwirklicht. Der Hahn auf dem Kirchendach mahnt die Menschen „Achtet auf euch, eure Grenzen und eure Fehler, fallt nicht um, wie es einst dem Petrus geschah" und zeigt zugleich, woher in Pfaffenhofen gerade der Wind weht.

Die Kirchengemeinde zählt derzeit 3700 Mitglieder, und sie wächst weiter. Zum Sprengel der Gemeinde gehören heute die Stadt Pfaffenhofen mit ihren Ortsteilen, die Gemeinden Hettenshausen, Ilmmünster, Scheyern, große Teile von Reichertshausen und Pörnbach, Teilgebiete der Gemeinden Reichertshofen und Schweitenkirchen. Im August 1986 wird die neuerrichtete Stelle für einen Pfarrer zur Anstellung mit Karoline Labitzke besetzt. Sie führte 14 Monate das Pfarramt, nachdem Pfr. Otto 1988 Pfaffenhofen verlassen hatte. Seine Nachfolge trat am 1. Dezember 1989 Peter Nauhauser an. Seit 1987 tut auch eine Gemeindeschwester zusammen mit zwei Zivildienstleistenden im Bereich „Diakonie in Pfaffenhofen" den wichtigen Dienst tätiger Nächstenliebe.

Aus der kleinen Schar vor nahezu 200 Jahren ist nun eine große Stadtgemeinde in der Diaspora geworden, die sich in einer immer säkularer werdenden Welt weiter der Sorge um den Menschen verpflichtet weiß. Diesen Auftrag versucht sie zusammen mit ihrer katholischen Schwestergemeinde St. Johann Baptist, zu der seit Jahren ein freundschaftliches Miteinander besteht, zu erfüllen.

Heinz-Dieter Otto/Gerhard Berger

Die Pfarrer in Pfaffenhofen

1949–1955	Gerhard Rönsch
1955–1972	Emil Reuther
1972–1979	Rüdiger Löbermann
1979–1980	Götz von Egloffstein, Pfarrverweser
1980–1988	Heinz-Dieter Otto
seit 1989	Peter Nauhauser

Franken und Vertriebene

Im Zentrum des größten Hopfenanbaugebietes der Welt liegt Mainburg. Erste urkundliche Erwähnungen reichen zurück bis ins 13. Jahrhundert. Im Vertrag über die Teilung Oberbayerns zwischen den Herzögen Rudolf und Ludwig vom 1. Oktober 1310 wird „Maienberch" dem Münchner Anteil zugeordnet. In diesem Jahr wird der Ort zum erstenmal als Marktflecken erwähnt. Bis in die Zeit des Dreißigjährigen Krieges war Mainburg mit einer Ringmauer umgeben; drei Tore, das Landshuter, das Münchner und das Regensburger Tor, führten in den Markt, dessen Form bis heute erkennbar geblieben ist.

Mit Entschließung vom 16. Juni 1954 wurde Mainburg zur Stadt erhoben. Die Feierlichkeiten im September dauerten mehrere Tage. Hans Detter schreibt dazu in seiner Mainburger Heimatgeschichte: „Neben Dr. Hoegner, Weihbischof Hiltl, Dekan Simon, Ingolstadt, Regierungspräsident Dr. Ulrich, Landrat Pichl gab eine Vielzahl prominenter Ehrengäste Mainburg die Ehre ihrer Teilnahme. Anderntags, dem 19. September, folgte unter der Devise ‚Stadt und Land, Hand in Hand' der Tag der Heimat. Während Stadtpfarrer Schmid auf dem Feldaltar vor dem Portal der Frauenkirche das heilige Meßopfer darbrachte, fand in der Laurentiuskirche unter Dekan Simon, Ingolstadt, der evangelische Festgottesdienst statt. Beide Gottesdienste waren sehr gut besucht."

Die ersten evangelischen Christen dürften wohl gegen Ende des 19. Jahrhunderts in den Landkreis gekommen sein. Es waren meist Beamte aus fränkischen Gebieten, die hierher versetzt wurden. Mainburg gehörte damals noch zur Pfarrei St. Matthäus, Ingolstadt. Von dort kam seit etwa 1910 in größeren Abständen der jeweilige Ingolstädter Stadtvikar,

Erlöserkirche Mainburg

unter anderem auch der spätere Kreisdekan D. Daumiller.

Die Gottesdienste wurden damals noch in der Knabenschule gehalten. Bereits 1914 war der Bau einer „Protestantischen Kapelle" geplant, schreibt Hans Detter, doch der Gemeinderat lehnte den Verkauf eines Bauplatzes vor dem Friedhof wegen Beeinträchtigung gemeindlicher Vorhaben ab. Zehn Jahre später scheiterte ein neuer Versuch, in Mainburg eine evangelische Kapelle zu errichten. Erst 1937 konnte vor allem durch die Initiative der Familien Dr. Gottfried Daxl (Mainburg) und Kaufmann

Georg Herrscher (Au/Hallertau) eine kleine, wunderschöne Kapelle am Laurentiusweg in Mainburg gebaut werden. Den Plan fertigte der damalige Baurat der Landeskirche, Architekt Heinrich. Am Sonntag Exaudi (9. Mai 1937) wurde die Laurentiuskapelle durch Oberkirchenrat Daumiller eingeweiht.

Waren es vor dem Krieg etwas mehr als einhundert Gemeindeglieder, so stieg die Zahl der Evangelischen in Mainburg und dem dazugehörenden Landkreis bis zum Kriegsende stetig. Aus Hamburg kamen bereits 1940 etwa hundert Kinder, vor allem nach Aiglsbach, Au und Mainburg. Nach den schweren Luftangriffen 1943 zogen auch Hamburger Frauen mit ihren Kindern zu. Die mitevakuierte Diakonisse Schwester Agnes sorgte mit für die Betreuung und hielt auch den Religionsunterricht sowie Andachten in der Kapelle.

Mit dem Kriegsende 1945 begann eine ganz neue Entwicklung: Mit den Flüchtlingen stieg die Zahl der Evangelischen in der Hallertau auf weit über 3000 an. Das Schicksal der Vertriebenen prägte der Gemeinde mehr als bisher den Stempel der Not auf. Die Pfarramtschronik berichtet, daß evangelische Familien wiederholt mit „Schikanen" zu rechnen hatten, waren doch Christen evangelischen Bekenntnisses in den meisten Dörfern der Hallertau bislang unbekannt.

Die Flüchtlingspfarrer Mätschke, Lobisch und Wettberg sammelten die weitverstreute Gemeinde. Die Gottesdiensträume auf den Dörfern waren mehr als bescheiden, und weil in Mainburg die kleine Kapelle nicht mehr ausreichte, wurde vom damaligen Schulverein der Realschule die Aula den Evangelischen für ihre Gottesdienste überlassen. Durch das Entgegenkommen des katholischen Stadtpfarrers Christoph Schmid durfte die Gemeinde seit 1947 die katholische St.-Laurentius-Pfarrkirche mitbenutzen, was in der hiesigen Region alles andere als eine Selbstverständlichkeit war.

Zum 1. Oktober 1949 hatte die Landessynode die Errichtung einer Evangelisch-Lutherischen Kirchengemeinde Mainburg beschlossen und Pfarrer Gotthelf Hüfner zum Stelleninhaber des Pfarramtes ernannt. Zum März 1950 wurde das Vikariat Au errichtet und mit Vikar Wilhelm Schubert besetzt. Dazu ist in der Pfarramtschronik zu lesen: „In sehr erfreulicher Zusammenarbeit konnte von da an die Gemeinde einigermaßen ordnungsgemäß versorgt werden."

Fehlende Arbeitsplätze in der fast ausschließlich landwirtschaftlich geprägten Region zwangen viele Flüchtlinge, den Mainburger Raum wieder zu verlassen. Doch mehr und mehr drängte die Entwick-

Christuskirche Au

149

lung der Gemeinde und des Gemeindelebens darauf hin, einen Sammelpunkt für die Gemeinde zu schaffen, so steht es in der Chronik zu lesen. 1953 wurde ein Kirchenbauverein gegründet, der die Grundlage zum Bau eines Gemeindezentrums schuf. Am Sonntag Rogate, dem 6. Mai 1956, erfolgte die Grundsteinlegung und am 21. Oktober desselben Jahres die Einweihung des Gemeindezentrums, mit dessen Errichtung Pfarrer Joachim Pauli, seit 23. Januar 1955 Mainburgs Pfarrer, beauftragt war.

Dazu schreibt der damalige katholische Stadtpfarrer Christoph Schmid in seinem Buch „Mainburg und seine Kirchen": „Wir von der größeren katholischen Pfarrgemeinde freuten uns mit ehrlichem Herzen mit, als es den langwierigen opfervollen Bemühungen der beiden Pfarrer Hüfner und Pauli gelang, einen Bauplatz am Mitterweg zu erwerben und dort den sehr würdigen Bau einer geräumigen und künstlerisch vom Ehepaar Münch, Ebrantshausen, trefflich ausgestatteten Pfarrkirche - Erlöserkirche genannt - mit Pfarrzentrum durchzuführen. Bei der Einweihungsfeier am 21. 10. 1956 überbrachte ich als Vertreter der großen katholischen Gemeinde Mainburg in ehrlicher Mitfreude die Grüße und Wünsche der katholischen Brüder und Schwestern am Ort, getreu der paulinischen Maxime ‚Freut euch mit den sich Freuenden!' "

Vom Tag der Einweihung berichtet die Pfarramtschronik: „Die große Gemeinde versammelte sich an der Laurentiuskapelle. Hier hielt Pfarrer Pauli die Abschiedsansprache. Dann übernahmen die Pfarrer des Kirchenbezirkes Ingolstadt die heiligen Geräte und zogen, gefolgt von den Ehrengästen und der Gemeinde, zum neuen Gotteshaus. Nach vollzogener Weihehandlung hielt der Kreisdekan von München, Oberkirchenrat Schabert, die Festpredigt. Der Ingolstädter Kirchenchor und Posaunenbläser halfen, den Gottesdienst festlich zu gestalten. Die katholischen Gäste waren tief beeindruckt."

Fast auf den Tag genau ein Jahr später, am 20. Oktober 1957, wurden die neuen Glocken durch Dekan Simon geweiht. Als neuer Pfarrer übernahm Rudolph Kießling im März 1962 die Pfarrei Mainburg. Er machte sich zur Aufgabe, die geplante Verlegung der Kapelle vom Laurentiusweg nach Au durchzuführen. Den Plan dazu schuf Architekt Alexander Oppermann vom Baureferat des Landeskirchenrates in München. Am 9. Juni 1963 war es dann soweit: Die Auer und Mainburger Gemeindeglieder trafen sich zur festlichen Grundsteinlegung für die neue Christuskirche in Au. Der 20. Oktober, als Tag der Weihe des neuen Kirchleins in Au, wurde zu einem Festtag der ganzen Gemeinde. Oberkirchenrat Hans Schmidt, München, weihte die Kirche und hielt die Festpredigt. In all den Jahren des Aufbaus der Gemeinde nach 1945 hatten einen großen Teil der Arbeitslast die Pfarramtsgehilfin Elfriede Appel und der Kirchenpfleger Alfred Groschopp getragen.

Mit der Gebietsreform wurde die Kirchengemeinde 1972 vom Kirchenkreis München in den Regensburger Kirchenkreis umgesprengelt. Damals zählte die Gemeinde etwa 1000 Seelen. Der Landkreisverlust machte Mainburg zur Schulstadt. Drei große Schulzentren sind Mitte der siebziger Jahre entstanden: Gymnasium, Hauptschule und Berufsschule mit insgesamt weit über 2000 Schülern. Verständlich, daß der Religionsunterricht zu einem Schwerpunkt der Gemeindearbeit wurde.

Von einer ganz besonderen Einrichtung gilt es noch zu berichten: Von 1977 bis 1980 war in Mainburg eine Sprachenschule für Spätaussiedler aus der Sowjetunion. In dieser Zeit besuchten viele dieser jungen Leute den Tauf- und Konfirmandenunterricht. 53 junge Menschen im Alter zwischen 17 und 33 Jahren wurden in dieser Zeit in der Erlöserkirche getauft und konfirmiert.

Seit Beginn der achtziger Jahre ist die Gemeinde im Wachsen begriffen und zählt jetzt 1500 Mitglieder. Vornehmlich junge Familien aus den Ballungszen-

Pfingstfenster von Helmut Münch in der Erlöserkirche Mainburg

gestellt: Es beginnt mit der „Befreiung Israels aus der ägyptischen Knechtschaft", es folgen „Hiob und sein Erlöser", „Karfreitag", „Ostern", und es wird fortgesetzt mit den Themen „Erlösung vom Tod" und der „Vision vom himmlischen Jerusalem". Die restlichen drei Fenster haben die Sakramente Taufe und Abendmahl zum Thema. Auf der Empore ist ein leuchtendes, strahlendes Pfingstfenster zu sehen. Sämtliche Entwürfe stammen von dem Künstler Helmut Münch, Ebrantshausen.

Gemeindekreise gibt es in Mainburg wie in allen anderen Gemeinden auch: Kindergottesdienst, Jugend-, Musik-, Hobby-, Senioren- und ökumenischer Gesprächskreis treffen sich regelmäßig. Manchmal bereiten die Entfernungen Schwierigkeiten - unsere Gemeinde ist auf einer Fläche von 300 qkm mit fast 100 Ortschaften verstreut -, unüberwindlich waren die Distanzen bisher noch nie, so daß jedem, dem daran gelegen ist, die Teilnahme am Leben der Gemeinde ermöglicht wird.

Die Gottesdienste in Mainburg und Au sind nach wie vor Zentrum und Mitte des Lebens unserer Gemeinde. Ohne ehrenamtliche Mitarbeiter ist die Arbeit in einer so großen Diasporagemeinde kaum vorstellbar. Über 50 Helferinnen und Helfer unterstützen den Pfarrer in seinem Dienst.

Günter Kohler

tren und Arbeitssuchende aus dem norddeutschen Raum entdecken Mainburgs „Qualitäten".

Nach umfangreichen Renovierungsarbeiten im Frühjahr 1987 erstrahlt die Erlöserkirche in Mainburg in neuem Glanz. Durch die Neugestaltung der Kirchenfenster hat der Kirchenraum sowohl an sakraler als auch an meditativer Bedeutung einen völlig neuen Charakter bekommen. Entsprechend dem Namen Erlöserkirche ist das biblische Thema „Erlösung" in sechs der neuen Fenster bildlich dar-

Die Pfarrer in Mainburg

1945-1949	die Flüchtlingspfarrer: Mätschke, Lobisch, Wettberg
1949-1954	Gotthelf Hüfner
1950-1954	Vikar Wilhelm Schubert in Au
1954-1955	Verwesung durch Pfr. Kaeppel, Karlshuld
1955-1962	Joachim Pauli
1962-1970	Rudolph Kießling
1971-1975	Walter Enßlin
1975-1976	Horst v. Bressensdorf
seit 1976	Günter Kohler

Baustelle am Kanal

Die Kirchengemeinde Riedenburg wurde erst 1955 ins Leben gerufen. Sie umfaßt mit einer Fläche von 700 qkm 130 Ortschaften. Natürlich wohnen nicht überall Evangelische. Die Hauptorte sind: die ehemalige Kreisstadt Riedenburg, der Marktflecken Altmannstein, die Ortschaften Sandersdorf, Mindelstetten und Oberdolling.

In dem großen Gemeindebezirk leben 810 evangelische Christen. Der Schwerpunkt hat sich in den letzten Jahren von Riedenburg nach Altmannstein verlagert. Jetzt wohnen allein im Bereich der politischen Gemeinde Altmannstein 450 Gemeindeglieder. In der Pfarrei liegt auch das Übergangswohnheim für Spätaussiedler in Sandersdorf, die sich sehr rege am Gemeindeleben beteiligen.

Um die Jahrhundertwende haben in und um Riedenburg nur ein paar evangelische Familien gelebt. Am 18. Juni 1899 ist unter Vorsitz des Freiherrn von Troeltsch ein Verein für „Evangelische Diaspora Riedenburg und Umgebung" gegründet worden. Die Evangelischen wurden damals von Kelheim, später von Ingolstadt aus kirchlich betreut. Etwa fünf- bis zehnmal jährlich rief eine eigene Glocke zum Gottesdienst. Sie trug die hoffnungsvolle Aufschrift „Ich bin die Auferstehung und das Leben". Der Gottesdienst fand im Rathaus, dem heutigen Fremdenverkehrsamt, statt. Die alte Glocke ist verschollen.

Nach Beendigung des Zweiten Weltkrieges hat sich die Lage für die Evangelischen schlagartig verändert. Durch den Flüchtlingsstrom aus den deut-

Die ehemalige Barackenkirche in Riedenburg

schen Ostgebieten wuchs die Zahl der Evangelischen auf 1200 bis 1600 heran. Unter ihnen befand sich auch der Pfarrer Karl Peter mit seiner Frau Magdalena aus Beschka (Batschka). Erst als Amtsaushilfe, dann als Vikar und schließlich ab 1955 bis 1961 als Pfarrer war er in Riedenburg tätig. Er sammelte unermüdlich die evangelischen Heimatvertriebenen und baute ein evangelisches Kirchentum auf. Ein Dienstplan aus dem Jahre 1950 spricht für die Aufbruchsstimmung, die noch einige Jahre andauerte. Bekannt wurde Pfarrer Peter auch dadurch, daß er sich in Riedenburg der kriegsgefangenen Offiziere auf der Rosenburg und der Mannschaften auf der Klosterwiese unter freiem Himmel annahm. Mit seiner lebensnahen Predigt und Seelsorge gab er den Gefangenen neuen Lebensmut. Daneben verschaffte er ihnen Tabakspfeifen und Wolldecken.

In den Jahren 1954 und 1955 gingen einige langersehnte Wünsche in Erfüllung: 1954 konnte die erste Wahl des Kirchenvorstands durchgeführt werden; 1955 wurde Riedenburg zur selbständigen Pfarrei erhoben; im gleichen Jahr gingen die Gemeindeglieder daran, eine Kirche zu erbauen.

Über zehn Jahre versammelte sich die weitverstreute Gemeinde in Schulsälen, Turnhallen und in der Barackenkirche. Das Grundstück für den Kirchenbau stiftete der Edle Otto von Weidenbach zu Hexenagger. Sogar die gesamte Bevölkerung des Landkreises folgte dem Spendenaufruf, aber auch die beiden Patengemeinden Treuchtlingen und Heidenheim-Schnaitheim (Württemberg). Am 23. Oktober 1955 wurde die achteckige Kirche durch Kreisdekan Oberkirchenrat Schabert eingeweiht. Sie erhielt den Namen „Christuskirche". In einer Nische über dem Altar befindet sich die eindrucksvolle Kreuzigungsgruppe von dem Künstler und Bildhauer Hemmeter aus München.

Ein besonderes Merkmal der Riedenburger Pfarrei waren die vielen Mitarbeiter. Der aus Bessarabien stammende Lehrer Wilhelm Gäßler zählte zu ih-

Die alte Riedenburger Glocke

nen. Nach besten Kräften unterstützte er den Ortspfarrer von Anfang an beim Aufbau der Gemeinde. Von 1950 bis 1964 leitete er die evangelische Konfessionsschule in Riedenburg. Diese konnte erst nach langwierigen Auseinandersetzungen errichtet werden. Bereits 1945 gründete Wilhelm Gäßler den Kirchenchor und fünf Jahre später den Posaunenchor, der noch heute besteht und bei festlichen Anlässen mitwirkt.

Die Zahl der Gemeindeglieder ist in den Jahren 1960 bis 1969 auf 570 gesunken. Fehlende Arbeitsplätze bedingten sicher die Abwanderung vieler Evangelischer. In dieser schwierigen Zeit war Martin Weiß der zweite evangelische Pfarrer der Kirchengemeinde. Er schreibt darüber in der Chronik: „Ich habe mich bemüht, die kleine Herde zu sammeln und zusammenzuhalten. Überall wurde ich freundlich aufgenommen. Der kleine VW-Bus der Gemeinde war mir im Dienst eine große Hilfe."

Die Christuskirche Riedenburg

Die Kirchengemeinde Riedenburg war die erste Gemeinde im Dekanatsbezirk Ingolstadt, die 1970 ihren Pfarrer selber wählen durfte. Die Wahl des Kirchenvorstands fiel auf Pfarrer Johannes Schröter aus Weidenberg/Oberfranken. Dieser konnte bald mit seiner Familie in das 1967 erbaute Pfarrhaus einziehen. Schnell wurde er als der „Reisepfarrer" bekannt. Oft legte er im Jahr über 10 000 km im Kirchenbus zurück, um die Konfirmanden zum Unterricht und Gemeindeglieder zum Gottesdienst in Altmannstein zu fahren. Dort wird heute noch in der schönen Kapelle des Altenheims Maria Rast vierzehntäglich und an Festtagen Gottesdienst gehalten. Beachtenswert ist in der Altmannsteiner Altenheim-Kapelle das Kreuz. Es stammt aus dem Umkreis des heimatlichen Bildhauers Ignaz Günther (1725-1775).

Das Verhältnis zu den katholischen Ortsgemeinden ist gut. Wir dürfen als Gäste die Kapelle in Altmannstein benützen. Nun wird uns auch noch im dortigen Kindergarten ein Raum für den Kindergottesdienst zur Verfügung gestellt. Bei Beerdigungen werden uns die katholischen Gotteshäuser bereitwillig überlassen. In Riedenburg wird der Weltgebetstag gemeinsam abgehalten. Die ökumenischen Beziehungen sind sicher ausbaufähig.

Zur Zeit ist Riedenburg wegen des Rhein-Main-Donau-Kanals eine einzige Baustelle. Das wird wahrscheinlich bis 1992/95 dauern. Auch die Kirchengemeinde ist ein „Bauplatz". Der Kirchenvorstand überlegt sehr eingehend mit Pfarrer Werner Kurz, der am 7. Februar 1988 von Dekan Heinz Gruhn in sein Amt eingeführt wurde, welche Initiativen ergriffen werden können und welche notwendig sind.

Aber wir wissen auch, daß wir in der Gemeinde nur Handlanger sind. Der Bauherr ist Christus. Erfreulicherweise haben sich neue Mitarbeiter gewinnen lassen. So kann in Altmannstein ein Kindergottesdienst eingerichtet werden. Frauen fühlen sich verantwortlich für·die Arbeit im Frauenkreis. Eine Mutter möchte gerne einen Kinderkreis ins Leben

Altarraum der Christuskirche Riedenburg

155

rufen. Sehr beliebt ist der „Gottesdienst am Mittwoch", der von Gemeindegliedern vorbereitet wird. Auch weitere Gemeindehelferinnen sind hinzugekommen, die den Gemeindebrief verteilen und bei den kirchlichen Sammlungen mithelfen. Erwähnt werden muß hier unsere „Lisa" (Elisabeth Stehli), die in ihrem Garten die Blumen für den Altarschmuck heranzieht.

Eine große Sorge bereitet allerdings der Organistendienst in Riedenburg. Unsere Organistin, Gertrud von Pieverling, ist fast 80 Jahre. In beinahe jedem Gottesdienst spielt sie. Unterstützt wird sie von einer Studentin. Wer wird hier einmal einspringen? Um so dankbarer sind wir, daß in Altmannstein der praktische Arzt Dr. Reinhart Schmidt den Orgeldienst ausübt.

Was uns insgesamt Freude macht, ist der gute Gottesdienstbesuch in unserer Diasporagemeinde. Wort und Sakrament sind die Quellen unserer Kraft und werden es bleiben. Obwohl wir in der Gemeindearbeit um der Menschen willen alle Kräfte aufbieten müssen, dürfen wir ein Stück Gelassenheit behalten. Denn die Zukunft unserer Kirche und Gemeinde ist Jesus Christus.

Werner Kurz

Altarkreuz in der ökumenisch genutzten Altmannsteiner Altenheim-Kapelle

Daß man nicht unnütz streite

Vier Kilometer östlich von Neuburg a. d. Donau liegt der 1976 durch die Gebietsreform eingemeindete Stadtteil Marienheim. Die Geschichte Marienheims ist ohne die Entstehung der „Evangelisch-Reformierten Kirchengemeinde Marienheim" nicht zu verstehen.

Mittelbar hängt ihre Entstehung mit der Geschichte der Kultivierung des Donaumooses zusammen, obwohl Marienheim geographisch und geologisch nicht zum Donaumoos gehört. Die ursprüngliche Fläche des heutigen Marienheim bestand aus Wald oder Weideland. Die Flurbezeichnung lautete „Im Gromet" oder auch „Im Krummet". Besitzerin der meisten Parzellen „Im Gromet" war Maria Leopoldine von Österreich-Este (1776–1848), die Witwe des Kurfürsten Karl Theodor (1724–1799) und spätere Frau des Grafen Ludwig von Arco.

Seit dem Jahre 1809 wurde das heutige Marienheim besiedelt. Es entstanden ein Ober- und Unterdorf mit dem dazwischen liegenden Friedhof, der auf eine Schenkung Maria Leopoldines zurückgeht. Von daher rührt auch die spätere Ortsbezeichnung „Marienheim".

Daß vornehmlich Reformierte „Im Gromet" ansiedelten, lag zum entscheidenden Teil an den konfessionellen und kirchenorganisatorischen Verhältnissen im Donaumoos. Obschon drei Viertel der Pfälzer „Colonisten" reformiert waren, schickte die oberste Kirchenbehörde, das Oberkonsistorium in München, einen lutherischen Pfarrer. Reformierte und Lutheraner gehörten seit 1804 zum Evangelischen Pfarramt Untermaxfeld. Durch eine auf königlichen Befehl erlassene Pastoralkonstitution (1806) waren Reformierte und Lutheraner gleichgestellt. Darin hieß es: „Die von Aufgeklärten gewünschte Annäherung und Vereinigung" solle „nach Kräften gefördert werden". Für den jeweiligen lutherischen Pfarrer gab es immer wieder Schwierigkeiten, diese „Annäherung und Vereinigung" zu fördern.

Der nach 1840 aufkommende lutherische Konfessionalismus führte schließlich zu erheblichen Spannungen und gipfelte in der Weigerung des Pfarrers Dr. Nagel, den Reformierten das Heilige Abendmahl in ihrer Weise zu reichen. Das Oberkonsistorium stellte sich hinter diese Verfahrensweise Nagels. Damit endete faktisch die seelsorgerliche und geistliche Betreuung der Reformierten in der evangelischen Pfarrei Untermaxfeld. Gottesdienst und Unterricht konnten für die Reformierten in Untermaxfeld nicht mehr stattfinden. Ungefähr 500 Reformierte waren vom kirchlichen Leben ausgeschlossen. Die beim Pfarrhausbau (1812) und beim Bau der „evangelischen Mutterkirche des Donaumooses" in Untermaxfeld (1828) dokumentierte Eintracht zwischen Lutheranern und Reformierten war auseinandergebrochen. Die Auseinandersetzungen führten zu Tätlichkeiten und sogar zu einem Pistolenanschlag auf das Schlafzimmer des Untermaxfelder Pfarrhauses.

Schließlich erklärte sich das Oberkonsistorium auf Bitten einiger Reformierter bereit, eine reformierte Pfarrei in der Nähe Neuburgs zu schaffen. Die mittlerweile zahlreicher gewordenen Reformierten in Heinrichsheim und Marienheim erklärten vor dem Landgericht Neuburg – und sie sprachen für die Reformierten der anderen Orte im Moos und am Rande des Mooses mit –, daß sie bereit seien, beim Bau von Pfarrhaus und Kirche Hand- und Spanndienste zu leisten, den Fehlbetrag der Bausumme, der nicht aus der allgemeinen Kollektenkasse gedeckt wäre, aus eigenen Mitteln zu zahlen und jährlich 80 Gulden der Pfarrbesoldung zu übernehmen.

Am 23. September 1848 unterschrieb König Maximilian II. (1811–1864) auf der Insel Ischia die Gründungsurkunde der „Reformierten Kirchengemein-

Die Kirche in Marienheim

de Marienheim". Marienheim ist die einzige durch königliches Privileg geschaffene reformierte Gemeinde in Bayern. Das wird auch sichtbar im ersten Siegel der Gemeinde, das folgende Umschrift trug: „Kgl. bayr. evang. reform. Pfarramt Marienheim". Als Stammkapital für die zu gründende Pfarrei wurde im gesamten bayerischen Protestantismus eine Kollekte erhoben, die den Betrag von 2830 Gulden erbrachte.

Als erster Pfarrer der Gemeinde wurde der aus Bayreuth stammende Samuel Christoph Cloeter am 24. Mai 1849 begeistert empfangen. Er wurde vom Oberkonsistorium zum Pfarrverweser ernannt. Als erstes wurde ein Pfarrhaus errichtet, das 1850 schon von Cloeter bewohnt werden konnte. Gottesdienst und Unterricht fanden seit 1831 in der Marienheimer Schule statt. Es dauerte bis zum Jahre 1853, bis endlich mit den Bauarbeiten an der Kirche begonnen werden konnte. Vor allem die

Beschaffung von Geldmitteln sorgte für die Verzögerung der Baumaßnahmen.

Cloeter verschickte eine Bittschrift mit dem Titel „Geschichte der Entstehung der reformierten Pfarrgemeinde Marienheim" an staatliche und kirchliche Stellen in ganz Deutschland. Er hatte damit Erfolg, wie auch seine Kollektenreisen in süddeutsche Städte, in die Schweiz, nach Wuppertal, Dresden, Berlin und Leipzig von Erfolg gekrönt waren. Das preußische Königshaus unterstützte ihn, Friedrich Wilhelm IV. (1795–1861) gewährte ihm eine Audienz und eine Kollekte in ganz Preußen. Ebenso erhielt er eine Audienz bei König Maximilian II. (1852). Vor allem aber unterstützte der Gustav-Adolf-Verein mit großzügigen Spenden den Bau der Marienheimer Kirche.

Durch den Wegzug Cloeters im Jahre 1856 und durch manche Streitereien innerhalb der Gemeinde verzögerte sich die Fertigstellung des Kirchenbaues. Die erste Synode der Evangelisch-Reformierten Kirche in Bayern tagte zum ersten Mal im Jahre 1856, und ihre erste Bewährung sollte die Beseitigung der Schwierigkeiten in Marienheim sein. Eine mehrtägige Kirchenvisitation erreichte im Jahre 1857 in Marienheim, „daß man sich nicht mehr unnütz streite". Der Kirchenbau wurde beendet, und die „Kirchweih" konnte am 3. Mai 1857 stattfinden. Im April 1862 wurde die Pfarrei als königliche Patronatsgemeinde anerkannt. Etwa 25 Ortschaften zwischen Ingolstadt, Rain am Lech und Pöttmes mit ca. 600 Gemeindegliedern waren es in der Anfangszeit der Gemeinde.

Während in den übrigen reformierten Gemeinden in Bayern der Pfarrer durch Wahl bestimmt wurde, wurde einzig in Marienheim der jeweilige Pfarrer durch das Oberkonsistorium in München ernannt. Dies änderte sich erst im Jahre 1913. Von da an bis heute wird der Pfarrer aus einer Zahl von Bewerbern durch Gemeindewahl ermittelt.

Heute gehören zur Gemeinde etwas über 500 Gemeindeglieder, die über ganz Mittelbayern verteilt wohnen, angefangen von Höchstädt, Donauwörth, Eichstätt, Ingolstadt, Schrobenhausen bis hin nach Augsburg. Die „Kerngemeinde" erstreckt sich auf die Neuburger Stadtteile Marienheim, Heinrichsheim, Bruck, Maxweiler, auf Neuburg selber und auf einige Orte im Donaumoos, so z. B. auf Altmannstetten, Karlshuld und Karlskron.

Durch Wegzug und Übertritte zur evangelisch-lutherischen Kirche, infolge von Heirat und infolge der weiten Entfernung nahm die Zahl der Gemeindeglieder um die Jahrhundertwende ab, ebenso durch einen großen Aderlaß im Gefolge des Ersten Weltkrieges. Die Gemeindegliederzahl stabilisierte sich durch den Zuzug reformierter Vertriebener, die vor allem aus der jugoslawischen Batschka im Bereich der Gemeinde ansässig wurden.

Erwähnt werden muß noch Maxweiler, das ursprünglich eine Siedlung Pfälzer Mennoniten war,

Innenraum der reformierten Kirche Marienheim

die ab 1804 in der Nähe des Schlosses Grünau ansiedelten. Diese Familien verließen in den 1850er
Jahren ihre „Colonie" und wanderten nach Nord-
amerika aus. Seit 1856 ist Maxweiler systematisch
von reformierten Rheinpfälzern besiedelt worden,
die Häuser und Betsaal samt Schule und Lehrerwohnung den Mennoniten abkauften. Am 6. April
1955 wurde eine kleine Kirche eingeweiht. Hier
findet seitdem einmal im Monat ein Gottesdienst
statt, ebenso trifft sich hier auch der Kinderkreis.
Die Gemeindearbeit besteht aus den Bereichen
Kinder- und Jugendarbeit, Frauenarbeit, Seniorenarbeit und Posaunenchor. Der Posaunenchor,
der im Jahre 1959 gegründet wurde, nimmt regelmäßig an den Dekanatsbläsertreffen teil. Die
jährlichen Bibelwochen werden gemeinsam mit
den evangelisch-lutherischen Kirchengemeinden
Karlshuld, Ludwigsmoos und Untermaxfeld sowie
mit der römisch-katholischen Kirchengemeinde
Pöttmes veranstaltet.
Durch die Leuenberger Konkordie vom 16. März
1973 besteht zwischen den reformatorischen Kirchen Kanzel- und Abendmahlsgemeinschaft, die
zwischen den lutherischen und der reformierten
Gemeinde Marienheim auch praktiziert wird, was
beim 2. Donaumooskirchentag am 25. September
1988 deutlich dokumentiert wurde, im Gottesdienst
und bei der Feier des Heiligen Abendmahles.
Die Gemeindekreise sind alle konfessionell offen.
Im 1985 eingeweihten Gemeindehaus ist nun eine
vielfältige Gemeindearbeit möglich, die auch über
rein kirchlich orientierte Veranstaltungen hinaus-
gehen kann. Mit der evangelischen Militärseelsorge bestehen gute Verbindungen.
Mit den Presbyterinnen und Presbytern werden
Studienfahrten durchgeführt, so etwa in die
Schweiz oder nach Wien. Präparanden und Konfirmanden treffen sich, außer unter der Woche, bei
Freizeiten. Jugendkreis und Posaunenchor nehmen
an übergemeindlichen oder gemeindlich organisierten Freizeiten teil. Für ältere Gemeindeglieder,

sowie für die gesamte Gemeinde werden Ausflüge
angeboten, die auch von vielen Nichtgemeinde-
gliedern gerne angenommen werden.
Einen Schwerpunkt bildet in einer „Diasporagemeinde in der Diaspora" der Besuchsdienst, der oft
beschwerlich ist, aufgrund der weiten Entfernungen, der aber dem Zusammenhalt dient.
Durch die Schaffung einer Evangelisch-Reformierten Kirche (Synode Evangelisch-Reformierter Kirchen in Nordwestdeutschland und Süddeutschland) aus der Evangelisch-Reformierten Kirche in
Nordwestdeutschland und der Evangelisch-Reformierten Kirche in Bayern (Inkrafttreten der neuen
Kirchenverfassung am 1. Februar 1989) werden, so
ist zu hoffen, die Gemeindearbeit vor Ort und die
ökumenische Zusammenarbeit gestärkt.

Hartmut Dusse

DIAKONIE

Den Menschen ernst nehmen

„Ach, von der evangelischen Caritas kommen Sie", wurde ich bei meinem Antrittsbesuch im Büro eines namhaften Vertreters der Stadt Ingolstadt begrüßt. Meine anfängliche Verwunderung über diesen Vergleich habe ich inzwischen aufgegeben. In einem stark katholisch geprägten Umfeld nach dem Wesen der Diakonie hinterfragt zu werden erstaunt mich nicht mehr.

Mit „Innerer Mission" freilich können die Menschen in und um Ingolstadt offensichtlich noch mehr anfangen als mit der offiziellen Bezeichnung „Diakonisches Werk". So nimmt es nicht wunder, daß der Begriff Diakonie als Umschreibung sozialer Tätigkeit der evangelischen Kirche nur allmählich ins Bewußtsein auch jener dringt, deren kirchliche Bindungen nicht sehr ausgeprägt sind. Allerdings erleben wir auch Gegenteiliges: Mitarbeiterinnen und Mitarbeiter der Diakonie, die nach langen Jahren kirchlicher Abstinenz als „Visitenkarte der Kirche" empfunden werden – in den Beratungsstellen, im Alten- und Pflegeheim, in der häuslichen Alten- und Krankenpflege, im Kindergarten. Wenn wir fragen, warum gerade das Angebot der Diakonie bevorzugt würde, hören wir nicht selten: „Da wird der Mensch noch ernst genommen . . ."

Institutionelle Diakonie im Dekanatsbezirk Ingolstadt – aus kleinen Anfängen vor über 20 Jahren ist eine Organisation mit derzeit 115 Mitarbeiterinnen und Mitarbeitern gewachsen. Ihr Dienstauftrag heißt Nächstenliebe. Menschen, die auf der Schattenseite des Lebens stehen, brauchen keine billige Vertröstung, sondern konkrete Hilfe; sachgemäß soll sie geschehen, fachlich qualifiziert und menschlich engagiert. Nicht um des eigenen Ruhmes willen, sondern unter Berufung auf den Herrn der Kirche, der von sich gesagt hat, er sei unser aller Diener. Hilfe ist nötig – vielleicht mehr denn je.

Immer mehr Menschen fallen durch die Maschen unseres sozialstaatlichen Netzes. Menschen sind – wie Statistiken belegen – überversichert, aber gleichzeitig verunsichert. Überkommene Werte sind ohne Ersatz über Bord geworfen worden, Krisen des Lebens – Behinderung, soziale Konflikte, Leid, Krankheit, Tod – werden verdrängt. Wenn sie auftreten, bewirken sie nicht selten Hilflosigkeit und Ohnmacht. Brennende Fragen sind es, die christliches Engagement erfordern. Ihnen will sich die Diakonie der Kirche nicht entziehen.

Das Diakonische Werk im Dekanatsbezirk Ingolstadt sieht seinen Auftrag darin, Menschen – alt oder jung, ratsuchend oder hilflos, gesund oder krank, benachteiligt oder stigmatisiert – Weggeleit anzubieten. Wie sieht das konkret aus?

Beratung

Das Alphabet der Hilfebedürftigkeit ist lückenlos. Von Arbeitslosen, Asylsuchenden, Alkoholkranken, Abhängigen, Armen, Alleinerziehenden reicht es hin bis zur Zufluchtstätte für Frauen in Not.

Nicht nur einschlägige Statistiken besagen, daß die Ehe in der Krise steckt. Es muß als Alarmzeichen verstanden werden, daß bereits nahezu jede dritte Ehe geschieden wird. Die *Ehe- und Lebensberatung* der Diakonie versucht, Menschen in partnerschaftlichen Fragen Rat zu geben und ihnen bei der Überwindung bestehender Konflikte zu helfen.

Es ist unübersehbar: Das Spannungsfeld Familie verdichtet sich. Erziehung kann nicht mehr als die problemlos zu meisternde Aufgabe angesehen werden, deren Gelingen die Eltern sicherzustellen haben – und das in einer Gesellschaft, die mitunter kinderfeindlich geworden ist. Ängste, Depressionen und Aggressivität, aber auch Lern- und Leistungsstörungen bei Kindern und Jugendlichen nehmen zu. Seit nahezu 20 Jahren unterhalten Diakonie und Caritas gemeinsam in Ingolstadt eine

Anläßlich der Einweihung des Anne-Frank-Kindergartens 1986 stattete der Präsident des Diakonischen Werkes der Evangelischen Kirche in Deutschland, Pfarrer Karl Heinz Neukamm, dem Diakonischen Werk Ingolstadt einen offiziellen Besuch ab. Unser Bild zeigt ihn beim Eintrag in das Goldene Buch der Stadt Ingolstadt. Von links nach rechts: Dekan Heinz Gruhn, Vorsitzender des Diakonischen Werkes Ingolstadt, Präsident Neukamm, Oberbürgermeister Peter Schnell, Diakon Friedemann Götzger, Geschäftsführer des Diakonischen Werkes Ingolstadt.

staatlich anerkannte *Erziehungs- und Familienberatungsstelle,* in der sich Diplom-Psychologen und Sozialpädagogen bemühen, Familien Hilfestellung bei der Bewältigung ihrer Probleme zu geben. Der Einzugsbereich dieser Stelle ist groß – zu groß, wie wir meinen. In ihm liegen die Stadt Ingolstadt, der nördliche Landkreis Pfaffenhofen/Ilm und der gesamte Landkreis Eichstätt. Um so erfreulicher, daß es gelungen ist, im Frühjahr 1988 eine Außenstelle

in Eichstätt zu errichten und mit einer Psychologin der Diakonie zu besetzen.

Überschuldung – ein altes Problem in nie gekannter Dringlichkeit. In den letzten Jahren beobachten die Beratungsstellen der freien Wohlfahrtspflege eine erhebliche Zunahme der Zahl Ratsuchender. Immer mehr Menschen haben offenkundig Schwierigkeiten bei der Regulierung vorhandener Schulden. Die Folgen liegen auf der Hand: Verlust des Selbstwertgefühls, Krisen in der Familie, Kontaktverluste, Selbstisolation, soziale Abgrenzung. Jeder zweite Haushalt in der Bundesrepublik Deutschland ist verschuldet. Kommen Arbeitslosigkeit, Krankheit, Schicksalsschläge dazu, ist der Weg in die Überschuldung nicht weit. *Schuldnerberatung*, für die wir im Herbst 1988 eine eigene Planstelle errichteten, will mit Betroffenen ungeschminkte Bestandsaufnahmen durchführen, Maklerdienste zwischen Gläubigern und Schuldnern leisten und mit den Verschuldeten auf eine Änderung ihres Konsumverhaltens hinarbeiten.

Eines der „traditionellen" Arbeitsgebiete des Diakonischen Werkes Ingolstadt ist die *Erholungshilfe*. Ob an der Nordsee oder in Südtirol: die angebotenen Erholungsaufenthalte für Kinder, Jugendliche und Senioren sind gefragt. Einen erhöhten Stellenwert haben in den vergangenen Jahren Mütterkuren bekommen. Das Diakonische Werk vermittelt sie, regelt ihre nicht immer leichte Finanzierung und bietet Müttern, die an einer Kur teilgenommen haben, regelmäßige Treffpunkte in Ingolstadt an.

Mit diesen speziellen Angeboten für Ratsuchende ist bereits ein weiter Teil der Sozialen Beratung umschrieben. Als klassische Felder, auf denen die Sozialpädagogen der Diakonie in und um Ingolstadt seit jeher tätig sind, gehören dazu: *offene soziale Beratung* mit der ganzen Bandbreite menschlicher Probleme und Konflikte wie Alkohol und Drogenabhängigkeit; Arbeit mit Alleinerziehenden und Alleinstehenden (1,3 Millionen Kinder unter 18 Jahren leben in der Bundesrepublik bei nur einem Elternteil); Betreuung psychisch Kranker; Hilfe für Nichtseßhafte, für Straffällige und Strafentlassene sowie deren Familien; Betreuung und Hilfen für Aussiedler und Asylbewerber. Mitarbeiter der Sozialen Beratung sind nicht nur in Ingolstadt ansprechbar; sie vereinbaren Termine dort, wo es nötig ist. Außensprechstunden werden in verschiedenen Orten des Dekanatsbezirkes Ingolstadt angeboten.

Häusliche Alten- und Krankenpflege

Die *Zentralen Diakoniestationen in Ingolstadt* (mit Außenstelle in Pfaffenhofen a. d. Ilm) *und Karlshuld* sind Inbegriff diakonischer Arbeit. 30 Altenpflegerinnen und Krankenschwestern versorgen Tag für Tag über 300 Patienten. Die Schwestern kommen zum Kranken – in eine Umgebung, die ihm vertraut ist, zu Angehörigen, die um seine Ängste wissen. Der Wunsch des Patienten genießt mehr Vorrang, als dies in einem Krankenhaus möglich ist.

Dies erfordert von den Mitarbeiterinnen Einfühlungsvermögen, Sensibilität und die Bereitschaft, sich von Patient zu Patient auf neue Situationen einzustellen. Für viele Patienten ist die Schwester der einzige Gesprächspartner am Tag. Als Mitarbeiterinnen der Diakonie kümmern sie sich oft auch um persönliche Probleme, wenn Vertrauen gewachsen ist; nicht selten sitzen sie am Bett eines Kranken oder Alten, wenn seine letzte Stunde gekommen ist.

Seit Juli 1988 bietet die Zentrale Diakoniestation Ingolstadt eine *Kurzzeitpflegeeinrichtung* mit fünf Plätzen an. Die Erfahrung zeigt, daß pflegende Angehörige selbst dringend auf regelmäßige Erholungsphasen angewiesen sind, wenn sie nicht überfordert werden sollen.

In Urlaub oder Kur geht jedoch nur jener Angehörige, der um eine verläßliche Versorgung und Pflege „seines" häuslichen Patienten weiß. Die Schwestern der Zentralen Diakoniestation Ingolstadt bieten in ihrer Kurzzeitpflegestation befristet Pflege rund um die Uhr an.

Alten- und Pflegeheim Bienengarten

Kernstück evangelischer Diakonie in Ingolstadt ist seit 20 Jahren das Alten- und Pflegeheim Bienengarten. Daß sich Menschen auf ihrer letzten Wegstrecke der Diakonie anvertrauen, ist für die über 40 Mitarbeiter Auftrag und Verpflichtung. 116 Bewohner leben in diesem Haus – davon 46 auf ständige pflegerische Hilfe angewiesen. Es fällt auf, daß die Pflegebedürftigkeit alter Menschen zunimmt. Dies bringt immer wieder personelle Probleme mit sich. Um der betroffenen Menschen willen, für die die Mitarbeiter des Bienengartens oft die letzten Bezugspersonen sind, müssen sie bewältigt werden.

Nicht nur die Pflegebedürftigkeit alter Menschen nimmt jedoch zu, sondern auch deren Zahl. Die demographische Entwicklung zeigt, daß in den kommenden Jahren einer wachsenden Zahl der über 60jährigen immer weniger junge Menschen gegenüberstehen werden.

Diese Entwicklung hat den Vorstand des Diakonischen Werkes Ingolstadt bewogen, zusätzlich zum Haus Bienengarten ein weiteres Alten- und Pflegeheim in Betrieb zu nehmen. In Ingolstadt, Östliche Ringstraße, soll ein Haus mit 101 Betten entstehen, das ein Höchstmaß der bisherigen Erkenntnisse und Erfahrungen der stationären Altenhilfe berücksichtigt. Mit der Bezugsfertigkeit rechnen wir Anfang der 90er Jahre.

Anne-Frank-Kindergarten

„Integration Behinderter" ist ein Schlagwort unserer Tage. 1985 hat das Diakonische Werk die Trägerschaft für einen Modellkindergarten, in dem behinderte und nichtbehinderte Kinder gemeinsam betreut und gefördert werden, übernommen.

Integrative Erziehung in dem 1986 eingeweihten Anne-Frank-Kindergarten bedeutet für dreißig Kinder im Vorschulalter: Körperliche Begrenzungen werden akzeptiert; Schwellenängste und Unsicherheit gegenüber Behinderten kommen gar nicht erst auf.

Die wissenschaftliche Begleitung dieses Projekts will sicherstellen, daß aus den Erfahrungen des Anne-Frank-Kindergartens Erkenntnisse für die Unterbringung behinderter Kinder im Regelkindergarten gewonnen werden können.

Bahnhofsmission

Hilfe und Beratung für Menschen unterwegs bieten die Mitarbeiterinnen der Bahnhofsmission an. Träger sind Diakonisches Werk und Caritas. Täglich sind Ehrenamtliche im Einsatz, um ohne viel Aufhebens zu verdeutlichen, daß sie ihre Station im Ingolstädter Hauptbahnhof als einen Ort gelebter Menschlichkeit ansehen.

Stadtteiltreff Gerhart-Hauptmann-Straße

Das Wohngebiet Regensburger Straße gehört zu jenen Ingolstädter Adressen, die mit einem negativen Image versehen sind. Genaugenommen fallen nur ein paar Wohnblöcke in eine Kategorie, die in der Sozialpädagogik mit „sozialem Brennpunkt" umschrieben wird. Hier wohnen Menschen, die auf der untersten Sprosse der sozialen Leiter angekommen sind. 1985 wurde inmitten dieses Wohngebietes der Stadtteiltreff Gerhart-Hauptmann-Straße errichtet. Für „Kinder und Jugendliche aus sozial benachteiligten Familien", wie es in der Amtssprache heißt, ist er zur begehrten Anlaufstelle geworden. Der „Treff", wie ihn seine Besucher kurz und bündig nennen, ist so etwas wie ein sozialer Katalysator. Hier treffen sich täglich die Kleinen und Halbwüchsigen aus den Blöcken. Hier machen Erst- bis Neuntkläßler unter sachkundiger Hilfe von Praktikanten ihre Hausaufgaben. Im „Treff" wird gespielt und gebastelt, gekocht und getanzt. Da rockt und popt es, da werden Geschichten erzählt. Was Wunder, daß die Holzbaracke bei den Kindern und den Großen mehr ist als nur Unterhaltungsbude!

Zufluchtstätte für Frauen in Not

Gewalt gegen Frauen ist auch in ländlich geprägten Regionen kein Fremdwort mehr. Die „Zufluchtstätte für Frauen in Not", die das Diakonische Werk Ingolstadt in Zusammenarbeit mit der Kirchengemeinde Christuskirche in Neuburg a. d. Donau unterhält, bietet betroffenen Frauen und deren Kindern Schutz und Hilfe. Die Mitarbeiter der Sozialen Beratung des Diakonischen Werkes suchen mit Betroffenen nach Auswegen aus meist sehr schwierigen Problemen.

Eine Möglichkeit befristeten Wohnens ist auch in Ingolstadt gegeben. In unmittelbarer Nähe der Geschäftsstelle wird eine Zweizimmerwohnung für Männer unterhalten. Der gängige Kreislauf ist bekannt: Wer sich um Arbeit bemüht, muß einen Wohnsitz nachweisen können. Wer aber keine Arbeit hat, scheitert bei der Wohnungssuche. Das Diakonische Werk will mit seinem Angebot befristeten Wohnens mithelfen, diesen Kreislauf aufzubrechen.

Wer trägt die Diakonie im Dekanatsbezirk?

Die hauptamtlichen und ehrenamtlichen Mitarbeiterinnen und Mitarbeiter der Ingolstädter Diako-
nie gehören genauso dazu wie ungezählte in ihren Kirchengemeinden diakonisch tätige Frauen und Männer. Diakonie beginnt bekanntlich vor der eigenen Haustür – in dem Umfeld, in dem wir leben. Es kann und darf nicht Ziel eines Diakonischen Werkes im Dekanatsbezirk sein, die Kirchengemeinden von ihrer Verpflichtung zur gemeindlichen Diakonie zu entbinden. Dort aber, wo Kirchengemeinden im Dekanatsbezirk Ingolstadt diakonische Aktivitäten selbst nicht leisten können, wird in ihrem Auftrag das Diakonische Werk tätig. Menschen in Not wollen nicht nur aufgelistet und registriert werden. Sie suchen Begleiter, Gesprächspartner, Weggefährten, Nothelfer. Die Diakonie braucht Menschen, die bereit sind, ihr Leben mit anderen zu teilen. Die Not hat viele Namen – aber mit jedem Namen verbindet sich für den Christen die Erinnerung: „Ich habe dich bei deinem Namen gerufen, du bist mein!"

Friedemann Götzger

Schlüsselübergabe bei der Einweihung der Kurzzeitpflegestation im Bienengarten 1988: Dekan Gruhn, Schwester Erken Rafoth, Leiterin der Diakoniestation Ingolstadt, Diakon Friedemann Götzger und Architekt Roth.

Die laufenden Geschäfte

„In seiner Sitzung vom 9. Dezember 1955 hat der Kirchenvorstand Ingolstadt St. Matthäus und Ingolstadt St. Lukas die Bildung einer Gesamtkirchengemeinde Ingolstadt beschlossen, welche der Landeskirchenrat mit Wirkung vom 1. April 1956 genehmigt hat."

So steht es auf der ersten Seite der Chronik der Evang.-Luth. Gesamtkirchenverwaltung Ingolstadt. In der ersten Sitzung der Gesamtkirchenverwaltung am 29. Februar 1956 werden der Haushaltsplan für das Jahr 1956 und die Anstellung von Diakon Meister als Rechnungsführer beschlossen. Die Gründung der Gesamtkirchengemeinde Ingolstadt beruht auf § 86 der Kirchengemeindeordnung, wonach sich innerhalb eines Dekanatsbezirks benachbarte Kirchengemeinden zu einer Gesamtkirchengemeinde zusammenschließen können, um bestimmte ortskirchliche Aufgaben zu erfüllen, die ihnen gemeinsam sind oder zweckmäßig in Gemeinschaft wahrgenommen werden.

Die Evang.-Luth. Gesamtkirchengemeinde Ingolstadt besitzt Rechtspersönlichkeit nach kirchlichem Recht und ist eine Körperschaft des öffentlichen Rechts.

Zu ihr gehören derzeit neun Kirchengemeinden: Brunnenreuth, Friedrichshofen-Gaimersheim, Ingolstadt-St. Johannes, Ingolstadt-St. Lukas, Ingolstadt-St. Markus, Ingolstadt-St. Matthäus, Ingolstadt-St. Paulus, Manching und Vohburg.

Für die Gesamtkirchengemeinde ist die Gesamtkirchenverwaltung das beschließende Gremium, das aus sechs Pfarrern (einschließlich des Dekans als Vorsitzendem) und 18 Kirchenvorstehern (je zwei von jeder Gemeinde) besteht. Außerdem wurden zwei Fachausschüsse mit teilweise beschließender Funktion gebildet: der Personal- und Finanzaus-

Im September 1988 wurde Diakon Herbert Olpp (links), langjähriger Geschäftsführer der Gesamtkirchenverwaltung, in den Ruhestand verabschiedet. Zwischen Olpp und Dekan Gruhn der neue Geschäftsführer, Diakon Gotthard Kuhn.

schuß sowie der Grundstücks- und Bauausschuß.

Die Gesamtkirchenverwaltung Ingolstadt bedient sich bei der Erfüllung ihrer Aufgaben des seit 1966 errichteten Kirchengemeindeamtes in der Schrannenstraße. Leiter dieses Amtes: Diakon Valentin Deglmann vom 1. September 1966 bis 31. Juli 1974, Diakon Herbert Olpp vom 1. August 1974 bis 31. August 1988, Diakon Gotthard Kuhn ab 1. September 1988.

Diese Aufgaben umfassen folgende Bereiche: Personalverwaltung, Finanzverwaltung, Bauverwaltung, Vermögensverwaltung und Meldewesen.

Neben diesen Aufgaben obliegt dem Kirchengemeindeamt auch die Führung der laufenden Geschäfte der Kirchlichen Verwaltungsstelle. Ihr haben sich inzwischen alle anderen Kirchengemeinden des Dekanatsbezirks angeschlossen, die nicht bereits zur Gesamtkirchengemeinde Ingolstadt gehören. Es sind dies die Kirchengemeinden Karlshuld, Kemmoden, Ludwigsmoos, Mainburg, Neuburg-Apostelkirche, Neuburg-Christuskirche, Pfaffenhofen, Riedenburg, Schrobenhausen und Untermaxfeld. Auch hier wird für die überwiegende Zahl der Gemeinden die zentrale Geldbestandsverwaltung durchgeführt.

Der hauptberufliche Geschäftsführer der Gesamtkirchenverwaltung (zugleich Leiter des Kirchengemeindeamtes und der Verwaltungsstelle) ist nach der Satzung der Gesamtkirchengemeinde Ingolstadt auch gleichzeitig noch Dekanatsrechnungsführer. So wird im Hause Schrannenstraße 7 nicht nur die oben beschriebene Verwaltung für die 19 Einzelgemeinden und die Gesamtkirchengemeinde, sondern auch für den Dekanatsbezirk durchgeführt. Hier sind neben den für den Dekanatsbezirk tätigen Mitarbeitern besonders die Dekanatszeitung „der monat" und das Dekanatsjugendheim Riedenburg zu erwähnen.

Gotthard Kuhn

AUS DER STATISTIK DES DEKANATS

	1982	1988
Gemeindeglieder	41644	46580
Taufen	395	497
Trauungen	121	141
davon beide Partner evangelisch	37	53
Bestattungen	401	467
Gottesdienstbesucher am 1. Advent	2646	3200
Kindergottesdienste	758	670
Konfirmanden	642	416
Aufnahmen in die Kirche	46	75
Austritte	118	184

ERSTE PFARRERIN Z. A.

An Sicherheit gewonnen

Nach zweijährigem Lehrvikariat in Pfaffenhofen a. d. Ilm kam ich am 1. November 1985 als Nachfolgerin von Pfr. Emmerling in das Pfarrvikariat an der Matthäuskirche, um meinen Probedienst als Pfarrerin zur Anstellung (z. A.) zu absolvieren. Nun soll ich an dieser Stelle über meine Erfahrungen als erste Pfarrerin z. A. an St. Matthäus berichten. Wie ist es mir also ergangen?

Ich möchte vorausschicken, daß ich als Kind und Jugendliche ganz in der Überzeugung aufgewachsen bin, daß mir – entsprechend meinen Fähigkeiten und Neigungen – grundsätzlich alle beruflichen Möglichkeiten offenstehen. Ich hatte also kein spezielles „Frauenbewußtsein". So war es in dieser Hinsicht auch nichts Besonderes für mich, als ich mich 1979 zum Theologiestudium entschloß. Es gab ja schon Pfarrerinnen in Bayern; daß es sie erst seit 1975 gab, war mir damals nicht bewußt.

Daß es tatsächlich auch heute noch nicht so ganz selbstverständlich ist, als Frau in diesem Beruf zu arbeiten, merke ich erst, seit ich im praktischen Dienst bin. So gestand mir mein damaliger Lehrpfarrer in Pfaffenhofen, daß er sich anfangs erst einmal daran gewöhnen mußte, eine weibliche Stimme die Liturgie singen und predigen zu hören. Auch hier an Matthäus konnte ich erfahren, daß die Existenz von uns Pfarrerinnen noch nicht allgemein bekannt und akzeptiert ist. Dabei habe ich eine ganze Bandbreite von Reaktionen erlebt. Es gab offene Ablehnung, so daß bei einigen Amtshandlungen männliche Kollegen einspringen mußten. Das waren schmerzhafte Erfahrungen; aber ich möchte gleich hinzufügen, daß sie ganz selten vorkamen. Es gab erstaunte Reaktionen, beispielsweise wenn ich mich zu Kasualgesprächen anmeldete („Was – jetzt machen Frauen das auch

167

schon?!") – dann aber doch die Bereitschaft, sich auf dieses „Abenteuer" einzulassen, und die anschließende Erkenntnis, daß Frauen das wohl auch nicht schlechter oder besser können als Männer. Vor allem aber – und dafür bin ich sehr dankbar – gab es gute Erfahrungen: Als Predigerin fühle ich mich sowohl in unserer Kirche als auch im Altenheim Bienengarten akzeptiert; als Seelsorgerin wurde mir viel Vertrauen entgegengebracht; im Bereich der Ökumene gab es erfreuliche Erfahrungen der Zusammenarbeit mit katholischen Kollegen, z. B. bei ökumenischen Trauungen oder Schulgottesdiensten. Besonders freue ich mich darüber, daß sich ein Kreis von Frauen gefunden hat, die bereit sind, zusammen mit unserem Kantor und mir Kinderbibelwochen in unserer Gemeinde vorzuberei-

ten und durchzuführen. Auf Initiative dieser Frauen wurde auch wieder ein regelmäßiger Kindergottesdienst in unserer Kirche aufgenommen, nachdem er einige Jahre mangels Kindern brachgelegen hatte. Insgesamt glaube ich sagen zu können, daß ich in den Jahren hier an St. Matthäus an Sicherheit gewonnen habe. Ich bin ermutigt worden, meinen Weg als Frau im Pfarrerberuf weiterzugehen. Meine Erfahrungen in unserer Gemeinde haben mich überzeugt, daß unsere Kirche tatsächlich auf dem Weg ist zu einer wirklich gleichberechtigten Gemeinschaft von Männern und Frauen, wie sie Paulus in seinem Brief an die Galater beschrieben hat: „. . . da ist nicht Mann und Frau, denn ihr seid alle eins in Christus."

Renate Kößling

Taufe im Kreis der „Alleinerziehenden" mit Pfarrerin z. A. Kößling

Motto: Klein, aber fein

Sieben Jahre lang war ich als Dekanatsjugendleiter im Dekanat Ingolstadt für die Jugendarbeit zuständig. 1982 gab es in den 19 Gemeinden des Dekanats zirka 45 Gruppen und Kreise, die sich regelmäßig trafen. Dazu kam ein Mitarbeiterpotential von über 50 ehrenamtlichen Jugendlichen und jungen Erwachsenen, die sich in ihrer Freizeit in der Kirche engagierten. Der „erweiterte Kreis" von Mitarbeitern betrug zu der Zeit fast 200 Leute, eine Menge, sollte man meinen. Aber Jugendarbeit ist eine schwierige und wechselhafte Sache. Schon damals hörte ich immer von Kollegen und Bekannten, daß in anderen Regionen und Dekanaten Bayerns die Jugendarbeit rückläufig sei, ja bald schon tauchte das Wort auf: „Die Jugendarbeit steckt in der Krise."

Doch einige Jahre war davon bei uns nichts zu spüren. Freilich, der Trend ging langsam, aber stetig weg von der traditionellen Gruppenarbeit und hin zu thematisch orientierten Angeboten, Seminaren, Tagesveranstaltungen, Jugendwochen, Freizeiten, Aktionen und Neigungsgruppen. Unter den jungen Leuten wurden die Fragen nach politischen Zusammenhängen, Sorge um Frieden und Umwelt lauter. Die Freizeiten im In- und Ausland erfreuten sich großer Beliebtheit, und die Konvente, Wochenendfreizeiten, biblischen Seminare und Bildungsangebote waren gut bis sehr gut besucht. Meine Kollegin, Petra Rohm, und ich hatten an Arbeit keinen Mangel.

Ich denke gerne an die vielen Höhepunkte zurück: die Jugendwoche 1983, u. a. mit einem Konzert von Peter Janssens, die Freizeiten in Dänemark, dreimal Jugoslawien, Griechenland usw., die Seminarreihen „Sexualpädagogik I–III" und die beiden „Hoffnungsseminare", die Friedensgebete im Herbst eines jeden Jahres, die Jugendkreuzwege und die gesamten ökumenischen Begegnungen, die verschiedenen Kirchentage und den Dekanatskirchentag, die Mitarbeiterschulungen und die Mitarbeiterkreise in den Gemeinden, die schon dritte Jugendwoche 1988 mit einem Konzert von Siegfried Fietz als Höhepunkt vor 250 evangelischen und katholischen Jugendlichen in der „Fronte".

So ein Rückblick, wenn auch unvollständig, hat einen kleinen Touch von Nostalgie. Ja, es war eine gute und schöne Zeit für mich hier in Ingolstadt, und sie geht nun zu Ende. Doch seit einem Jahr bemerke ich nun auch bei uns eine starke Rückläufigkeit. Die Gruppenarbeit ist schwach, die „geburtenschwachen Jahrgänge" machen sich bemerkbar, die Konfirmandenzahlen werden geringer, und es kommen immer weniger Jugendliche nach der Konfirmation in die Jugendarbeit. Kommerzielle und andere Anbieter haben die Kinder und Jugendlichen „entdeckt", und für die Kirche sind Konkurrenten im Freizeitbereich entstanden. Wie attraktiv ist unsere Gemeinde- und Jugendarbeit noch? Fühlen sich junge Leute in der Gemeinde wohl? Die Situation muß klar und deutlich gesehen werden, obwohl unser Dekanat insgesamt in den letzten Jahren von 41 000 auf über 46 000 evangelische Mitglieder gewachsen ist.

Ich denke, das Interesse von jungen Leuten an inhaltlicher Arbeit muß für die Zukunft richtungweisend sein. Spezifische Inhalte evangelischer Jugendarbeit müssen weiter deutlich werden, denn im allgemeinen Freizeitangebot unserer Konsumgesellschaft ist Kirche mit ihrer Jugendarbeit eben nur ein Arbeiter unter vielen, dazu ein kleiner. Religiöse und gesellschaftliche Themen sind den Jugendlichen wichtig. Man muß sie nur immer wieder motivieren und wohl auch kleinere Zahlen gleich einkalkulieren. In unserer Zeit haben Kinder und Jugendliche durchaus eine Spiritualität, die ein Potential für kirchliche Jugendarbeit ist. Es geht nicht an, daß die jungen Glieder unserer Gemeinden

Aufbruch zu großer Fahrt. Das Ferienangebot der Evangelischen Jugend ist attraktiv.

entweder in die Disco- und Konsumszene oder in die Jugendsekten abdriften. Diese Herausforderung geht uns alle an. Das Evangelium von Jesus Christus ist ein Gegenpol zu „Null Bock", „No future" oder der Tendenz zur Individualisierung, der Einzelgängermentalität oder der spirituellen Verinnerlichung in dubiosen Kreisen.

Es gibt eine ganze Reihe von Ansätzen, die hier greifen können. Unsere Jugendpfarrer Strack und Wendel werden mit den Kirchenvorstehern der Gemeinden, verschiedenen ehren- und hauptamtlichen Mitarbeitern versuchen, ein konkretes Konzept für die gesamte Jugendarbeit neu zu finden, insbesondere unter Berücksichtigung der Situation der einzelnen Gemeinden und der Diasporagegebenheiten. Dazu sollte das Projekt „Konfirmandentag" im Stadtbereich weitergeführt werden, unter der klaren Zielsetzung der Gewinnung von Teilnehmern für Gruppen, Freizeiten und Veranstaltungen. Die Voraussetzungen für eine klar verstärkte Zusammenarbeit mit dem „Förderkreis für

evangelische Jugendarbeit" sind gegeben und sollen genutzt werden. Die Regionalisierung im Bereich der Jugend war schon in den letzten Jahren positiv, es wäre wünschenswert, wenn für die dritte Region – Süd-West – wieder ein(e) Jugendpfarrer (in) gefunden würde.

Unsere Jugendarbeit steht also in einer Umbruchsituation. Der Weg in die neunziger Jahre wird wohl ein Weg der kleinen Schritte und der kleinen Zahlen sein. Doch in manchen Dingen ist der Weg auch gut bereitet: Das Dekanatsjugendhaus in Riedenburg wurde renoviert und umgebaut, es ist nun wichtig, daß es von allen Gemeinden als „unser Haus" anerkannt und auch dementsprechend belegt wird.

Wir machten gute Erfahrungen mit den Praktikanten der letzten Jahre, und es ist auch in der Zukunft sicher immer eine Belebung, wenn Praktikanten kommen, gleich, zu welcher Ausbildungsstätte sie gehören.

Die Planstelle im Bereich der Gesamtgemeinde Ingolstadt wurde neu aufgeteilt. Seit Herbst 1988 arbeitet Petra Rohm halbtags mit dem Schwerpunkt „Kinderarbeit in der Stadt" und Beate Hauck mit dem Schwerpunkt „Jugendarbeit in der Stadt", auch halbtags.

Das Dekanat wurde in drei Regionen mit regionalen Jugendpfarrern aufgeteilt. Die Arbeitsbedingungen und Materialien des Jugendbüros wurden kontinuierlich ausgebaut und erweitert: Veränderung der Bürostruktur, Anschaffung von neuen technischen Mittlern wie Stereoanlage, Diaprojektor, Videoanlage, Rekordern, Ausbau der Mitarbeiterbücherei und Arbeitshilfen, Zeitmaterial etc., Anschaffung eines VW-Busses als Dienstfahrzeug. Im Gesamtkontext der Jugendarbeit in der Stadt nimmt die Evangelische Jugend durch die Zusammenarbeit mit dem Stadtjugendring und gute Kontakte zu den politischen Parteien und Gruppierungen inzwischen eine exponierte Stellung ein, trotz aller Probleme, die wir haben.

Seit 1981 gibt es in Ingolstadt den „Förderkreis für Evangelische Jugendarbeit e. V.", der Jugendarbeit durch aktive Mitarbeit und finanzielle Mittel unterstützt.

Die Kinder und Jugendlichen von heute sind die Gemeindeglieder und Verantwortlichen von morgen. Jugendarbeit braucht seinen Stellenwert im Gesamtzusammenhang aller kirchlichen Arbeit, beim Gemeindeaufbau, beim Wirken und Bauen am und im Reiche Gottes. Ich wünsche, daß sich immer wieder Menschen für die Belange unserer Kinder und Jugendlichen in den Gemeinden stark machen. Jugendarbeit geht alle an. Und dabei sollte wohl Qualität vor Quantität gehen. So ist womöglich das Motto für die nächsten Jahre: Jugendarbeit in der Kirche – klein aber fein.

Uwe Manert

BILDUNGSWERK

Denkanstöße geben

Das Evangelische Bildungswerk Ingolstadt e. V. (EBI) wurde im Februar 1975 als eingetragener Verein gegründet. Das EBI ist eine nach dem Bayerischen Erwachsenenbildungsgesetz anerkannte Erwachsenenbildungseinrichtung der evangelischen Kirche und Mitglied der AEEB (Arbeitsgemeinschaft für Evangelische Erwachsenenbildung in Bayern).

In christlicher Verantwortung will das EBI durch sein Angebot zu den aktuellen Herausforderungen unserer Zeit Dekanstöße geben und Verständnis für Zusammenhänge wecken und so den Menschen mit seinen Sorgen, Hoffnungen und Fragen ernst nehmen und ansprechen. Das Angebot umfaßt politische Bildung, Elternbildung, Glaubensfragen, Weiterbildung von Mitarbeiterinnen und Mitarbeitern, kreatives Gestalten von Freizeit. Ein besonderer Schwerpunkt ist der christlich-jüdische Dialog, der durch die großzügige Hilfe von Oberbürgermeister Peter Schnell auch kontinuierlich realisiert werden kann.

In Einzelveranstaltungen, Abendseminaren, Ganztagsveranstaltungen und Gesprächskreisen, Exkursionen und Studienreisen, Ausstellungen wird dieses Angebot umgesetzt. Im Bereich des Lokalradios ist das EBI federführend, unterstützt durch den Evangelischen Presseverband für Bayern in München. Das Bildungswerk hat 21 korporative Mitglieder (vorwiegend Kirchengemeinden sowie Freundeskreis der Akademie Tutzing und Bach Chor).

Anita Rosenberger

Gott ist mein Freund

Das Klinikum Ingolstadt mit seinen 1050 Betten – 800 Betten für die somatischen Kranken und 250 für die psychisch Erkrankten – ist seit dem 1. Juli 1982 bezogen worden. Bis Oktober 1985 hatten Pfarrer des Dekanats nebenamtlich die seelsorgerliche Betreuung unter sich aufgeteilt. Seit 1. November 1985 ist Pfarrer Wilhelm Schwinn hauptamtlich im Klinikum als Seelsorger tätig. Neben dem Klinikum untersteht ihm die Seelsorge an dem großen Pflegeheim, das im ehemaligen Städtischen Krankenhaus eingerichtet worden ist.

Die Seelsorge an Kranken ist Aufgabe der christlichen Gemeinde. Darum können auch Gemeindeglieder seelsorgerliche Besuche bei Kranken übernehmen. Pfarrer Schwinn hat deshalb einen Seelsorgehelferkreis gesammelt. Durch Seelsorgekurse und durch Begleitung wurden Frauen und Männer zum seelsorgerlichen Dienst gerüstet. Der Helferkreis hat inzwischen 34 Mitglieder. Sie besuchen regelmäßig vorwiegend evangelische Patienten auf ihnen zugeteilten Stationen im Klinikum, aber auch in der Maulklinik, der Reiserklinik, der Rutschiesklinik und im Pflegeheim. Zwei Mitglieder unternehmen häusliche Besuche, und andere arbeiten bei der „Brücke" mit, einer Laiengruppe engagierter Bürger für psychisch belastete Mitmenschen.

Fingerspitzengefühl und Einfühlungsvermögen sind unverzichtbar, will man mit Patienten ins Gespräch kommen. Wichtige Voraussetzungen für den Besuchsdienst sind Kontaktfähigkeit, Belastbarkeit, Lernfähigkeit, um sich immer wieder auf jeden Patienten und seine Probleme einstellen zu können. Die wichtigste Aufgabe des Helfers ist das Zuhören, wodurch es oft zu einem sehr persönlichen Gespräch kommt.

Dieser Dienst geschieht nicht nur aus mitmenschlichem Interesse. Bei vielen der Helfer ist er zugleich ein Zeugnis ihres Glaubens, ein Dienst für ihren Herrn Jesus Christus. Seelsorge an Kranken ist ein wichtiger Dienst, denn Kranke geraten oft durch ihre Krankheit in eine Lebenskrise. Mancher Helfer erfährt oft von erschütternden menschlichen Schicksalen. Das kann belasten. Darum brauchen die Helfer Beistand im Helferkreis, um das Erlebte zu verdauen. Nach einfühlendem Zuhören kommt es oft ganz von selbst zu einem Zeugnis des Glaubens, zu einem offenen Gespräch über Gott, zu einem Gespräch, einem Gebet mit Gott. Es gehört für die Seelsorger zu den erfreulichsten Erfahrungen, daß manche Begegnung mit dem Kranken auch zur Begegnung mit dem gnädigen Gott geworden ist. So konnte mancher Kranke sich seiner Wirklichkeit stellen, andere konnten sich gegenüber ihrer Krankheit ein Stück weit emanzipieren. Einige lernten neu glauben: Gott ist mein Freund, er hilft mir zum Leben.

Seelsorge im Klinikum bedeutet immer auch Begegnung, Gespräch, Begleitung von und mit Ärzten, Schwestern, Pflegern, Putzfrauen, den Mitarbeitern im technischen und im handwerklichen Bereich. Auch sie benötigen die einfühlende Begleitung, damit sie im „Pflegenotstand" nicht resignieren, daß sie bei allen Herausforderungen, die der Krankenhausalltag bedeutet, menschlich bleiben und zu menschlichen Begegnungen und Kontakten fähig bleiben. Ein Teil dieser Anstrengung ist der Ethikunterricht an der Krankenpflegeschule.

Sehr erfreulich ist die ausgesprochen gute Zusammenarbeit mit den katholischen Seelsorgern im Klinikum. Einmal pro Woche trifft sich der evangelische Krankenhauspfarrer mit den katholischen Seelsorgern zu einem Bibelgespräch mit anschließender Dienstbesprechung. Jeden letzten Freitag kommt es zu einem feierlichen ökumenischen Abendgebet in der Kapelle des Klinikums. Die Gottesdienste für die Krankenpflegeschule finden ökumenisch statt. Wöchentlich spielt Pfarrer Schwinn einmal die Orgel in der katholischen Messe. Jeden Morgen gibt es eine Morgenfeier „Wort in den Tag" für Patienten, abwechselnd spricht ein katholischer Seelsorger oder der evangelische Pfarrer. Besprechungen mit den Ärzten und Schwestern auf den Krankenstationen finden meistens gemeinsam statt. Im evangelischen Seelsorgehelferkreis sind auch aktive katholische Christen.

Der Gottesdienst im Klinikum findet am Sonntag um 18.30 Uhr statt. So kann der Krankenhauspfarrer die Möglichkeit nutzen, am Sonntagmorgen in den verschiedenen Gemeinden des Dekanats zu predigen oder am Gottesdienst teilzunehmen, damit das Anliegen der Krankenseelsorger in den Gemeinden bekannt wird und Christen sie in ihre Fürbitte einschließen können.

Wilhelm Schwinn

Die von den Konfessionen gemeinsam genutzte Kapelle im Klinikum Ingolstadt

KIRCHENMUSIK

Neue Freude am Singen

Im Gesamtbild der Gruppen, die im Dekanat Ingolstadt das kirchliche Leben tragen und prägen, stellen die kirchenmusikalischen einen erheblichen Anteil dar: 16 Posaunenchöre mit ca. 200 Mitgliedern, ebenso viele Kirchenchöre mit weit über 300 Mitgliedern, Instrumental- und Kindergruppen bereichern das Leben ihrer Gemeinden.

Zu diesen großen Gruppen gesellen sich noch ca. 75 nebenamtliche Kräfte, die Organisten-, Chorleiter- und Posaunenchorleiterdienste tun. Sie alle musizieren zum Lobe Gottes und zur Freude vieler Gemeindeglieder. Zwei große Veranstaltungen auf Dekanatsebene lassen Vielfalt und Vielzahl der Chöre und Gruppen deutlich werden: der alljährlich stattfindende Posaunenchortag und der Dekanatschortag, der alle zwei Jahre durchgeführt wird. Zahlen besagen allerdings nicht viel. Wichtiger erscheint, daß gerade bei den Chören und Instrumentalgruppen in den vergangenen drei Jahren viel in Bewegung gekommen ist: Eine ganze Reihe von Chorneugründungen, so in Karlshuld, Untermaxfeld, Neuburg und andernorts, aber auch die Wiederbelebungen alter Gemeinschaften deuten eine neue Freude am kirchlich orientierten Singen an. Den Gemeinden ist auf diese Weise ein großer Reichtum zugewachsen, der ihrer liebevollen Pflege dringend anempfohlen wird. Als übergemeindliches Vokalensemble hat der Bach Chor seit Jahren einen guten Ruf.

Insgesamt recht befriedigend stellt sich die Situation der Orgeldienste dar. Hier sei vor allem jener Mitarbeiter gedacht, die – wie in Karlshuld oder Schrobenhausen – jahrzehntelang treu Sonntag für Sonntag ihren Dienst versehen. Daneben sollen aber auch dankbar die Jungen erwähnt werden, die in recht großer Zahl sich der oft mühsamen Ausbildung zum Organisten unterziehen und nun zum großen Teil für die Dienste zur Verfügung stehen. In einer freizeitorientierten Welt läßt sich freilich nicht mehr vorstellen, daß in Zukunft eine Stelle von einer Person versehen wird. Hier muß die Last auf viele Schultern verteilt werden, und neue Wege müssen gesucht werden, um auch in der kommenden Zeit eine vollständige kirchenmusikalische Versorgung der Gemeinden zu gewährleisten.

Alles in allem also: Zu großen Sorgen ist kein Anlaß geboten, aber Pfarrer und Gemeinden bleiben aufgerufen, diesen wichtigen Teil ihres gottesdienstlichen und gemeindlichen Lebens sorgsam im Auge zu behalten und sich auch weiterhin darum zu bemühen, daß junge Menschen Zugang zu dieser Form kirchlichen Lebens finden.

Reinhold Meiser

FREUNDESKREIS DER EVANGELISCHEN AKADEMIE TUTZING

Für den 23. März 1987 lud der Leiter des Gesamtfreundeskreises der Evangelischen Akademie Tutzing, Heinz Burghart, zur Gründung eines Freundeskreises in Ingolstadt ein. 38 Personen waren der Einladung gefolgt. Nach Burgharts Vortrag „Ist die Provinz noch Provinz?" erklärten zehn Personen ihren Beitritt zum neugegründeten Freundeskreis. Der Freundeskreis Ingolstadt ist auch heute noch ein zahlenmäßig bescheidener Verein, der sich hauptsächlich als Hauskreis versteht und sich mehrmals im Jahr trifft. Außerdem lädt er stets am dritten Sonntag im Juni zu einer kulturgeschichtlich interessanten Wanderung. Einmal im Jahr tritt er mit einer größeren Veranstaltung an die Öffentlichkeit, so im Juni 1989 mit einem Vortrag des Direktors der Tutzinger Akademie, Pfarrer Claus-Jürgen Roepke, zum Thema: „Glasnost für Gott – Zur neuen Religionspolitik in der UdSSR".

Hildegard Schmutz

In kritischer Solidarität

Die äußeren Voraussetzungen für den Dienst eines Militärpfarrers sind gegeben seit der Unterzeichnung des „Militärseelsorge-Vertrages" 1957 zwischen der Evangelischen Kirche in Deutschland (EKD) und der Bundesrepublik Deutschland, mit Zustimmung aller evangelischen Landeskirchen. Den gemeinsamen Bemühungen von Staat und Kirchen ist in Blick auf deutsche Vergangenheitsgeschichte die völlige Neuordnung einer Militärseelsorge gelungen, die den Anspruch der Soldaten auf Seelsorge und ungestörte Religionsausübung gewährleistet (§ 36 Soldatengesetz). Militärseelsorge ist somit der von den Kirchen erbrachte, vom Staat gewünschte und unterstützte Beitrag zur Sicherung der freien religiösen Betätigung in den Streitkräften. Der Staat sorgt für die äußeren Voraussetzungen der Militärseelsorge beider Konfessionen, d. h. den organisatorischen Aufbau und trägt dessen Kosten.

Die Militärgeistlichen sind in aller Regel sogenannte „Bundes-Kirchen-Beamte" auf Zeit und kehren nach mindestens sechs und höchstens zwölf Jahren in den Dienst ihrer Landeskirchen bzw. Diözesen zurück.

Militärpfarrer sind also nicht wie früher als „Offiziere" in die militärische Hierarchie eingegliedert, sondern den Soldaten aller Dienstgrade zur Zusammenarbeit zugeordnet – in „kritischer Solidarität" und im Auftrag der Kirche.

Der kirchliche Auftrag ergeht an die Militärgeistlichen als Pfarrer ihrer Landeskirchen (Diözesen). Damit sind ihre geistlichen Aufgaben klar geregelt: Verkündigung des Evangeliums von Jesus Christus, einsetzungsgemäße Verwaltung der Sakramente, Sammlung der Christengemeinde unter Soldaten und ihren Familien sowie unter zivilen Mit-

arbeitern der Bundeswehr, Glaubensinformation und -unterweisung, Einzel- und Gruppenseelsorge. Allerdings gilt Militärseelsorge gleichzeitig als Gruppenseelsorge – ähnlich wie Hochschul-, Krankenhaus-, Polizei-, Berater-, Anstalts-, Diakonieseelsorge. Warum? Weil der Schwerpunkt dieses kirchlichen Seelsorgedienstes sich an Menschen in besonderen Lebens- und Arbeitsbedingungen wendet, während Ortsseelsorge mehr in den Freizeitbereich hinein ihre Gemeinde erreichen kann. Nicht wenige junge Christen in Uniform kommen seit ihrer Konfirmation zum ersten Mal wieder durch die Militärseelsorge in Kontakt mit ihrer Kirche.

Der Dienst der Kirche unter den Soldaten ist eng mit der Berufswelt ihrer Gemeinde verbunden. Er findet in Kasernen statt – während der Dienstzeit der Soldaten bzw. auf Truppenübungsplätzen des In- und Auslandes für jeweils mehrere Wochen pro Jahr –, fern von Heimat und Familien! Das verlangt vom Militärpfarrer, daß er sowohl den Alltag der Soldaten kennt, als auch, daß er sich mit allen Fragen und Problemen dieses Lebensbereiches auseinandersetzt: Mensch und Technik, Friedenssicherung und Kriegsverhinderung, Struktur von Befehl und Gehorsam, Dienstbelastungen und Überstunden, Wehrdienstzeit und Zivildienst, Besoldungsfragen und Verwendungsstau, Versetzungshäufigkeit und Folgen in Soldatenfamilien, Schulprobleme der Soldatenkinder: „Vater versetzt – Kind sitzengeblieben" usw.

Wichtig für einen Militärpfarrer, dialogfähig zu sein, zuhören zu können, Gewissen zu schärfen und nicht zu manipulieren, beratend und tröstend zu wirken, nicht fordernd – belastungsfähig ohne bürgerliche Bequemlichkeiten und kooperationsfähig zu sein gegenüber militärischen Anforderungen, ökumenischer Zusammenarbeit und in der eigenen Dienststelle zu Pfarrhelfer und allen Mitarbeitern. Die Tätigkeiten eines Militärpfarrers am Standort setzen einen klaren Standpunkt voraus, theologisch-ethisch und persönlich verwurzelt in der Heiligen Schrift und im Bekenntnis der Kirche mit der nötigen flexiblen Offenheit gegenüber den Menschen und der Welt, ihren Anforderungen und Situationen. Von daher stehen ihm viele Möglichkeiten offen.

So in Gestaltung und Durchführung von Gottesdiensten für und mit Soldaten, z. B. monatliche Standortgottesdienste (in Ingolstadt in St. Markus), Familiengottesdienste, Feldgottesdienste, ökumenische Gottesdienste und Pfarrfeste (mit über 1000 Teilnehmern), Beichtfeiern und Abendmahlsgottesdienste (im Standortbereich Ingolstadt mit Manching, Oberstimm, Pfaffenhofen, Scheyern und Münchsmünster in Heer und Luftwaffe bei ca. 4200 Katholiken und 1300 Evangelischen). Innerhalb von zehn Jahren waren die Teilnehmerzahlen ständig steigend. Der Lebenskundeunterricht für Mannschaften aller Kompanien, Unteroffiziere und Offiziersarbeitsgemeinschaften aller Bataillone beinhaltet breitgestreute Themen zur Sinnfindung von Leben und Dienst als Staatsbürger und Christ in Uniform.

Dazu kommen Rüstzeiten für Soldaten und ihre Familien – das „Erwachsenenbildungsprogramm" für Männer- und Familienarbeit schlechthin – in evangelischen Rüstzeitheimen mit freundlicher Atmosphäre und offener Gesprächsbereitschaft, quer durch alle Dienstgrade (in Ingolstadt pro Jahr mindestens vier Soldatenrüstzeiten, drei Familienrüstzeiten, vier Rüsttage für Offiziere und Unteroffiziere aller vier Bataillone von Heer und Luftwaffe) sowie Andachten, Advents- und Osternachtsfeiern, Familien- und Sakramentsgottesdienste.

Beim Seelsorgedienst in Einzelgesprächen während der Dienstzeit der Soldaten, danach beim gemeinsamen Abendessen, im Sanitätszentrum, Krankenhaus, im „Café Viereck" oder gar in der Justizvollzugsanstalt, bei einem Todesfall kommt es nicht nur auf das Was, sondern oft entscheidend auf das Wie des Umgangs mit den Soldaten an:

unaufdringlich als Seelsorger begleitend zur Stelle sein. Dazu gehören auch Taufen, Trauungen und Beerdigungen.

Der unentbehrliche Mitarbeiter des Militärpfarrers ist der hauptamtlich tätige Pfarrhelfer. Er ist der „Allroundman" der Dienststelle mit einem umfassenden und vielseitigen Aufgabengebiet, der in der Arbeit der Militärseelsorge seinen besonderen Auftrag erkannt hat. Sein Dienst an der Nahtstelle von kirchlichen und staatlichen Aufgaben beansprucht einen Menschen, der ganz dahintersteht. Die Militärseelsorge Ingolstadt hat in ihrem ersten Pfarrhelfer, Roland Bartl, seit 1960 einen treuen Mitarbeiter im Einsatz.

Der Wahlspruch der evangelischen Militärseelsorge ist „Domini sumus" – Wir sind des Herrn. Martin Luther soll dieses Wort seinem Mitreformator Philipp Melanchthon zugerufen haben, als dieser ängstlich zögerte, eine nicht ganz ungefährliche Überfahrt über einen Fluß zu wagen.

Unter dieser Losung war ich zehn Jahre als evangelischer Standortpfarrer von der Schanz (der dritte), vom Februar 1978 bis Mai 1988, mit vier katholischen Kollegen für 25 Kommandeure, ca. 240 Kompaniechefs und über 30 „Spieße", fast 5000 Soldaten und etwa 45 000 Rekruten bei Heer und Luftwaffe eingeteilt. Diese unvergeßliche Zeit Ingolstädter Militärseelsorge war wesentlich mitgestaltet und -getragen von meinem unermüdlichen Pfarrhelfer und in neun treuen Jahren vom Mitarbeiterkreis der evangelischen Militärseelsorge Ingolstadt, ferner von den 30 Kollegen und Pfarrhelfern des bayerischen Militärpfarrerkonvents, von zwei Wehrbereichsdekanen und fünf nebenamtlichen Militärgeistlichen. Allen, mit denen ich zusammenwirken durfte: „Gott befohlen", insbesondere meinem Nachfolger, Militärpfarrer Wolfgang Moegelin.

Hans Peter Kurz

Ein wichtiges Feld

Neun Jahre nach der Gründung der afa als Aktionsgemeinschaft für Arbeiterfragen in Schweinfurt bildete sich unter diesem Begriff 1961 auch ein Kreis von Interessierten in Ingolstadt. Sie trafen sich als Arbeiterinnen und Arbeiter im Rahmen und unter dem Dach der evangelischen Kirche, um die Fragen ihres Lebensbereiches zu diskutieren und ihre Forderungen an die Gesellschaft zu formulieren. Mit dem Wandel in der Arbeitswelt kam es dann zur Umwandlung des Begriffes „Arbeiterfragen" in „Arbeitnehmerfragen".

Die Arbeit der afa geschieht generell offen und öffentlich. Eine Mitgliedschaft in den örtlichen Kreisen kann nicht erworben werden. Mann und/oder Frau zeigen sich interessiert und angesprochen und nehmen nach ihren Möglichkeiten und ihren Interessenlagen teil.

Die afa will, wie die Satzung auf Landesebene es formuliert, „... die Fragen der Industriegesellschaft zum Wohle ihrer Menschen und der Kirche vom Evangelium her durchdenken. Sie sieht es als eine Frucht ihrer Arbeit an, wenn auf diese Weise Sperren und Vorurteile abgebaut und Arbeitnehmer und Arbeitnehmerinnen fähiger werden, ihre Aufgaben in Familie, Betrieb, Staat, Kirche und Gesellschaft besser zu erfüllen, bis hin zur Übernahme von Ämtern." Dieses Ziel soll durch unterschiedliche Formen erreicht werden, vor allem durch Bildungs- und Diskussionsveranstaltungen an Abenden und Wochenenden. Diese werden ergänzt durch persönliche Gespräche, Studienfahrten und Urlaubswochen für Familien. Die afa kooperiert teilweise mit Gruppen ähnlicher Zielrichtung im kirchlichen und öffentlichen Raum, z. B. mit den Gewerkschaften, der Betriebsseelsorge oder der Kath. Arbeitnehmerbewegung (KAB).

Die jeweiligen afa-Kreise bestimmen ihre Themen und Inhalte selbst durch einen Kreis von Vertrauensleuten, die zumeist für Halbjahresräume die Themen und Vorhaben festlegen. Das geschieht nach örtlichen Interessen und Vorgängen. Sofern nach dem jeweiligen Diskussionsstand die Ansicht besteht, daß eine eigene Stellungnahme abgegeben werden sollte, wird das getan.

Inhaltliche Schwerpunkte der Arbeit der afa innerhalb des Dekanates waren in der letzten Zeit die Themen Wochenend- und Sonntagsarbeit, Fragen der Arbeitszeitregelung, Umwelt und Arbeit, neue Technologien und Folgen, Rentenreform, Kernenergie, Ausländer, Aussiedler, Asylanten, Entstehung und Umgang mit Vorurteilen, Ernährungsfragen.

Hauptamtlich werden die afa-Kreise von den jeweiligen Dienststellen des Amtes für Industrie- und Sozialarbeit der Evang.-Luth. Kirche in Bayern betreut, auf Ebene der Evangelischen Kirche in Deutschland als Kirchlicher Dienst in der Arbeitswelt (kda) bezeichnet. Das geschah im Dekanat zunächst von der Dienststelle in Regensburg aus. Mit der Ausweitung dieses kirchlichen Arbeitszweiges wurde durch Schaffung weiterer Planstellen 1970/71 im Dekanat Ingolstadt eine Einpersonendienststelle eingerichtet.

Dadurch verbesserten sich im Dekanat die Möglichkeiten für diese Arbeit. So entstand am 3. Oktober 1981 ein eigenständiger afa-Kreis in Neuburg. Den Trend in der Gesellschaft aufnehmend, ist auch innerhalb der afa verstärkt eine Frauenbewegung festzustellen. Durch überregionale Kontakte angeregt, erfolgte so am 14. September 1988 die Gründung eines eigenständigen Frauenkreises in Neuburg. Wenn auch in Neuburg die afa-Kreise wie in Ingolstadt über die eigentliche Kirchengemeinde hinaus wirken, so sind sie hier durch vielfältige Verflechtungen in das Gemeindeleben der Christuskirche eingebunden.

Neben der hauptamtlichen Anbindung an die landeskirchliche Dienststelle erfolgen die Kontaktnahme und der gegenseitige Austausch zur dekanatlichen Ebene über den afa-Vertrauenspfarrer. Diese Aufgabe hat zur allgemeinen Wertschätzung und Anerkennung Pfr. Hubert Vogt, Friedrichshofen, übernommen.

Über viele Jahre hinweg stellt die afa aus dem Dekanat Personen für die Arbeit auf Landesebene, derzeit ist Volkmar Körber aus Wettstetten stellvertretender afa-Landesvorsitzender.

Häufig rufen Aktivitäten der afa Widerspruch hervor. Da sie sich als Sprachrohr der Arbeitnehmerinnen und Arbeitnehmer im kirchlichen Bereich versteht, will sie mit ihren Verlautbarungen und Personalvorschlägen verdeutlichen, daß zwischen Arbeitswelt und Kirche Verbindungen notwendig sind und Kirche dieses Feld inhaltlich und personell nicht übersehen darf. Sie will mitwirken, daß die kirchenleitenden Erklärungen zur Sonntagsarbeit, Langzeitarbeitslosigkeit oder neuen Armut örtlich in die kirchliche Arbeit einbezogen werden.

Lothar Köster

BERATUNG FÜR KRIEGSDIENSTVERWEIGERER

„Es gibt keinen Weg zum Frieden auf dem Weg der Sicherheit. Denn Frieden muß gewagt werden, ist das eine große Wagnis, und läßt sich nie und nimmer sichern. Friede ist das Gegenteil von Sicherung, Sicherheiten fordern heißt Mißtrauen haben, und dieses Mißtrauen gebiert wiederum Krieg." Diese Sätze stammen aus einer Rede, die der Pfarrer und Theologe Dietrich Bonhoeffer 1934 gehalten hat. Mit diesen Sätzen müssen sich junge Männer auseinandersetzen, die in unserem Land aufgefordert werden, Wehrdienst zu leisten, um im Kriegsfall die demokratischen Grundrechte mit der Waffe zu verteidigen.

Dabei kommt es fast zwangsläufig zu schwierigen Fragen: Woher nehme ich die Richtlinien für mein Leben? Kann ich heute die Teilnahme an einem Krieg verantworten? Die jungen Männer, die sich entschließen, zur Bundeswehr zu gehen, werden bei diesen Fragen von den Militärpfarrern begleitet. Auch die anderen, die den Kriegsdienst verweigern, dürfen wir als Kirche nicht im Stich lassen. Für das Dekanat Ingolstadt wurden von der Kirchenleitung drei Pfarrer mit der nebenamtlichen Beratung für Kriegsdienstverweigerer beauftragt. Diese Berater nehmen dem jungen Antragsteller seine Entscheidung nicht ab. Denn es geht um eine Gewissensfrage, und da darf niemand dreinreden. Aber die Berater können helfen, mit dieser Gewissensfrage umzugehen und sie anderen verständlich zu machen.

Seit zehn Jahren gibt es – neben den Einzelgesprächen – auf Dekanatsebene auch eine wöchentlich stattfindende Gruppenberatung, die von zwei Beraterpfarrern und zwei ehrenamtlichen Beratern durchgeführt wird. Gelegentlich treten die Pfarrer als Beistände auf, wenn die jungen Männer ihre Gewissensentscheidung vor einem Prüfungsausschuß darlegen müssen. Auch nach seiner Anerkennung kann ein Kriegsdienstverweigerer sich an die kirchlichen Berater wenden, wenn es z. B. um die Wahl der Zivildienststelle oder um Probleme beim Zivildienst geht.

Kriegsdienstverweigerung ist und bleibt ein Wagnis. Der Weg zur Anerkennung ist nur ein Teil dieses Wagnisses, denn es geht darum, sich auch im weiteren Leben diese Entscheidung bewußt zu machen und sie praktisch umzusetzen. Dabei wollen die kirchlichen Berater im Geiste Jesu helfen und begleiten.

Helmut Küstenmacher

Jeden Monat wieder

Mit seiner ersten Ausgabe im November 1968 löste „Der Monat" den Gemeindeboten ab. Dieses Blättchen im Format DIN A5 hatte jahrzehntelang die Gemeinden Ingolstadts über das kirchliche Leben informiert. Im Zusammenhang mit der damals im kommunalen Bereich sich durchsetzenden Bildung von „Regionen" kam vom Ingolstädter Dekan Karl Heun der Vorschlag, ein Mitteilungsblatt für den gesamten Dekanatsbezirk mit seinen 19 Kirchengemeinden ins Leben zu rufen.

Er schrieb dazu in der ersten Nummer: „. . . es wird unumgänglich sein, daß wir miteinander das Gesichtsfeld der einzelnen Gemeinden weiten und gemeinsame Ziele auf einer größeren Ebene ansteuern . . . Dieses Blatt will Kenntnis davon vermitteln, was in anderen Gemeinden geschieht, die eigene Arbeit davon anregen lassen und die Verbindung untereinander fördern helfen . . . Ein Ersatz für das bayerische Sonntagsblatt kann ‚Der Monat' nicht sein, aber ein Band des Glaubens und der Liebe der sehr weit zerstreuten evangelischen Christen in der Region Ingolstadt."

Eine hohe Zielsetzung, die freilich bei nüchterner Betrachtung nicht erreichbar war. Zu unterschiedlich sind die Voraussetzungen und die Bedürfnisse der einzelnen Gemeinden.

Wenn es um Inhalt, Zielsetzung und Wirtschaftlichkeit des „Monat" immer wieder Überlegungen gibt, ist das freilich weniger ein Hinweis darauf, daß man auf dieses Dekanatsblatt verzichten sollte, als vielmehr ein Zeichen dafür, daß sich diese Publikation unter sich verändernden Bedingungen zu bewähren hat und als Bindeglied zwischen den Gemeinden zu bewahren ist.

Ludwig Scherer

Auf neuer Frequenz

Seit nach Überwindung anfänglicher struktureller und verfassungsrechtlicher Klippen ab September 1986 zu den bisherigen öffentlich-rechtlichen Medienanstalten die privatrechtlichen Anbieter auf lokaler Ebene zugelassen wurden, ist innerhalb der Region 10 auch auf die Kirchen die Herausforderung zur Mitarbeit bei den neuen Medien, Lokalrundfunk und Lokalfernsehen, zugekommen.

Die evangelische Kirche sendet im lokalen Hörfunk über Radio IN im Wechsel mit der katholischen Kirche 14täglich jeweils eine Woche lang täglich vor sieben Uhr eine drei Minuten lange Sendung, „Gedanken zum Tage". Etwa neun Mitarbeiter stehen dafür zur Verfügung. Zusätzlich gibt es sonntags um 11.30 Uhr und am Donnerstagabend Magazinsendungen.

Im lokalen Fernsehen wird über TV-IN Regional auf Kanal 9, ebenfalls im Wechsel mit der katholischen Kirche, 14täglich jeweils sonntags eine bis zu zehn Minuten lange Sendung unter dem Titel „Telekirche" ausgestrahlt. Die Autoren der Sendung, die meist auch selbst vor der Kamera stehen, sind in der Gestaltung der Sendung völlig frei: Berichte aus einer Kirchengemeinde, Interviews mit kirchlichen Mitarbeitern, ein eher konservatives „Wort zum Sonntag" sind ebenso vertreten wie die Aufnahme einer Jugendband. Ein Team von sieben Mitarbeitern steht derzeit dafür zur Verfügung.

Die Meinungen darüber, ob dieser Dienst der Kirche ihrem Wesen entspricht, gehen auseinander. Diese Diskussion wird landesweit geführt. Insgesamt aber scheint es sinnvoll, auch die neuen Medien in das breite Spektrum kirchlicher Verkündigungstätigkeit zu integrieren.

L. S.

Literaturhinweise

Ernst Dorn, Zur Geschichte der Kniebeugungsfrage und der Prozeß des Pfarrers Volkert in Ingolstadt, in: Beiträge zur bayerischen Kirchengeschichte, hrsg. v. D. Th. Kolde, Bd. 5, Erlangen 1899, S. 1–37, 53–75

Unser Evang.-Luth. Dekanat, Ingolstadt 1952

Evangelisch in Ingolstadt. Von der Reformation bis zur Gegenwart. Geschichte, Gemeindeleben, Arbeitsbereiche, hrsg. v. d. Ev.-Luth. Gesamtkirchengemeinde Ingolstadt, Ingolstadt 1981

Evangelisches Gemeindeblatt für den Ostbezirk des Dekanats München II, hauptsächlich die Jahrgänge 1923 bis 1934 mit vielerlei Beiträgen

Siegfried Hofmann, Der Rat der Stadt Ingolstadt und die Gegenreformation im Spiegel der Ratsprotokolle der zweiten Hälfte des 16. Jahrhunderts, in: Sammelblatt des Historischen Vereins Ingolstadt, 73/1964, S. 5–24

Siegfried Hofmann, Reformation und Gegenreformation in Ingolstadt im Spiegel der Ratsprotokolle der ersten Hälfte des 16. Jahrhunderts, in: Sammelblatt des Historischen Vereins Ingolstadt, 75/1966, S. 5–16

Hans Saalfeld, Leonhard Volkert – ein evangelischer Pfarrer in Ingolstadt. Kniebeugestreit, Kirchenbau, konfessionelle Gegensätze (1843–1851), in: Ingolstädter Heimatblätter 29/1966, S. 13 f., 17–19, 23 f., 29–32, 35 f.

Hans Saalfeld, Lob Gottes aus der Tiefe – Erinnerungen an Jakob Dachser, in: Sonntagsblatt für die Evang.-Luth. Kirche in Bayern, 22. Jg., München 1967, Nr. 3

Hans Saalfeld, Es gilt ein frei Geständnis – Zur Erinnerung an Argula von Grumbach, in: Sonntagsblatt für die Evang.-Luth. Kirche in Bayern, 22. Jg., München 1967, Nr. 7

Hans Saalfeld, Er führet mich auf rechter Straße – Urbanus Rhegius, ein lutherischer Kirchenführer der Reformationszeit, in: Sonntagsblatt für die Evang.-Luth. Kirche in Bayern, 22. Jg., München 1967, Nr. 21

Hans Saalfeld, Erst aus der Kirche kam das Heimatrecht. Von den Anfängen des evangelischen Gemeinwesens in Ingolstadt, in: Ingolstädter Heimatblätter 31/1968, S. 13, 16, 19 f., 23 f., 27 f.

Hans Saalfeld, Für die Gaimersheimer blieben die Friedrichshofener Fremde. Ein Dorf, dessen Kirche auf Stadtgrund liegt. Jüngste Gemeinde des Landkreises, in: Ingolstädter Heimatblätter 31/1968, S. 44

Hans Saalfeld, Regimentsquartiermeister Friedrich Schultheiß 1791–1864, in: Sammelblatt des Historischen Vereins Ingolstadt, 78/1969, S. 45–49, Tafel 1

Hans Saalfeld, Friedrichshofens Anfänge, in: Ingolstädter Heimatblätter 32/1969, S. 13 f., 17–20

Hans Saalfeld, Schulgeschichte des 19. Jahrhunderts von Brunnenreuth, Unsernherrn und der evangelischen Schule von Ingolstadt, in: Ingolstädter Heimatblätter 32/1969, S. 44–48, 52; 33/1970, S. 11 f., 33–35, 37–39, 44

Hans Saalfeld, Evangelische Gemeindegründung in Ingolstadt im Spiegel der Presse, in: Ingolstädter Heimatblätter 36/1975, S. 5–7

Hans Saalfeld, Ein Lebensbild aus dem Reformationszeitalter – Andreas Osiander, in: Ingolstädter Heimatblätter 38/1975, S. 5–7

Hans Saalfeld, Johann Forster, Hebraist und Lutheraner – Ein Lebensbild aus dem Reformationszeitalter, in: Ingolstädter Heimatblätter 38/1975, S. 33–35

Hans Saalfeld, Die Hinrichtung des Predigers Melchior Amerbach von Parma – Gegenkirchliche Strömungen im 16. Jahrhundert in Ingolstadt, in: Ingolstädter Heimatblätter 40/1977, S. 4, 8

Hans Saalfeld, Hans Denck, ein Haupt der Wiedertäufer, in: Ingolstädter Heimatblätter 40/1977, S. 13–15

Theodor Straub, Vor 200 Jahren Aufbruch zur Ökumene. Zu Johann Michael Sailers Wirken in Ingolstadt. Erneuerer des Katholizismus, in: Donau Kurier v. 17. 9. 1982, S. 20

Theodor Straub, Zur Herbsttagung der bayerischen Landessynode. Gute Erfahrungen mit christlich-brüderlicher Duldsamkeit. Streifzug durch Ingolstadt und seine Kirchengeschichte, in: Sonntagsblatt. Evangelische Wochenzeitung für Bayern, Nr. 47, 24. 11. 1985, S. 6 f.

Hans Detter, Mainburgs Heimatgeschichte, Mainburg 1974, S. 77–79

Christoph Schmid, Mainburg und seine Kirchen, Regensburg 1982, S. 113

Uwe Kühne, Die evangelisch-lutherische Kirche in Untermaxfeld, in: s' Moos – Kirchen im Donaumoos, Kulturhistorischer Verein Donaumoos 1987

Hinweis: Bei dem Aufsatz zur Reformationsgeschichte in Neuburg (S. 22) von Dr. Reinhard H. Seitz, Leiter des Staatsarchivs für den Regierungsbezirk Schwaben, handelt es sich um eine zum Teil gekürzte, zum Teil auszugsweise Fassung eines Beitrags, der im Katalog „475 Jahre Fürstentum Pfalz-Neuburg" zur Ausstellung im Schloß Grünau bei Neuburg an der Donau erschienen ist (S. 43–66, mit Anmerkungen). – Kopien des Beitrags von dem Ingolstädter Historiker Dr. Theodor Straub über die Geschichte des evangelischen Gemeindelebens in Ingolstadt (S. 41), versehen mit ausführlichem Literaturverzeichnis und Anmerkungsapparat, finden sich im Pfarrarchiv St. Matthäus Ingolstadt und im Stadtarchiv Ingolstadt.